超越

CHAO YUE

◉ 陈燮中 著

中国文史出版社

超越，读书与创业之分享（序一）

于斯纷繁之世，人皆以己哲思为章。众境中，智者以不懈为笔，以定念为墨，绘成长超越之壮图。

此书——《超越》，乃心灵之旅，集梦、勇、奋、坚与超越之故事。

“超越”二字现于纸端，吾等不禁要问：何为“超越”？于陈燮中博士之笔下，超越不只是执着追求，更乃面对困厄与挑战时不屈不挠之精神。此书字句皆探生命之义及精神之崇赞，若明灯，照吾辈前行，亮迷茫与彷徨之彼岸。

本书二篇，其一主述“学海无涯勤为舟”，讲述自初中生成长为斯坦福大学人工智能博士后研究员之经历；其二主述“业精于勤荒于嬉”，乃创业成与败之经验教训。

其一“学海无涯勤为舟”。陈燮中求学之路，乃挑战与收获之征途。自懵懂时开始读书，至组织荐往长春地质学校为工农兵学员，再参全国统考至中国地质大学武汉地质科技干部管理学院本科生，至复旦大学－香港城市大学金融管理博士研究生，至美国斯坦福大学人工智能博士后研究员，再至北京大学－香港大学经济管理博士，他以实际行动诠释超越己身、“学无止境”之真谛。

于知识海，他勇探，敢疑，超越，攀学术之峰。此经历示吾等，若心中有梦，则有路，学习永为吾等最宝贵之财富。

作者以己读书之切身体会示吾等，读书多益，如可拓吾等之视野，使吾等知不同文化与思想；亦可丰富吾等之语言，提升吾等之写作；至要者，读书可使吾等更智也，令吾等之心充丰也。启读者，无论闲忙，皆当读书也。

其二“业精于勤荒于嬉”，于事业之征途，作者亦呈非凡之勇毅。

自一普通青年，成长为科员、副科长、科长、副处长，直至处长。应党之召下海经商创立公司后，无论于房地产投资，抑或股权、期权与股票投资，他将毕生最精华之投资案例，自对项目之察尽调，至分析评估，至投资签约，至为投资企业出谋划策，再至成功将股权转让之全过程，分析解说与读者，与众人享。他深知，唯有不断进取，勇于创新，方能于激烈之竞争中立于不败之地。

作者以己之切身经历告诉读者，创业者需要勇气、决心、创新思维、坚持不懈之精神与适应能力等多方面的能力。

首者，创业者须有足够之勇气以面对未知之挑战，不畏败，敢于试新物。

次者，必具坚定之决心，对己之目标与愿景有明确之认识，并为之奋斗。

同时，创新思维亦为创业者不可或缺之品质，须不断寻求新商机与新解法，以应市场之变化与竞争。创业过程中，坚持不懈之精神同样重要，唯有此精神，方能克服诸难，实现己之梦想。

最后，创业者尚须具适应能力，能灵活应对诸变与挑战，不断调整策略与方向。《超越》，此乃一励志之书，于生活中遇挑战、需寻动力与勇气之读者更有助。正历人生低谷、面临困境者，或欲追梦想但感迷茫与不定者，由作者之成功故事、经验与智慧，及其实用方法与巧思，可获助力，从而积极面对生活，勇敢追寻梦想，最终超越自我。

此书能激发读者之内动力，增其信心与决心，助其克难与挑战，实现自我成长与进步。

倪郡阳

2024 年立秋于西子湖畔之桓瑞楼晴窗

倪郡阳 1957 年生于杭州，原名倪伟林。西泠印社社员、中国书法家协会会员、国家一级美术师。现任浙江现代画院副院长兼秘书长、中国计量大学艺术学院教授、匈牙利国家美术学院教授及博士生导师等职。自幼酷爱书画篆刻艺术，师承沙孟海、朱关田、韩天衡等多位名家，毕业于上海师大艺术系美术专业，后入上海中国画院研修书法篆刻艺术及美术史论。其作品多次参加国内外重大艺术展览，并在全国性书画篆刻大赛中多次获一等奖。著有学术专著，并有 30 余篇学术论文发表于专业刊物。

生命的交响曲：我的父亲陈燮中（序二）

在时光的长廊里，有些人如蜉蝣，转瞬即逝；有些人如顽石，岿然不动；而我的父亲陈燮中，则是一曲永不停歇的生命交响，在岁月的五线谱上谱写着动人心弦的华彩乐章。

1950年，父亲降生在这个风雷激荡的年代，仿佛命运早已注定他不平凡的一生。他的生命历程，犹如一部跨越半个世纪的史诗，每一页都镌刻着时代的印记与个人的奋斗足迹。罗曼·罗兰曾说："世界上只有一种真正的英雄主义，那就是认清生活的真相之后依然热爱生活。"每每忆及父亲的人生轨迹，这句话都如清泉般在我心底涌动，滋润着我的灵魂。

记得那个春意盎然的午后，和煦的阳光如母亲的手，轻抚着父亲花白的鬓角。他用那双历经沧桑却依旧炯炯有神的眼睛望着我，郑重其事地宣布他要重返校园。那一刻，我仿佛看到了时光倒流，看到了六十余载光阴凝结成的智慧结晶在他眼中绽放，如同初春的第一抹新绿，蕴含着无限的生机与希望。

德国诗人荷尔德林曾吟咏："凡是栖息的，都有一种界限。"然而，父亲用他的一生演绎了一曲突破界限的壮丽诗篇。从懵懂少年到斯坦福的博士后研究员，从青葱知识分子到人工智能金融科技实验室的资深研究员，父亲的每一次蜕变，都是对生命可能性的诗意探索，都是对自我超越的执着追求。

在知识的海洋中，父亲就像一位不知疲倦的探险家，永远保持着初生牛犊般的好奇与热情。知识就是力量，对父亲而言，知识是照亮人生道路的北极星，是滋养心灵的甘露。每当夜深人静，我总能看到书房里那盏永不熄灭的灯光，以及在灯下伏案攻读的父亲。那专注的身影，仿佛一尊永恒的雕塑，在我的记忆长廊中熠熠生辉。

然而，父亲的生命画卷并非只有学术的单一色彩。古罗马诗人尤维纳利斯曾说："健康的身体是灵魂绽放的花园。"这句话在父亲身上得到了最美的诠释。当他埋首书斋时，他是知识的苦行僧；当他驰骋赛场时，他又化身为不屈不挠的战士。从 5 公里到 100 公里的超级马拉松，父亲用一个个坚实的脚印，丈量着生命的广度，诠释着坚持的深度。

我永远不会忘记，当父亲完成他人生第一个 100 公里超级马拉松时的那个瞬间。他的身影虽然疲惫，却如一座巍峨的山峰，屹立在终点线上。汗水在阳光下闪耀，仿佛给他镀上了一层金色的光环。那一刻，我终于领悟了什么是"生命中最伟大的快乐是征服自己"。父亲的笑容，是对生命最高的礼赞，是对自我最深的诠释。

"不想跑的时候，就想想为什么开始跑步。"这句父亲常挂在嘴边的话，不仅是他的跑步箴言，更是他人生的座右铭。在父亲眼中，人生如同一场绵延不绝的马拉松，重要的不是你从何处起步，而是如何在漫长的赛程中不断超越自己，如何在挫折与困难面前永不言弃。

古罗马诗人霍拉蒂乌斯的"及时行乐"，在父亲的诠释下，有了更为深邃的意味。对他而言，这不是贪图眼前的享乐，而是珍惜当下，把握机遇，努力让生命的每一个瞬间都绽放出璀璨的光芒。从扶贫助学到圆千名青少年的亚运观赛梦，父亲用实际行动诠释着"老吾老以及人之老，幼吾幼以及人之幼"的深刻含义。他就像一棵参天大树，不仅自己茁壮成长，更为无数幼苗遮风挡雨，提供养分与力量。

学习不是为了改变命运，而是为了让自己成为更好的人。在父亲的人生字典里，学习和奋斗从来不是为了外在的成就，而是为了内心的充盈和升华。他用自己的一生告诉我们：人生的价值不在于你登上了怎样的高峰，而在于攀登的过程中，你成为怎样的人。

如今，当我翻开父亲的新书，每一页都仿佛在诉说着一个关于热爱、执着与超越的动人故事。书中的篇章，宛如一部生命交响曲，谱写着一个普通人如何在学习、事业和人生规划等方面不断突破自我，实现梦想的传奇。这不仅是父亲个人的奋斗史诗，更是一部激励人心的生命赞歌。它用最朴实的语言告诉我们：人生没有不可能，只有不敢尝试。

幼时，我常仰望浩瀚星空，幻想有朝一日能触摸到那些遥远的星辰。父亲总是微笑着说："孩子，脚踏实地才能仰望星空。"如今，我终于参透了这句话的深意。我们都应歌唱自己，歌唱独一无二的自己。父亲用他的人生向我们诠释：每个人都是自己生命的诗人，都应该用行动谱写属于自己的生命赞歌。

当我以为父亲已经在人生的舞台上谢幕时，他却又一次让我们见证了生命的无限可能。给予比接受更有福，在父亲身上得到了最完美的诠释。他将自己的经历和感悟倾注笔端，与读者分享，就像黑暗中的一盏明灯，为无数迷途的灵魂指引方向。

"不畏浮云遮望眼，自缘身在最高层。"这是父亲最钟爱的诗句。在他看来，人生的高度不在于你站在哪里，而在于你的眼界有多远，你的脚步有多坚定。德国诗人歌德说："对一个不知道自己要驶向何方的人来说，任何风都不是顺风。"而父亲用他的一生告诉我们：只要心中有信念，脚下有力量，就没有什么风浪是无法超越的。

亲爱的读者，当你翻开这本书，你不仅会看到一个平凡人如何书写不平凡的人生，更会在字里行间找到属于自己的那份勇气和力量。让我们以父亲的故事为明镜，照见自己的初心，激励自己勇往直前。

在这个日新月异的时代，愿我们都能如父亲一般，永葆对生活的热爱、对知识的渴望、对梦想的执着。真正的发现之旅不在于寻找新的风景，而在于拥有新的眼睛。愿这本书能为你打开一扇心灵的窗户，让你以崭新的视角审视自己的人生，在平凡中发现非凡，在生命中创造奇迹。

父亲常说："只要我还在呼吸，就还有希望。"这句话如同一曲不息的生命赞歌，激荡在每一个知晓他故事的人心中。让我们携手同行，在父亲智慧的指引下，在生命的五线谱上，谱写属于自己的华丽乐章！

陈思超 北京大学－香港大学管理学博士，Sparkland Capital 管理合伙人。

目录

第一篇　从初中生到城大复旦金融博士，再读港大北大经济博士

第二篇　从知识青年，到人工智能金融科技实验室资深研究员

第一篇　从初中生到城大复旦金融博士，再读港大北大经济博士

第一篇　从初中生到城大复旦金融博士，再读港大北大经济博士

第一章　从小好问好想好动
喜欢看书看报写诗

一、听父亲的革命故事　从小受到良好教育

余姚县（今余姚市）泗门镇位于杭州湾宁绍平原北部，常住人口近 10 万，素有“名邦之源”“阁老故里”之誉，是一座悠久历史和现代文明交相辉映的中心城镇。1954 年 10 月前属余姚县管辖，后划归慈溪县（今慈溪市）。1979 年 9 月起，泗门镇又重归余姚县域。20 世纪 80 年代，余姚、慈溪先后撤县设市，则是后话。

我的父亲陈汉臣，小商人家庭出身，自小聪明好学，做事勤勤恳恳，初中毕业后因家庭经济状况骤生变故，不能继续深造，便于 1936 年秋毅然投奔至浙东四明山区革命根据地，参加了抗日武装——新四军的“三五支队”。

父亲早年受陈独秀、毛泽东等早期共产主义革命领导人的影响，不仅学习过马克思主义理论，深刻理解将马克思主义与中国的具体实践相结合的现实意义，而且对国民教育的看法也有独到之处。他认为马克思主义的教育观才是拯救中国的一大法宝，只有优秀的中华传统文化才是中国得以强大和发展的根基。鉴于父亲对共产主义事业的正确认识和积极的工作表现，1938 年，经中共地下党员柴华法同志介绍，父亲在余姚县横河区天东庙宣誓加入中国共产党。一起入党的还有吴维涛等三人。鉴于父亲对教育事业的执着和热爱，党组织指派他到上海以教师身份为掩护进行地下活动。一年后父亲转战余姚县浒山第三区队做政治工

与中学同学合影。前排左起：杜汝鑫、陈燮中；后排左起：吴华均、谢庆康、王仲华（1969 年）

作。1941 年，因国民党顽固派发动“皖南事变”，蓄意清洗共产党人，江浙两省的新四军在北上转移途中受到国民党军队的围堵，损失惨重。为了保护有生力量，父亲由陆飞同志（中共地下组织负责人）安排，以教师身份做掩护再次转入地下。

新中国成立前后，父亲先后在余姚县三官培明小学、郑巷下家河小学和上海正义小学教书，还一度在余姚县的朗霞小学当校长。在此期间，他仍然坚持为党工作，为党的事业培养过许多优秀人才。父亲对党的忠诚给我留下深深的烙印。对于父亲的为人我从来都深信不疑。即使在那个特殊年代，父亲因为实事求是的言论遭到批斗，我仍然十分理解和同情父亲。我会站在父亲的身边陪着他，之后再护送父亲一起回家。

直至今日，我还很感激当时初中的同学吴华均等，他们冒着风险，陪我父亲到批斗会会场，为他壮胆。平日里这些同学还对我们家庭的遭遇表现出诸多的关心和同情。

父亲对党是无限忠诚的，这是毋庸置疑的。即使在受到误解时，父

我的父亲和母亲（20 世纪 90 年代）

我陪同父母亲游览杭州玉泉公园（20 世纪 80 年代初）

亲都没有动摇过为实现共产主义奋斗终生的信念，也没有放弃过对子女们进行传统美德教育和严格管理。

我除了同情父亲的遭遇，还十分愿意听取父亲的教诲，哪怕是父亲的苛求，我都能全部接受。我在父亲那里学到的沉稳和执着、耐心和豁达，是我一生取之不尽的精神财富。

我的母亲谢秋菊，出身书香门第、名门望族，娘家在上海开过钱庄，家境富裕，因此母亲自小家教严谨，读到初中毕业，就留在上海教书，成为一名小学语文老师。母亲与父亲在上海相识，由于共同的教育事业和革命理想，在抗日战争的严峻时期结为革命伴侣。无论是新中国成立前一起从事党的地下工作，还是新中国成立后挑起全家七口人的生活重担，母亲一直小心翼翼，克勤克俭。在坎坷不平的生活道路上，母亲为了五个孩子能健康成长并完成学业，在工作之余，她还要帮邻居代写书信，为别人家小孩子补习功课。我在母亲身上学到的是刚毅的性格、非凡的气度和不图回报、慈悲为怀的菩萨心肠。

国家对私营工商业主进行私有化改制以后，母亲在泗门供销社百货商店中担任会计工作。我们兄弟姐妹五人年纪上下差不到两三岁，总是在家吵架打闹，闹得不可开交。母亲一方面要上班处理商店的事务，一方面还要拉扯我们一大帮孩子的成长，确实是辛苦。我记得母亲下班的时候，会把菜买回来，用柴火烧一大锅米饭，饭锅里会蒸萝卜条、茄子等，我们放点酱油和猪油，大家还抢着吃，而且吃得很香。

关于母亲，有两件事令我记忆犹新。

第一件事是在 1958 年。那时候孩子们特别盼望过春节，因为正月初一这一天大家都要穿新衣服，家里再穷也要买新衣服新鞋子给孩子穿，平时都是互相捡着穿的。可是我们家里有五个小孩子，如果每人一套新衣服，是一笔很大的开支，母亲的压力可想而知。父母亲工资收入虽然很少，但母亲也从没亏待过我们。如果家里没钱，母亲就把家里的古董玉器等值钱的东西拿去卖掉，补贴家用，给我们买新衣服和好吃的食品，所以人家孩子有的我们也都有。这些古董玉器一部分是外婆的嫁妆，还有一部分是我外公原来在上海开钱庄时珍藏的，那时候家里经济状况很好，所以有很多金银首饰、字画、珠宝玉器等，我记得小时候开橱门看到铁盒子里面都是玉佩、翡翠戒指等值钱的东西。虽然母亲变卖了不少，又经过了“文化大革命”，损失很多，但到现在还是留下了乾隆年代精雕细琢的大象牙摆件、唐寅的四幅珍贵书法，还有传承的花瓶、茶壶、酒壶、字画等古董。

2024 年 5 月 11 日，我将乾隆年间的大象牙精美雕刻摆件赠给外孙 Luca，希望太外婆传承下来的宝贝能够代代相传。

母亲总是说，人家孩子有的我们家孩子也不能少。虽然这句话很简单，但是包含了多少母子情深，母亲宁肯自己穿破的喝稀的，也要让儿女们吃饱吃好，从中我感受到母亲的伟大，也感受到中国女性的伟大。

第二件事是在一个年三十的晚上，我们宁波人有钱没钱都要吃汤圆的，象征团团圆圆。那时吃汤圆不像现在从超市买一包回来烧烧这么简单，母亲在好几天之前就忙开了。要先去粮站凭糯米票买来糯米，用家里祖传的小石磨把糯米磨成糯米粉，磨出的糯米粉有粗有细，母亲用筛子过滤，细的糯米粉滤出来，筐里留下的粗粉再去磨，这样反复操作，直到磨出来的糯米粉符合包汤圆的要求。汤圆好不好吃主要在于馅，所以母亲还去市场买来芝麻、糖、桂花。先把芝麻炒熟，然后用擀杖（擀杖是橄榄状，中间有孔穿过一根木杆）碾碎，将糖、桂花和芝麻放在一起，搅拌均匀。我们一帮兄弟姐妹围在母亲身边，看着母亲完成每一道工序。大一点的哥哥和姐姐帮忙做点活，烧烧火推推磨等，小一点的大弟和小弟忍不住芝麻香的诱惑，就会偷偷地拿勺子舀一点碾好的芝麻馅吃。母亲总是装作没看到，大哥大姐看到则会进行阻止。母亲虽然很辛苦，但是看到小孩子们快快乐乐，她也感到很高兴、很幸福。那一晚母亲会让我们放开肚子吃饱，因为汤圆平时没得吃的，只有年三十才有。吃完后还剩三十多个，母亲把它们分给我们，每人一碗，我们各自把自己的一碗放在床上的抽屉里藏着，怕被别人偷吃掉。大弟晚上起来偷偷地把我的汤圆吃了，又偷吃了小弟的两颗汤圆。

几十年来，母亲为了我们吃饱穿暖，培养我们上学读书，自己任劳任怨，省吃俭用，她的品德和言行举止到现在还影响着我，让我养成了艰苦奋斗创事业、生活富裕不忘本的良好习惯。

我出生在 1950 年 2 月，是一个标准的“50 后”。我们这一代人与共和国同龄，是伴随着新中国的脚步成长起来的。我们的童年和少年时代是无限美好的，青年时代则颇为多舛。

我的父母都曾经在教育战线工作过，我是家里六个孩子中的老三，和谐的家庭环境与良好的家风，使我从小受到了较好的教育。在我的印象里，父母亲给我灌输得最多的就是认真学习，好好读书，长大做一个有用的人，报效国家，报效社会。

20 世纪六七十年代散落在城镇街头巷尾的小人书摊

20 世纪 50 年代初，我的父母相继离开教育系统，自己创办了当时泗门区第一家书店——鸿兴书店，命运注定他们与读书再度结缘。后来公私合营，父亲转入当地供销社的新华书店工作，书店还兼营文化用品的销售。虽然那个时候家里经济不宽裕，根本没有闲钱去买书看，但是我一有空就跑到父亲的书店蹭书看，巧妙地利用起这个“近水楼台”先“得了月”。虽然鸿兴书店只有 100 平方米，但却成为我少年时代课外学习的快乐园地。我几乎翻遍了书架上的所有图书，有些书甚至读了好几遍，对一些重要情节能倒背如流。

当时，在母亲的支持下，我在泗门镇办起了一个租借图书的书摊，成为补贴家用的经济来源之一，也是我的一个新的学习场所。我不但把书摊管理得井井有条，还带着一大帮同学，三五成群地过来看书。母亲建议对过来看书的同学们一律不收费，同时还允许把书借回家。我们的小人书摊还有免费的座席和茶水供应。

由于家庭的熏陶，我自小养成了酷爱读书的好习惯。

二、以身作则言传身教　父亲影响我一辈子

父亲在担任余姚县朗霞小学校长时，不仅勤奋工作，而且对提高教育质量有着很强的责任心，在全县教育系统一直以“以德治校，因人施教”而闻名。父亲对学校的教师和学生都有非常严格的要求，提出过“师生协同，教学相长”的治学理念，倡导以儒家教义安定人的德行，以挚爱之心开发学生的智力。为此，他又提议学生在校学习期间，应当接受“仁、善、让、勤”的熏陶，即每个人都应当具备仁爱之心、慈善之举、谦让之德、勤勉之风，为新中国培养德、智、体、美全面发展的人才。虽然在当时的社会背景下，他不能公开地、广泛地宣传革命理论，但他倡导的以德为本的思想，潜移默化地为全校师生接受先进思想打下了基础。

父亲的教育观在“文革”期间曾受到过小小的冲击。但他坚持认为，教育之道，首要的任务是必须端正人的道德本性。为人处世，无论在什么情况下都应以德取信，以理服人。在父亲的管理下，虽然经历了不知多少次风雨变故，但朗霞小学培养出来的学生，许多都成为国家建设的有用之材。

从这条小弄堂出来，走向外面广阔的世界

我们家中兄妹六人，最小的弟弟因病没有及时得到医治而夭折。我从小聪明肯干，自己的事情一定会认真努力去完成。父母亲在我身上倾注了大量的精力，比其他几个孩子多了许多，还为我制定了日常的生活、学习、运动标准，对我的期望高，要求也高。

我的童年和少年时代恰巧赶上国家在一片废墟上重建。那个时期，可以说乡村的孩子很多都是在饥饿与期盼中度过的。我们

参加母校泗门小学 100 周年校庆。左起：陈燮中、杜汝鑫、吴华均（2002 年 10 月）

家虽然说不上富裕，但看上去也还算殷实。父母有固定的收入，在社会上也有一定的地位，相对来说没有生活上的困苦之扰。父母知道这种客观存在的差异，为此，在我懂事的那天起，父母就给我设置了许多让外人难以置信的限制。

不能让人知晓我是校长的儿子，是父母亲给我的第一份告诫。他们经常教导我，不管自己是有着优越的家庭背景，还是蒙受着难以启齿的不白之冤，都不能成为傲视他人的资本或者自暴自弃的理由。万事都要靠自己的努力，用真才实学去赢得别人对自己的信任，才是成事立业的根本保证。

牢记父母的意愿，我从小学到中学一直努力学习，严格要求自己。如父母所希望的那样，品学兼优，又乐于担事，很是被学校和老师们看

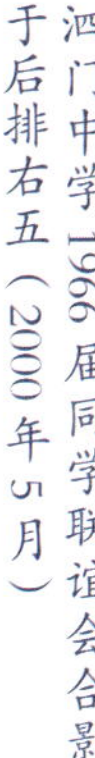

泗门中学 1966 届同学联谊会合影，我位于后排右五（2000 年 5 月）

好，每个学期都毫无悬念地被选为班长。

1957 年 9 月—1963 年 7 月，我就读于慈溪县泗门镇中心小学；1963 年 9 月—1966 年 6 月，我就读于慈溪县第六中学（泗门中学）。在家乡就学的九年中，差不多每个学期我都能获得优异成绩，被评为“三好学生”。我依靠自己的努力赢得了大家普遍的认可和广泛的赞誉，但我从不骄傲自满。

保持克勤克俭、克己助人的好作风，是父母给我的第二份告诫。家里虽然富裕，但父母从来不会为我进行特殊的安排，更不会给予超过其他学生太多的生活待遇。我懂得父母用辛劳和汗水换来经济收入非常不易，乐意接受粗茶淡饭的生活，也能按照父母的要求去做。我非常同情家庭困难的同学，经常把积攒起来的零花钱买水果和糕点与他们分享。

“全家福”。父亲陈汉臣（坐者右三）、母亲谢秋菊（坐者右四）、大哥陈羽中（后排左四）、大嫂谢志园（坐者右一）、姐姐陈姬荣（坐者左二）、陈燮中（后排左五）、前妻郑箴（后排右二）、大弟陈伟中（后排左三）、大弟媳谢洁华（坐者右二）、小弟陈建中（后排左一）、小弟媳谢维珍（坐者左二）、侄女陈琳（后排右一）、外甥谢君（中间站立左一）、外甥谢杰（前排站立左一）、侄子谢彬（前排站立右一）、侄子谢挺（前排怀抱）（摄于 1981 年 3 月）

坚持勤学苦练、强身健体的好习惯，是父母给我的第三份告诫。我知道这是改变一个人惰性的最根本的办法，也是最难做到的一条。当时，我虽然不太乐意参与集体活动，有时甚至会游离于群体之外，但喜欢与志同道合的同学一起去越野，去拾荒，去割草，去养兔，去做自己感兴趣的事儿。我从小对野外活动情有独钟，如游泳、钓鱼、摔跤、堆雪人、打雪仗。春夏秋冬，我都风雨无阻，终年不断。

坚守诚实信义、敢于忍辱负重的好品德，是父母给我的第四份告诫。在外面受了欺负，即使有天大的委屈，也从不回家向父母申诉，自己的事情必须由自己担着，用自己的方法去处理。这些制约均出于父母对我的期待，让我在是非曲直面前选择正义，在种种的斗争纷扰中，明白事理，明辨是非。

父母的期望是最纯朴的，他们希望自己的孩子低调做人，慈爱待人，强身健体，在任何环境中都能够调整自己的心态，健健康康地成长，平安快乐地生活。

父母严格的家教塑造了我善于应变的性格，这为我日后的工作和生活打下了非常坚实的思想和道德基础，铸就了与我相伴一生的行为准则。

三、响应领袖伟大号召　支援内蒙古建设边疆

1966 年 5 月，“文化大革命”席卷全国，使成千上万的青年学生彻底改变了人生方向。我当年十六岁，对于一个尚未成熟的中学生来说，这无疑是一次严峻的考验。

父母的言传身教深深地影响着我的心灵。我没有轻易地随波逐流，也没有随意地参与派系争斗。我把那段空白的时间悄悄地收藏起来，以待日后绘制自己喜欢的蓝图，而对取消各类考试既感到轻松却又有一丝不知所措，不知道今后会以什么标准来衡量每个人的价值。甚至，我为在学校取得的各项优异成绩混同污泥浊水付诸东流而感到惋惜和不舍。人生旅途难以预料，除了自学未完的学业，每天坚持不懈地做健身运动，剩下的真不知道自己还能做些什么。

1969 年 6 月 5 日，我告别父母亲人和美丽富饶的江南水乡，毅然

1969 年 6 月 5 日，我和知青战友们开赴内蒙古边疆

泗门中学的同学们欢送支边合影留念。我在二排左五

支援边疆，奔赴祖国的东北边陲——内蒙古自治区哲里木盟（今通辽市）金宝屯胜利农场，成为那个时代全国 1700 多万知识青年“上山下乡”洪流中的一员，开始了在祖国边疆农场长达四年零三个月的知青生涯。

那天清晨，天公不作美，下着蒙蒙细雨，给人一种凄凉悲壮的感觉。

浙江余姚火车站站台上已经挤满了送行的人，大家似乎没有理会这该死的潮湿天气，相互推搡着，簇拥在那一列见头不见尾的绿皮火车的周围，寻找各自要见的人。火车的车窗敞开着，窗口塞满了孩子们无所适从的脸和伸向窗外的双手，漫无目标地挥舞着，向自己的亲人们做着最后的告别。

我永远不会忘记这一天。这是我走向社会的一个新起点，也是我迈向人生新历程的第一步。

内蒙古金宝屯胜利农场离我的家乡 3000 余公里。我们乘坐的知青专列整整跑了三天两夜，最后在东北平齐铁路线上的一个四等火车小站停了下来，这个小站叫“金宝屯”。

金宝屯就如宫廷里的一道名菜，听起来响亮，却看不到它光鲜名字背后的荒凉。满眼望去，沙包连着沙丘，绵延着的依然是望不到头的沙土地。稀疏不整的蒿草东倒西歪地趴在干枯的沙土地里，一片连着一片，看上去不仅凌乱而且荒凉。几只羊啃着草皮，几间土坯房里冒着炊烟，生命的痕迹就像天边的呐喊，显得那么遥远、那么梦幻。

内蒙古金宝屯胜利农场鸟瞰图（1990年）

农场土坯房

这里的确没有想象中的辽阔草原，也没有“十五的月亮”“敖包相会”那种激动人心的浪漫情调。

江南水乡的小桥流水变成了内蒙古的黄土高坡，凛冽的寒风替代了和煦的阳光。到处是荒原，遍地是尘埃。

胜利农场位于东、西辽河间的冲积平原腹地，离金宝屯火车站三十余公里。当时没有一条完整的公路，只能顺着原来的车辙，跨过西辽河，穿过草甸子，翻过沙坨子，才能到达那里。

半封闭式的胜利农场是一个县团级建制单位。当时它有一个场部、五个分场，还有牧场、冷库和渔库。农场内有医院、学校、邮局、粮站、商店等附属单位，配套齐全，生活设施完备。农场有耕地十万余亩，主产玉米、高粱、小麦、大豆，并且农、林、牧、副、渔全面发展。看起来农场的自然条件与“金宝屯”这个好听的名字相去甚远，但这里确实是比较适宜知识青年劳动和锻炼的地方。这让有着“驰骋内蒙古大草原”梦想的我稍稍地松了一口气。

第二章　鸟欲高飞先振翅
人求上进先读书

一、田间炕头小说课本　从未忘记认真读书

在整理去内蒙古的行囊时，我听从了父亲的教诲——“鸟欲高飞先振翅，人求上进先读书”，除了带衣服被褥和必需的生活用品以外，带得最多的就是书籍。不仅带去了毛主席著作，还带去了小说和科普读物，以及自己曾经学过的中学数理化课本。对此，很多人不理解，有人与我开玩笑：“陈燮中子承父业，把图书搬到东北，要去金宝屯开书店喽！”

面对人们的调侃和取笑，我不以为意，总是乐呵呵地回应大家：“本人的‘书店’欢迎大家光临，有空过来看书噢。”

其实带着书籍去支边，我的心里是有小算盘的。当时自己只有初中学历，所学的知识非常单薄，只有“半桶水”，从长远的眼光看，是远远不能适应工作和自我发展的需要的。虽然现在支边务农来了，但是读书学习是万万不能荒废的。虽然暂时没有正规的学校上，但是可以自学嘛！同时，我潜意识中也觉得国家的社会主义建设需要大批有文化的劳动者，今后大中专院校肯定会恢复招生的。只有自己把文化基础夯实了，时刻准备着，将来机会来临才有可能抓得住。

正是在这种信念的支持下，我在金宝屯胜利农场务农的时候，不管多忙多累，始终没有忘记学习，没有忘记提高自己的文化知识水平。

知识青年的生活是艰苦的，也是枯燥乏味的。我经常说：“常与读书相伴，再苦也是快乐。”在我看来，读书学习，是艰苦的知青生活和高强度的体力劳动中的一种休闲、调剂和快乐。无论是在金宝屯胜利农场五分场农业连队劳动，还是在场部机修连做工，我都见缝插针，挤时间看书。我经常利用劳动间隙的零碎时间，打开自己的小书箱，认真地学习。遇到下雨和刮沙尘暴的恶劣天气，连队不能下地劳动，是我最开心的时候，高兴的不是可以睡懒觉休息，而是有更多的时间看书学习。

在宿舍里，在田间地头或者工作车间，人们经常会看到我在看书学习的身影。常常因为过于专注，有时还会误了食堂开饭的时间而饿肚子。曾经有人劝我：“读书有什么用？读得再多，不也一样修理地球？”也有人讥笑我是一个书呆子。对于这些冷言冷语，我都不以为 意，仿佛都没有听到，依然在看自己的书，心想就让别人说去吧。我热爱学习，自觉坚持读书，这在当时的条件下，还是很不容易的。

二、连队门口黑板墙报　宣传政策了解新闻

我还经常去营部和场部办公室阅读报刊，了解国内外政治、时事和形势，也时刻关注发生在农场的大事情。在五分场工作时，我还主动协助营部定期出版墙报，配合农场的中心工作，积极开展宣传活动。

墙报，类似于现在学生班级里的黑板报。当时的墙报，每月一期，由知青组稿、插图、上墙，内容多是“广阔农村大有作为”“抓革命促生产”“一颗红心两手准备”以及决心书、插队誓言之类的，间或穿插一些好人好事、表扬信，宣传分场的先进集体和个人。

我经常和徐乃东、施岳定一起编写墙报，这是当时宣传学习了解时政的重要渠道。对我来说，也是提高自己的理论和写作水平最好的途径。

胜利农场的干部职工对浙江、天津和内蒙古本地知青的到来，是发自内心地欢迎，他们腾出了最好的砖瓦房留给知识青年。他们期待知识青年在这里能够好好地接受再教育，认真地锻炼自己，并能安家落户，日后成为这个农场真正的主人。

我清楚地知道，这次远征将是一次脱胎换骨的真实的改造，必须有“苦其心志，劳其筋骨，行拂乱其所为”的思想准备。既然来了，就必须拿出最大的勇气，沉下心来，尽快适应新的环境，老老实实地走向社会，脚踏实地地参加实践活动，不能让在家的父母为我担心。

三、认真学习理论知识　成为农场革新能手

1971 年 5 月，金宝屯胜利农场二营政工干事王锋调到场部机修连任连长。与王锋一起调来的还有二营的我、施岳定、廖培杰三名知识青年。在二营期间，由于长期与我们接触，王锋已经非常了解我们三个知青的综合素质和各自的长处。尤其通过对我近两年来的观察，认为我的确有一股子不服输的韧劲，而且为人谦逊，虚心好学，有培养前途，因而对我抱有更高的期待。

从此以后，我正式离开了二营农业连队，开始走上了崭新的务工之路，这是我梦寐以求的。场部机修连承担着全场汽车、拖拉机和大型农机具的维修任务，同时研制一些小型的农业机械，是广大知青十分向往的一个工作单位。

眼看早年的当一名产业工人的理想已经真真切切地展现在自己的面前，我的心里充满了喜悦和感激之情，觉得自己的付出是值得的，自己的汗水没有白流。社会的认可、同事们的赞许、领导的重视，使我得到了最大的满足。

在我当年支边的胜利农场，拖拉机正在田间进行机械化作业

我认为，在农村的这片广阔天地里，只有勤奋的人，只有真正与贫下中农结合在一起的人，才会被社会接纳，成为对社会有用的人。

胜利农场当时虽然还只

是一个半机械化的机耕农场，但水平已经很高，各营分别配有台式和履带式拖拉机、播种机、中耕机、康巴恩收割机、脱粒机等主要农业机械，还有如手扶拖拉机等小型农机具。场部和金宝屯冷库、转运站之间又有数辆解放牌汽车承担运输业务。这些机械设备出了故障，都由机修连来维修。由此看来，机修连责任重大，培养一支技术和作风过硬的机械维修队伍十分重要。

我调到机修连以后，拜刘洪岭、王国湘为师。刘洪岭是机修连的老技术员，还是全场学习的标兵，他不仅技术过硬，而且思想进步，作风踏实，在最需要他的地方，一定会有他的身影，他的先进事迹传遍农场的每一个角落，人人皆知。王国湘是“文革”前东北林学院毕业的老大学生，他不仅有丰富的理论知识，实际操作能力也非常强，他在机械制造和机械零部件加工方面的技术水平是胜利农场上下闻名的。

我托人从上海和浙江等地买来了《机械制造（初读本）》《农业机械知识》《机械制图》等书籍，从最基础的机械加工知识学起，一点一滴地向王技术员请教。

每天最早到车间的人是我，也常常最晚离开车间。功夫不负有心人，我很快在机械加工方面入了门，不仅学会了识别机械工程图，还能按照图纸要求加工零部件。有了这两位资历很深的师傅带着我，我既感到幸运，又产生很大的压力。新的环境给我带来的考验是层出不穷的。农场诸多机械设备的结构、原理都要分门别类，记在心上，印在脑子里；农机具的配件、易损部件的加工和储备，要有合理的安排；急需零件的加工任务，无论春耕夏作都要放到第一位；许多疑难的机械故障，需要认真分析、思考和准确的判断能力；有时候还要独立去接受没有把握的机修任务。好在先前我在我哥哥的余姚泗门五金机械厂里见习过，还上过车床，对机床的基本操作程序有一定的认知基础，在家里又办过小工厂，玩过冲床，对机械设备还是了解一些。因而，与其他一起进厂的知识青年比，我有一点优势。两位师傅都很喜欢我。刘洪岭指导我从车床、冲床和铣床的简单加工到精加工的操作规范，还随时随地帮助我分析机械故障的成因和排除方法。刘师傅认真的现场指导，不厌其烦的亲身示范，让我在现场观摩中迅速掌握农机具配件修理加工的基本技术。

我（左）在内蒙古拜会原胜利农场机修连的恩师王国湘（2014年8月）

而王国湘技术员从机械理论、平面分析开始，传授我从认图、识图到制图的全部知识，让我在实践中运用，并不断地补充，提高我的工作技能。时间不长，我就从一名新手变成了熟练工，从一名不会识图的徒工变成了一个能看图懂图纸、有实际操作能力的技术工人。

后来，我还与两位师傅一起攻克技术难关，完成对旧机床的改造。同时我们又自行设计制造了一台能加工农机具配件的C620专用车床。

在机修厂工作了两年多，两位师傅如同我兄长，我们经常早出晚归，有时候为了排除一个机械故障会耽误很多时间，甚至连吃饭、睡觉都不能保证。这时候，师傅们会非常热情地把我请到他们家里去蹭饭，还会把热炕头留给我休息。

我觉得，在胜利农场机修连工作的两年多时间，是我生命中的一个重要节点。因为有了这个平台，我下乡以来的读书学习有了用武之地，同时还圆了我当工人的梦想，给了我更多展示自己的机会。我的眼光不再局限于眼前利益的得失，而看到了超越胜利农场之外更多的东西。在这里，我学到的不仅有农业机械的维修技术，更有工人阶级高尚的思想品德和道德情操。

四、党组织推荐上大学　成为工农兵新学员

1973年9月,一个去长春地质学校上学的机会好像是“天上掉馅饼”,幸运地降临到了我的头上。

事情是这样的，从1972年起，全国的大中专院校陆续开始从工农兵中招收青年学生。当时的招生方法基本上遵循“自愿报名,群众推荐,领导批准，院校录取”的原则，适当辅以文化课程考试进行选拔。

尽管当时的招生选拔以政治表现为主、文化考试为辅，而且招生数量少之又少，竞争相当激烈，但是毕竟全国的大专院校和中专学校恢复招生了！

由于金宝屯胜利农场是安置知识青年比较集中的单位，所以上级分配给这里的升学指标相对多一些。这个喜讯犹如一道曙光，给胜利农场的知识青年带来了一线希望和无限的期盼。

1973年9月，经过层层推荐和考试选拔，最后经农场党委批准，我被长春地质学校勘探机械专业录取。这显然与我在农场机修连工作，并从事机械加工这个得天独厚的因素有关，加上我平时表现出色，获得推荐，最终被录取。

当时的长春地质学校，是全国地质矿产系统的一所中专学校，由国家地质矿产部委托吉林省地质矿产局管理。该校设有地质、勘探、物探、测绘、机械等多个专业，为国家地质矿产系统培养具有中等专业技

长春地质学校主楼远眺

术水平的技术人员。2000 年以后，随着国家教育改革的不断深入，长春地质学校先被并入长春科技大学（原长春地质学院），成为该校的工程技术学院，后来又随着长春科技大学并入了吉林大学，现在是吉林大学的一个应用技术学院。

进入长春地质学校学习，对我来说犹如久旱逢甘霖。自 1966 年中断学业七年之后，我重新获得进校读书的机会。对此我非常知足，倍加珍惜。

长春地质学校 1973 级勘探机械专业，共有 35 名学员，来自全国各地。在入学文化程度摸底考试中，我取得了不错的成绩。凭借自己的工作能力和人格魅力，我被同学们推选为班长，后来又担任了班级的共青团支部书记。在地校两年的学习生活中，我表现突出，处处以身作则，一边积极组织和带领全班同学努力学习，一边搞好班集体的各项工作，我所在的班是全校闻名的先进集体。

该专业当时开设有高等数学、政治理论、英语、理论力学、材料力学、机械制图、机械制造原理、电工原理、液压传动原理、机械铸造、热处理和体育等十几门课程。我比较喜欢、学得比较好的课程有两类，一类是机械制图和机械制造原理等专业课，另一类则是政治理论课中的政治经济学。

与当时的其他大中专院校一样，长春地质学校非常重视学生的实践环节，学校实行开门办学，教学方法往往是以典型产品组织教学活动。我所在的班级先后去过长春拖拉机制造厂和湖北十堰的第二汽车制造厂等厂矿企业实习，这使我有机会系统地学习和实践了热处理和机械加工等技术。

在生产第一线，我如鱼得水，游刃有余。由于我有在老家学习车床操作和在胜利农场机修连工作的基础，在下厂实习中表现出色，机械加工工序里的车、钳、铣、刨、磨，我每样都能玩得转。毫不夸张地说，我是全班学得最快、技术掌握得最好的学生之一，深得老师和工人师傅的喜欢。

对于学习，我有一套适合自己特点的独特方法，不主张死读书，特

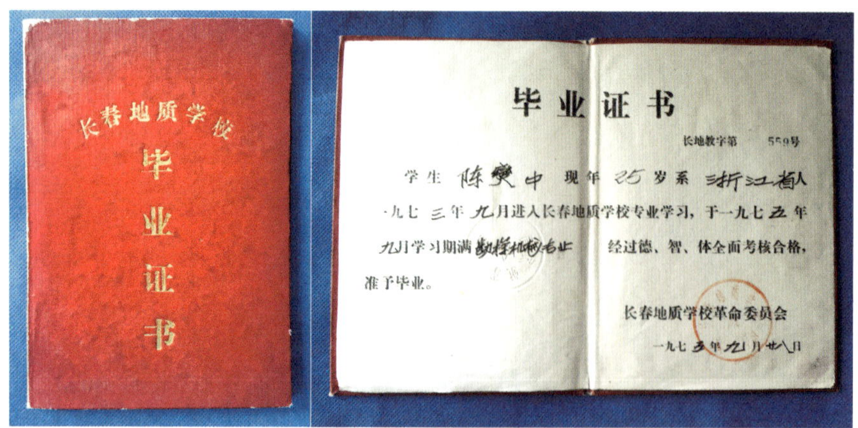
长春地质学校
毕业证书

毕业证书

长地教字第 559号

学生 陈[illegible]中 现年 25 岁系 浙江省人 一九七 三年 九月进入长春地质学校专业学习，于一九七 五 年 九月学习期满 [illegible]专业 经过德、智、体全面考核合格，准予毕业。

长春地质学校革命委员会

一九七 五 年 九 月 廿八日

长春地质学校毕业证书

别推崇在实践中学习理论知识。无论是在实习单位里，还是在生产第一线，我都会与工人师傅们打成一片。尤其是在危急关头，总能见到我矫健的身影。

1974 年下半年，我所在的班级在地处延边朝鲜族自治州的吉林省延边地质大队实习，开展钻机打钻、岩石取样的工程。有一天，地质大队的机关办公室突发火灾，我闻讯后迅速投入救灾抢险，一次又一次地冲入火海，抢救国家财产和珍贵的地质资料。当时上衣被大火引燃了，我脱掉起火的外衣，手臂被烈火灼烤起了许多水泡，我无暇顾及，仍然坚持奋斗在救火一线，直至大火被完全扑灭。现场的地质大队领导和参加救火的工人都竖起了大拇指夸奖我这位长春地校的青年学生。

事后，我得到了长春地质学校和吉林省延边地质大队的表彰和奖励。

时隔四十多年，每每想起在长春地校求学的那段经历时，我仍然怀着深深的感恩之心：“是长春地校的学习，提高了我的理论水平和分析问题、解决问题的能力；是长春地校的培养，使我进一步养成了读书学习、渴求知识的习惯。正是这个好习惯，成全了我，使我终身受益！”

第三章　参加高考择优录取
定下人生新的目标

一、抓紧复习再上考场　成绩优异榜上有名

1982 年 9 月—1984 年 8 月，我在浙江省地质矿产厅供应处工作，担任设备主管。在这期间，我做了三件有意义的事情：

一是举办了两期浙江省地质矿产系统的设备管理干部培训班，并负责讲授设备管理和物资管理的课程，为提高全局系统设备管理干部的基本素质和理论水平提供了有力的支持；

二是负责制定了全局设备大修理的规范，使全省地质矿产系统的设备管理有了科学修理保养依据；

三是参加了国家地质矿产部举办的经济管理研讨班，各门功课取得了平均 95 分以上的优异成绩，我学到了经济管理方面的理论知识，为日后从事全局经济管理工作奠定了良好基础。

在浙江省地质矿产厅工作的几年，我虽然干得很出色，但在工作中时常感觉到自己知识积累得不够扎实，力不从心。一种与生俱来的忧患意识和进一步提高

我（右一）与老师和同学在校门口留影（1984 年）

自身理论文化的紧迫感，让我下定决心继续学习和深造。在主管领导的大力支持和鼓励下，1984 年上半年通过全国高考，我被录取到武汉地质科技管理干部学院设备管理专业学习。

武汉地质科技管理干部学院隶属于国家地质矿产部，是国家教育部批准的一所高校，学员大多是来自全国地质矿产系统的在职干部，学制为全脱产 2 至 3 年。该校 1984 年由武汉地质学校升格为高等教育系列的高校,旨在培养全国地质矿产系统的科学技术和管理干部。1988 年，武汉地质科技管理干部学院和武汉地质学院、北京地质管理干部学院(合署)、武汉地质学院(北京研究生部)合并组建为中国地质大学。

当时的武汉地质科技管理干部学院有许多时髦的热门专业，可我情有独钟，选择了自己正在从事的设备管理专业。我清楚地认识到我国要想实现四个现代化，必然需要大批懂经济会管理的人才。学设备管理不仅是国家的需要，也是我本职工作和兴趣爱好所在。我坚信只要有兴趣，学习就会更加有动力。

我在武汉地质科技管理干部学院学习了三年，成绩优秀，尤其是管理类的课程学得最好。我的毕业设计（论文）题目是《地质设备管理信息的收集与决策》，指导教师彭国翔教授在评语中给予了很高的评价，给的成绩是“优秀”。1987 年 7 月，我如愿获得了大学毕业文凭。

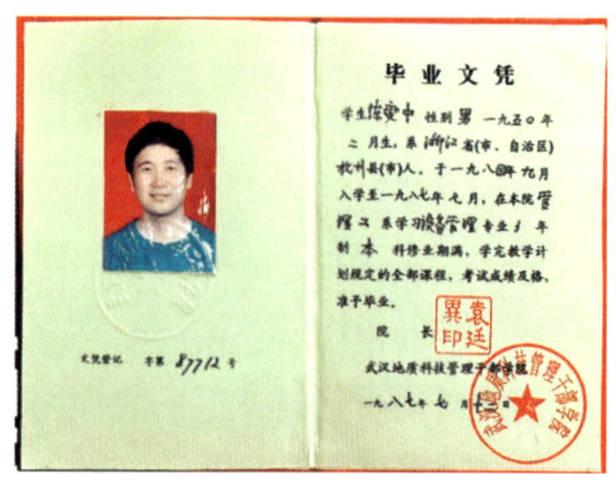

毕 业 文 凭

学生[illegible] 性别男 一九五〇年二月生，系浙江省(市、自治区)杭州县(市)人，于一九八四年九月入学至一九八七年七月，在本院管理工程系学习设备管理专业 3 年制本科修业期满，学完教学计划规定的全部课程，考试成绩及格，准予毕业。

院 长 袁异廷印

武汉地质科技管理干部学院

一九八七年七月十一日

文凭登记 字第 87712 号

武汉地质科技管理干部学院毕业证书

二、理论学习联系实际 汉口饭店当上经理

在武汉地质科技管理干部学院学习期间，正值我国改革开放、引进外资的黄金时期。了解到当地的汉口饭店是一家中外合资经营的五星级酒店，规模很大，我敏锐地意识到如果能去那里实习，一方面能学到国外先进的管理理念和模式，另一方面又可以对自己所学的管理知识做一次实践检验，一举两得，那该是一件多么好的事情啊！

我在武汉长江大桥留影（1984 年）

征得学院领导同意后，我毛遂自荐，拿了学院开具的介绍信，主动上门去汉口饭店联系，得到了酒店领导的同意，如愿在那里实习了两个多月的时间。

在汉口饭店实习时，我是一位嘴勤、手勤、腿勤的实习生，先后干过门童、总台服务员、客房服务员、客房经理、大堂经理和酒店总经

汉口饭店

漢口飯店
HANKOU HOTEL

汉口饭店对我的实习鉴定

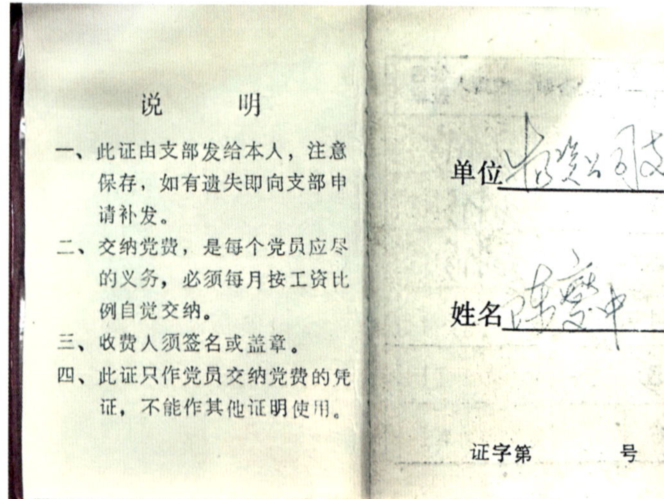

说　明

一、此证由支部发给本人，注意保存，如有遗失即向支部申请补发。

二、交纳党费，是每个党员应尽的义务，必须每月按工资比例自觉交纳。

三、收费人须签名或盖章。

四、此证只作党员交纳党费的凭证，不能作其他证明使用。

单位

姓名

证字第　　号

党费证

理助理……凡是我涉足过的部门和岗位，都留下了我的汗水、笑声和口碑。

在武汉地质科技管理干部学院学习期间，去中外合资经营的星级酒店实习，学习酒店管理技术，是我的一个创举。此举得到了学院领导的充分肯定，我本人也由此得到了很大的锻炼，受益匪浅。

这也为我毕业回到杭州，接任浙江省地矿厅招待所所长，进入企业管理层打下了良好基础。

三、严格要求政治上进　光荣加入共产党

在武汉地质科技干部学院的读书学习，打破了我原来满足现状的思想，我立下了新的人生目标。主要收获有以下三个方面：

1. 比较系统地学习了经济和管理方面的理论知识，提高了管理的理论水平和实际管理能力，为我以后的事业发展奠定了坚实的基础。

2. 上学期间，有机会认识并接触到本系统本领域和地质矿产部有关领导及技术权威专家，建立了新型的人脉关系，开阔了自己的视野，为我以后的事业发展开创了新局面。

3. 上学期间，我努力学习，各门功课取得优秀成绩；政治上要求上进，并光荣地加入了中国共产党，实现了自己多年来的理想。这些都为我以

后的事业发展锦上添花。

时隔四十年，如今回忆起当时在武汉地质科技管理干部学院求学的那段刻骨铭心的经历时，我还是心情激动，感慨万千。

我始终认为，读书学习是事业成功的基础和关键，只有不断读书学习，才能使自己不断进步和发展。

第四章　不断提高理论水平 报考复旦管理硕士

一、偶遇同学壮胆相助　面试应考信心倍增

决定报考复旦大学的 EMBA（高级管理人员工商管理硕士）时，我刚退休，已到了耳顺之年。

说实在话，我当时非常担心自己不能被录取。毕竟已经六十多岁了，青春不再，复旦大学还愿不愿意培养如此大龄的老学生呢？虽然笔试已经过关，但我心里一直打着鼓，带着忐忑不安的心情前往复旦大学参加入学面试。

面试当天，我站在教室门口排队候考，与旁边的一位年轻人交谈起来。那人虽然很年轻，却是风度翩翩，谈吐不凡，我还以为他是复旦 EMBA 的老师呢！

当这位“老师”了解我的顾虑后，鼓励我说：“与年轻人相比，您拥有丰富的阅历和宝贵的经验，这是您的优势和强项，是别人没有的。年过六十怎么了？现在不都在提倡终身学习嘛，您这可是赶上潮流喽！”

听了他这番话，我自信心倍增，七上八下的心平静了下来，冷静应对面试。

终于叫到我的名字，我不慌不忙地坦然进入教室，面对三位面试官的提问，我从容作答，最后聊了公司的经营和发展，更是感到轻松。最终我顺利通过了复旦 EMBA 的入学面试。

事后，我才知道那位年轻人并不是老师，是复旦大学 EMBA2007

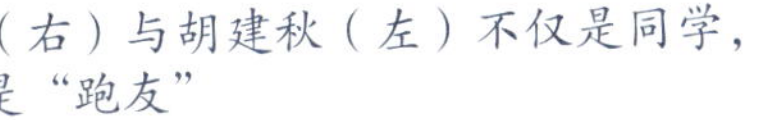
（右）与胡建秋（左）不仅是同学，是“跑友”

我在复旦大学 EMBA 开学典礼上发表热情洋溢的讲话（2010 年 9 月）

级秋 2 班的同学胡建秋。我非常感谢这位素不相识的热心同学对我的鼓励和支持。后来，我们俩成为非常要好的朋友。

接到录取通知的电话时，我正在杭州的家里吃晚饭，当时几乎不敢相信自己的耳朵，高兴得流下了激动的泪花。做梦也没有想到自己能考上复旦大学的研究生，我沉浸在激动、幸福和憧憬之中。复旦大学管理学院接纳了我，收下了我这般年纪的大龄学生，确实无愧于复旦大学一贯倡行的崇高社会责任感，这也是 我的莫大荣幸和骄傲！

二、中国财务金融泰斗　拜李若山教授为师

在一般人的眼中，年过六旬就是“船到码头车到站”，该退休在家坐享清福了，而我为什么还会有如此高涨的进取心和如此强烈的求学愿望呢？这需要从我的工作经历说起。

1987 年 7 月，我从武汉地质科技管理干部学院大学毕业后，先后在浙江省地质矿产系统的多个单位工作。1990 年我调到国家地质矿产

部下属的中国地质技术开发进出口公司浙江办事处工作，担任主任。然而，我并不甘心于过这种安稳的生活。虽然我当时的职务已经是国家地质矿产部的正处级干部，有着可观的经济收入，待遇优厚，但在20世纪90年代中期，我还是毅然决然地辞职，下海自主创业，放弃了人们羡慕的“铁饭碗”。

做出这样的决定是需要魄力和勇气的，但我并不是一时冲动，而是经过了深思熟虑。至今，回想起自己当年辞职创业的情景时，我仍深有感触：当时国家的政策是鼓励机关干部下海经商，我决定辞职创业，一来是响应国家的号召，二来也是因为我天生喜欢接受挑战，而不喜欢过安稳、一成不变的日子。

走上自主创业的道路，我涉足过许多行业。商业零售、钢材贸易、金银珠宝、服装、实业投资、典当贷款、网络技术、房产开发、房地产物业……这些都是我的创业版图中曾经拓展到的领域。随着改革开放的不断深入，市场经济的竞争越来越激烈。为了求生存、求发展，我意识到自己的公司必须适时转型升级，需要由单纯商贸型的企业向投资型的企业转换，我的目标是转向金融投资。面对商业地产、股权投资、国债投资、国债回购、期现套利、量化对冲等这些新鲜名词，我再一次感觉到，自己需要“充电”，迫切需要进一步学习深造。

复旦大学 EMBA 的教学现场

攻读EMBA，成为我的一个新的奋斗目标。

EMBA最早诞生于美国芝加哥大学管理学院，它的设立是为高级管理人员服务的。EMBA英文全称为Executive Master of Business Administration，直译为高级管理人员MBA，或高层管理人员工商管理硕士。

2002 年 7 月，国务院学位委员会办公室批准暨南大学、浙江大学、北京大学、上海交通大学、复旦大学、南开大学等 32 所高等院校开展高级管理人员工商管理硕士专业学位教育，各院校开始陆续招生。我国的 EMBA 项目，旨在培养服务于中国经济的高层管理精英，为政府和企业高层管理人员提供系统全面的工商管理知识和人文教育，传授全球领先的管理理念，搭建高端的商业平台，进而推动中国经济的发展。办学高校凭借广泛的国际合作，设置了国际化的课程体系，聘请了国内外顶尖的商学院师资，在重视国际视野的同时，也注重中国实际。

我敏锐地感觉到攻读 EMBA 学位符合本人的实际条件和需求，因此把 EMBA 列为自己继续求学的一个新目标。可是全国有三十多所大学承办 EMBA 项目，该怎么来选择呢？经过分析比较，复旦大学在我的眼中更加具有吸引力。

首先，复旦大学是教育部直属的综合性研究型大学，首批进入“211 工程”“985 工程”，并入选“珠峰计划”“111 计划”和“2011 计划”，是海内外久享盛誉的全国重点大学。

复旦大学

我（站立者）在向 EMBA 导师做专题汇报

其次，复旦大学是 2002 年国内首批获国务院学位办批准开办中文 EMBA 学位教育的院校之一。和国内其他商学院不同，复旦的 EMBA 项目依托百年复旦文化底蕴，倡导企业家的人文教育，特色非常鲜明。

再则，复旦大学地处长三角地区中心城市上海，与我所在的杭州市同在一个经济区域。该区域幅员辽阔，经济高度发达，具备适合我学习发展的优越的内部和外部条件。

其实，我的复旦情结源远流长，最早可以追溯到我的中学时代。读初中时，我的数学成绩非常好，这得益于我碰到了一位毕业于复旦大学、教学水平很高的数学老师。那位老师讲授的数学课深刻、透彻，深深地吸引了我和同学们。当时，我很崇拜那位老师，心想能培养出这么高水平的老师，复旦大学肯定是一所非常了不起的大学，那时就已暗下决心，"将来我也一定要去复旦读书"。

我的这个梦想，四十多年后终于成真。2010 年 9 月—2012 年 8 月，我在复旦大学攻读高级工商管理硕士研究生，被编在复旦大学 EMBA2010 级秋 1 班。全班有 61 名学生，来自全国各地，其中华东地区的居多。根据教学计划，同学们在繁忙的工作之余，每个月都有四天集中到复旦大学上课学习，一般都安排在周五至下个周一。我十分珍惜这个来之不易的学习机会，学习刻苦努力，每节课都认真听讲，有问题不 懂就问，力求学懂弄通，所以我的成绩优秀。我还热心班级的社会工作，被同学们推荐为班干部。

读 EMBA，最重要的是要选好导师，因为好的导师可以提供专业的指导和支持，帮助自己克服学习和研究中的难题，提升学术能力和研究水平。同时，导师的研究方向和研究项目会直接影响到自己的研究方向和研究成果，选择一个与自己专业背景相关且感兴趣的导师，有助于提高自己的研究兴趣和研究成果的质量。

此外，与优秀的导师合作研究，还可以借助导师的人脉和资源，拓展自己的职业发展渠道，带来更多机会。因此，研究生选导师是读研生涯中最重要的事之一。

复旦大学管理学院有 80 多位教授，我应该选谁做我的研究生导师呢？

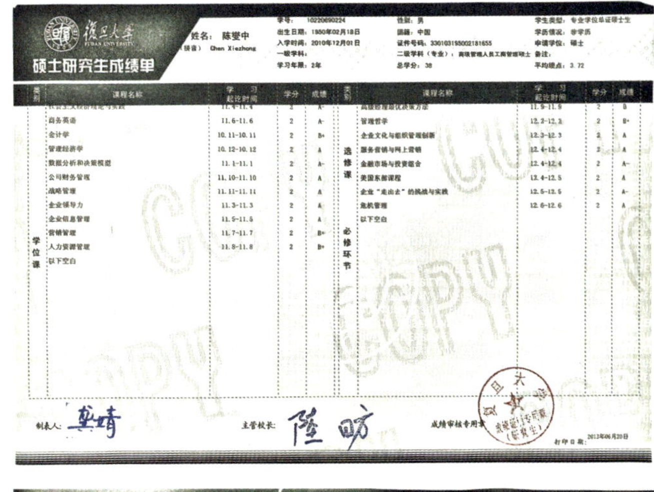

复旦大学 FUDAN UNIVERSITY

硕士研究生成绩单

姓名：陈燮中
（拼音） Chen Xiezhong
学号：10220690224
出生日期：1950年02月18日
入学时间：2010年12月01日
一级学科：
学习年限：2年
性别：男
国籍：中国
证件号码：330103195002181655
二级学科（专业）：高级管理人员工商管理硕士
总学分：38
学生类型：专业学位单证硕士生
学历情况：非学历
申请学位：硕士
备注：
平均绩点：3.72

类别	课程名称	学习起讫时间	学分	成绩
学位课	社会主义经济理论与实践	11.4-11.4	2	A-
	商务英语	11.6-11.6	2	A-
	会计学	10.11-10.11	2	B+
	管理经济学	10.12-10.12	2	A
	数据分析和决策模型	11.1-11.1	2	A-
	公司财务管理	11.10-11.10	2	A
	战略管理	11.11-11.11	2	A
	企业领导力	11.3-11.3	2	A
	企业信息管理	11.5-11.5	2	A
	营销管理	11.7-11.7	2	B+
	人力资源管理	11.8-11.8	2	B+
	以下空白			

类别	课程名称	学习起讫时间	学分	成绩
选修课	[illegible]	11.9-11.9	2	B
	管理哲学	12.2-12.2	2	B+
	企业文化与组织管理创新	12.3-12.3	2	A
	服务营销与网上营销	12.4-12.4	2	A
	金融市场与投资组合	12.4-12.4	2	A-
	美国东部课程	12.4-12.5	2	A
	企业“走出去”的挑战与实践	12.5-12.5	2	A-
	危机管理	12.6-12.6	2	A
	以下空白			
必修环节				

制表人：（签名） 主管校长：（签名） 成绩审核专用章 打印日期：2012年06月20日

复旦大学 FUDAN UNIVERSITY

TRANSCRIPT FOR MASTER

Name: Chen Xiezhong
Student category: Postgraduate Student (Single Certificate Professional Degree Program)
Education record: Non-diploma Education Enrollment time: 2010 12 01
School system: 2 years ID number: 330103195002181655
First-class discipline: Second-class discipline: Executive Master of Business Administration
Total credit: 38 GPA: 3.72
Postscript:

Compulsory Course	Period of Study	Credit	Grade
Socialist Economy Theory and Practice	11.4-11.4	2	A-
Business English	11.6-11.6	2	A-
Accounting	10.11-10.11	2	B+
Managerial Economics	10.12-10.12	2	A
Data Analysis and Decision Model	11.1-11.1	2	A-
Corporate Financial Management	11.10-11.10	2	A
Strategic Management	11.11-11.11	2	A
Enterprise Leadership	11.3-11.3	2	A
Enterprise Information Management	11.5-11.5	2	A
Marketing Management	11.7-11.7	2	B+
Human Resource Management	11.8-11.8	2	B+
Following blank			

Optional Course	Period of Study	Credit	Grade
Decision Making	11.9-11.9	2	B
Management Philosophy	12.2-12.2	2	B+
Enterprise Culture and Organization Management Innovation	12.3-12.3	2	A
Service Marketing and Internet Marketing	12.4-12.4	2	A
Financial Market & Portfolio	12.4-12.4	2	A-
Oversea Program in Eastern United States	12.4-12.5	2	A
The Challenges and Practices of Enterprise Globalization	12.5-12.5	2	A-
Crisis Management	12.6-12.6	2	A
Following blank			

Lister:（签名） President:（签名） University Seal Issue Date: 2012-06-21

我在复旦大学攻读 EMBA 时的成绩单

我是做投资的，如何保证企业财务投资的安全，如何保证企业持续发展需要的资金，如何建立企业的财务管理制度，如何完善各项投资的财务资产的安全管理，如何预防企业财务投资的损失等等，是我读 EMBA 要研究的问题。所以，要找一位财务会计方面的教授做我的导师。

通过对学校财务会计系老师的了解，我很希望久闻大名的李若山教授能做我的导师。

李若山教授

李若山教授是新中国培养的第一位审计学博士学位获得者，曾任厦门大学经济学院会计系副主任、经济学院副院长。他还是复旦大学管理学院财务系系主任、教育部工商管理学科指导委员会委员、上海市证券交易所上市公司专家委员会委员、财政部会计准则委员会咨询专家、中国会计学会学术委员会委员、五家上市公司独立董事、复旦金融期货研究所所长。

我找到李若山教授后，与他进行了深入交流。他也是知青，也下过乡，恢复高考以后如愿考上了厦门大学，我们的经历几乎相同。

我说："李老师，我希望能成为您的研究生。"

他说："陈总，好啊，没问题。"

以后李老师在财务会计知识和人际关系方面，给予了我很多的指导和帮助。

三、杨玉良校长授学位　成为研究生中一员

抱着提高理论水平的迫切期望，我在复旦大学如饥似渴地学习着新的知识。不愧是享誉中外的名校，复旦老师的水平，让我叹服不已。我对华民、包季鸣和李若山三位崇拜有加。

华民老师对于中国经济发展局势的把握，让我非常佩服。我记得很清楚，2011 年 4 月 14 日在

李若山教授

武汉上移动课时，华民老师分析了中国股市的现状，认为中国经济要调整，中国的股市虽然从6000多点调到3000点，但他认为还是要调整。听完了课，我回去就抛售了所持大部分股票。结果不久后，中国股市果然继续重挫，下跌到1990多点。华民老师的一节课，帮我避免了许多损失。

华民教授

如果不来复旦学习，我怎么可能了解到这些宏观经济与实体经济和股票市场相关联的埋论呢？

包季鸣老师在课堂上分享的许多案例，让我生动地认识和理解到领导力是对危机处理的艺术和胆魄。我们在经营企业的过程中，经常会遇到大大小小的危机。以前，我并不了解处理危机的理论知识。而包老师的课深入浅出，用非常生动的方式，让我学习到了危机处理的基础理论知识。

李若山老师的课是最受同学们欢迎的课程之一。他坚持认为，照本宣科的东西没有生命力，案例和数据最有说服力。

包季鸣教授

在课堂上，李老师会拿出一张流程图的表格，问我们哪个环节最重要。虽然大家发表了不同的看法和意见，但都会忽略那些很不起眼的拐角位置的签名环节。我们会发现，内控不仅仅是对资金、财务这种大问题的控制，更要注意各个层面。因为当一个人有压力、有机会、有自我合理

我（中）与同学们在学习中讨论和交流

在“EMBA 名师讲堂”，我（左三）与孔爱国教授（左五）、叶健（左四）、朱明虬（左六）等师生合影

性解释时，就会发生舞弊事件。一个签字的缺失很可能导致整个流程功亏一篑。

我们听了李老师的课以后，跳出了之前对于内控的狭义认知，思维更宽广。我们发现，企业的风险是无处不在的，但最大的风险就是不知风险在哪里。

我在 EMBA 课堂和教学环节中所学习到的理论知识，都在自己的公司得到了实际应用和检验，我在企业经营管理实践中更加得心应手。

在攻读 EMBA 期间，复旦大学曾经多次组织学员去西方发达国家学习考察。2011 年 9 月，我们去美国游学一个月，先后在哈佛大学和西点军校学习。2012 年上半年又有一个月时间在法国和意大利学习，并亲自去 LV 等国际著名的 500 强公司参观和学习。

这些活动，极大地开拓了我的国际视野。我最大的收获有两个：

第一，创新是时代进步的主旋律。我们不仅需要学习西方发达国家的先进技术，更要学习他们的创新精神。

第二，一个企业要发展，必须做好做强自己的品牌。

在李若山教授的精心指导下，我圆满完成了硕士学位论文《转型经济条件下国债回购套利投资策略探讨》，并顺利通过答辩，如期获得了复旦大学的工商管理硕士学位。

在攻读 EMBA 时我收获颇丰，概括起来主要有：

通过系统地学习 EMBA 的课程，我的理论知识和实际工作能力有了很大的提高。

我的 EMBA 同学有好多来自国内著名大公司，其中不乏全国 500 强企业的高层管理人员，我有机会结交了一大批业界的新朋友。这些资源对我的事业发展起到了很大的帮助作用。

通过 EMBA 在国外的教学环节，我深刻感悟到，一个企业要想持续发展必须牢牢地抓住两条：一是要创新，二是要有自主品牌。

2012 年 9 月，复旦大学隆重举行 EMBA 成立十周年庆祝大会。在庆祝盛典上我受到学校表彰和奖励。

随复旦 EMBA 班在美国纽约学习考察（2012 年 4 月）

复旦大学 EMBA 在国外的教学现场（2012 年）

在复旦 EMBA 学位论文答辩会上，我向答辩委员会做汇报（2012 年）

复旦大学授予的“学无止尽”奖

硕士学位证书

陈燮中，男，1950 年 2 月 18 日生。在复旦大学完成了高级管理人员工商管理硕士专业学位培养计划，成绩合格。根据《中华人民共和国学位条例》的规定，授予高级管理人员工商管理硕士学位。

复旦大学

校长
学位评定委员会主席

证书编号：

二〇一二 年 十二月 二十七日

（专业学位证书）

在复旦大学获得的硕士学位证书

我（左二）在复旦大学 EMBA 毕业典礼上（2012 年 12 月）

为表彰我的优秀成绩和卓绝的求学毅力，复旦大学授予我“学无止尽”的优秀个人称号，并向我颁发奖状和奖杯。

我（左四）在复旦大学 EMBA 成立十周年庆典上获奖（2012 年 9 月）

在班级里，我是岁数最大的学生。我一直坚信，年龄不是求学的主要障碍，意志和自信才是决定成败的关键。一路走来我遇到过很多困难，但是它们都被我以乐观和毅力一一克服了，我觉得战胜困难、解决困难的过程也是一种快乐的享受。我出生于 1950 年，属虎，感谢复旦 EMBA 为我这只“老”虎添上了新翼！

第五章　全球经济互联互通
再读博士展望世界

一、金融投资全球趋势　报考城大复旦博士

获得工商管理硕士学位以后，我已过了 62 周岁，但我没有停止求学步伐，我要再接再厉，把继续求学的方向定在了一个更高更新的目标——攻读工商管理博士（DBA）。

工商管理博士的英文全称是 Doctorate of Business Administration，是专门为工商界高层管理人员设计的全面系统的管理课程。当今的 DBA 致力于培养在激烈的国际竞争中具有卓越能力的高级商业管理人才。与传统博士教育模式不同，DBA 教育着重于理论应用于实践的效果，学生一般都以“在职学习”替代“全日制学习”。

2012 年 9 月，我正式成为香港城市大学的一名 DBA 博士研究生

我把目光投向了香港城市大学。香港是国际化大都市，是全球国际金融中心，也是金融国际化的一个重要平台，在香港攻读 DBA 将更加有利于拓展自己的国际视野，使自己更快、更深入地融入金融国际化的时代潮流中。而且，香港城市大学的 DBA 项目是与复旦大学联合办学的项目，这对于复旦 EMBA 毕业生的我来说更加乐于接受。

通过报名、审核、笔试和面试，最后我终于如愿收到了香港城市大学工商管理博士入学通知书。

香港城市大学简称香港城大，是一所坐落于香港九龙塘的公立研究型大学，是香港特别行政区政府资助的八所大专院校之一，被教育部列入国家重点高校名录。香港城大的“商业与管理研究”学科，全球学科排名在 50 名以内，具有以下鲜明的学科特色：

1. 充分强调系统研究并掌握专业知识和商战运营管理技能，提高学员的研究能力和开拓创新能力；

2. 把握企业产业发展趋势和市场前景，增强学员宏观分析及战略决策能力；

3. 启迪发展思路，优化管理模式，激发创新意识与灵感，提升学员的综合能力和领导能力；

4. 全面提升企业高层管理者的专业化、规范化、国际化的管理水平和经营理念。

香港城大拥有国际化的生源和办学条件、与国际接轨的教学计划和良好的学术氛围，特别是工商管理博士同学中有许多是大中企业的董事长和 CEO，他们是公司的决策者和高层管理者，有广阔的人脉资源，形成了一个良好的学习氛围。

这些正是我实现企业转型升级，为自己开拓新的发展领域所迫切需要的，也是我梦寐以求、立志攀登的知识新高峰。因此，香港城大的 DBA 像一块强大的磁铁，深深地吸引着我。

二、研究全球经济金融　拜孔教授王教授为师

2012 年 9 月—2016 年 6 月，我在香港城大攻读 DBA 博士，可以选择两位教授做我的导师，负责指导我的研究课题。香港城市大学和复

我（中）与两位 DBA 导师孔爱国（左）、王军波（右）

旦大学从事经济和金融的教授有 60 多位，我选谁作为我的指导老师呢？

最后我把目光投向王军波教授和孔爱国教授。

王军波教授是香港城市大学经济及金融系教授、博士生导师，美国雪城大学金融学博士和中国科学院管理学博士，曾在雪城大学任教，也是国家基金委海外杰出青年获得者。他的研究领域是债券市场、市场微观结构、IPO 市场等方面，曾在国际著名刊物及学术专著上发表学术论文 20 多篇，2007 年和 2012 年两次获得香港城市大学商学院最佳研究奖。

孔爱国教授毕业于复旦大学外国经济思想史专业，获博士学位，现为复旦大学管理学院财务金融系教授、博士生导师，MBA 项目学术主任。他主攻的研究方向是公司财务、资本市场与宏观经济及其结合，在国内外相关的专业期刊上发表了近 50 篇文章，承担过多项横向与纵向的课题，着力解决公司的投融资问题、公司治理问题、商业银行的管理问题、投资的策略选择问题等，从市场的交易数据来透视公司的信息披露问题，从公司的质的差异来研究不同周期阶段其资本结构的差异、投融资的差异等。

孔爱国教授的教学方向集中在公司财务、现代投资学、金融市场与组合投资、宏观经济学、管理经济学，在过去的几十年教学中积累了不少的经验，擅长用简单的语言表达深刻的理论与道理。从科学学位的研究生到专业学位的研究生，都有很多的课堂经验。

同时，他还为国内不少大中型企业提供决策咨询与培训，在几家公司与金融机构担任独立董事。

在博士课题的研究中，孔爱国教授的对冲套利策略的独特见解和王军波教授前瞻性的国债投资理念使我受益匪浅，对我的公司正在从事的商品期货对冲套利和国债回购期现套利的投资，给予了很大的启发和帮助。

按照香港城大 DBA 的教学计划安排，前两年主要是上课，即 DBA 学位课程的学习；后两年则是学位论文的写作和答辩。

在攻读 DBA 的四年中，不管工作多么紧张繁忙，我都会挤出约 15% 的时间用于 DBA 课程的学习。每个月我都要从杭州赶到香港城大学习四天，几乎雷打不动。

一次因忙于洽谈一笔业务，延误了当天下午从杭州萧山机场飞往香港的航班，秘书劝我第二天上午再走不迟。但一想到第二天上午有重要的“全球经济趋势分析”的课程，这是我最渴望和期盼的课题，于是执意要秘书为我购买飞香港的航班，杭州不行，从上海走，非当天晚上出发不可。最后，我硬是风尘仆仆地赶到上海，经由上海虹桥机场飞往香港。我到达香港的时候已经是第二天凌晨 2 点多钟。虽然奔波了一天已经十分疲劳，但是我感到非常欣慰，因为我终于能赶上第二天上午的课程了。

我（前排右二）和香港城大 DBA 的同学们一起举行学术活动

香港城大的 DBA 课程一般都是安排在双休日和双休日的前后两天，一周上四天。每周正常上班时间要投入紧张繁忙的工作，双休日又要去香港读书，承担起艰巨的学习任务，确实感到很累。但是我从来不怕困难，不言辛苦，在同事、同学和亲朋好友的眼中，我永远是一个不知疲倦的“乐天派”。

记得在 2014 年，有一次下午在香港城大上课后，我从九龙塘地铁站坐地铁到中环，再转机场快线直奔香港国际机场，去搭乘晚上 9 点多钟的航班返回杭州。在办理完行李托运手续并过安检后，我想利用上飞机前的时间，在候机室闭目养神打个盹，没想到竟睡着了，醒来时已经快到晚上 10 点，航班早已经起飞。当晚已经没有其他航班可改签了，无奈的我，只好在机场候机室的座椅上坐了一夜，到第二天早晨才改乘 8 点多钟的航班回杭州。到杭州已是中午 11 点，顾不上回家又直奔办公室，投入到紧张的工作中。

我是班里年龄最大的学生。俗话说“岁数不饶人”，此话一点也不假。因为上了年纪，精力和记忆力都会有所下降，我也不例外。但是，我从不服输。虽然在年龄上已经不占优势，但是我坚信“笨鸟可以先飞”，相信通过自己的不懈努力是完全可以克服年龄劣势的。我是这样想的，也努力这样去做，还常常多给自己加码。

平时，除了按时完成老师留的作业外，对一些重要的内容，别人做一遍的，我却要反复练习，坚持多做一两遍。在做课题调研时，我不仅会通过网络搜索资料，而且还买来大量的参考书籍仔细研读。有时为了搞清楚一个理论名词，会与同学们争论得面红耳赤，力求彻底搞懂弄通，不达到目的决不罢休。我的这股子“韧劲”在同学们中还是有名气的。

通过学习、讨论和研究，我的思维能力、分析问题和解决问题的能力得到了增强。

英语，是我的一个严重短板。这也不能全怪我，因为上初中时学的是俄语，之后又耽误了很多年。以后在继续上学时虽然学了英语，但毕竟没有系统地学习，我的英语水平仅停留在能够阅读一般文献的水平，听力和口语比较差。现在我要在香港城大上 DBA，有的课程老师是用全英语讲授的，阅读国外文献、与人交流也都绕不开英语这道坎。刚到香港城大，语言问题着实给我来了一个下马威。

面对英语的挑战，我没有畏缩不前，而是迎着困难为自己补习起了英语。凭着坚韧不拔、锲而不舍的精神，通过上补习班、听英语广播、看英语电视节目等多种手段和方法，终于在不太长的时间内基本闯过了英语这一难关，顺利地完成了学业。

三、数据表格图形算法　博士论文创新观点

我的 DBA 博士毕业论文，题目是《宏观经济信息与期货对国债市

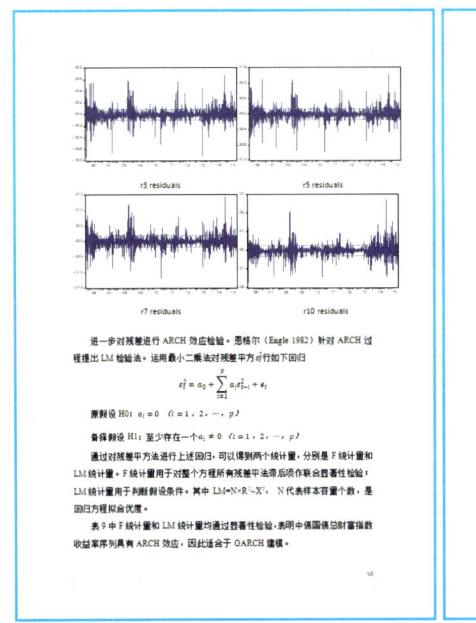

进一步对残差进行 ARCH 效应检验。恩格尔（Engle 1982）针对 ARCH 过程提出 LM 检验法。运用最小二乘法对残差平方 ε_t^2 行如下回归

$$\varepsilon_t^2 = a_0 + \sum_{i=1}^{p} a_i \varepsilon_{t-i}^2 + e_t$$

原假设 H0：$a_i = 0$　$(i = 1, 2, \cdots, p)$

备择假设 H1：至少存在一个 $a_i \neq 0$　$(i = 1, 2, \cdots, p)$

通过对残差平方法进行上述回归，可以得到两个统计量，分别是 F 统计量和 LM 统计量。F 统计量用于对整个方程所有残差平法滞后项作联合显著性检验；LM 统计量用于判断假设条件。其中 LM=N×R²~X²，N 代表样本容量个数，是回归方程拟合优度。

表 9 中 F 统计量和 LM 统计量均通过显著性检验，表明中债国债总财富指数收益率序列具有 ARCH 效应，因此适合于 GARCH 建模。

50

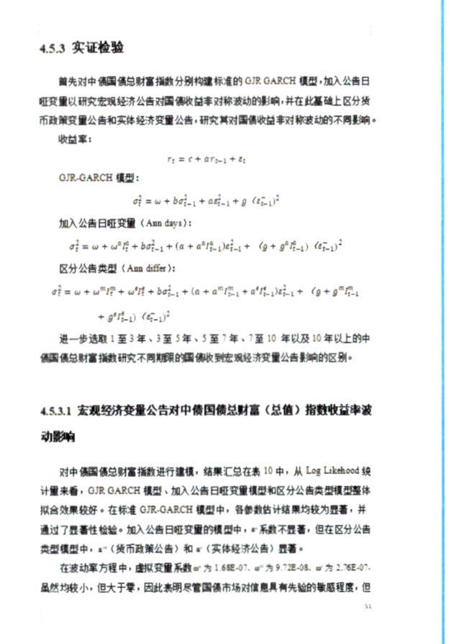

4.5.3 实证检验

首先对中债国债总财富指数分别构建标准的 GJR GARCH 模型，加入公告日哑变量以研究宏观经济公告对国债收益非对称波动的影响，并在此基础上区分货币政策变量公告和实体经济变量公告，研究其对国债收益非对称波动的不同影响。

收益率：

$$r_t = c + a r_{t-1} + \varepsilon_t$$

GJR-GARCH 模型：

$$\sigma_t^2 = \omega + b\sigma_{t-1}^2 + a\varepsilon_{t-1}^2 + g\ (\varepsilon_{t-1}^-)^2$$

加入公告日哑变量（Ann days）：

$$\sigma_t^2 = \omega + \omega^a I_t^a + b\sigma_{t-1}^2 + (a + a^a I_{t-1}^a)\varepsilon_{t-1}^2 + \ (g + g^a I_{t-1}^a)\ (\varepsilon_{t-1}^-)^2$$

区分公告类型（Ann differ）：

$$\sigma_t^2 = \omega + \omega^m I_t^m + \omega^e I_t^e + b\sigma_{t-1}^2 + (a + a^m I_{t-1}^m + a^e I_{t-1}^e)\varepsilon_{t-1}^2 + \ (g + g^m I_{t-1}^m + g^e I_{t-1}^e)\ (\varepsilon_{t-1}^-)^2$$

进一步选取 1 至 3 年、3 至 5 年、5 至 7 年、7 至 10 年以及 10 年以上的中债国债总财富指数研究不同期限的国债收到宏观经济变量公告影响的区别。

4.5.3.1 宏观经济变量公告对中债国债总财富（总值）指数收益率波动影响

对中债国债总财富指数进行建模，结果汇总在表 10 中，从 Log Likehood 统计量来看，GJR GARCH 模型、加入公告日哑变量模型和区分公告类型模型整体拟合效果较好。在标准 GJR-GARCH 模型中，各参数估计结果均较为显著，并通过了显著性检验。加入公告日哑变量的模型中，a^a 系数不显著，但在区分公告类型模型中，a^m（货币政策公告）和 a^e（实体经济公告）显著。

在波动率方程中，虚拟变量系数 ω^a 为 1.68E-07、ω^m 为 9.72E-08、ω^e 为 2.76E-07，虽然均较小，但大于零，因此表明尽管国债市场对信息具有先验的敏感程度，但

51

博士论文数据模型

奖状

陈燮中、朱如飞：

在中国金融期货交易所第四届“金融期货与期权研究”征文大赛中，提交的参赛论文《国债期货的推出对债券市场非流动性的影响》荣获：

二等奖

特发此状，以资鼓励。

中国金融期货交易所
2014年9月9日

第四届“金融期货与期权研究”征文大赛荣获二等奖

场的影响——中国国债市场实证分析》。我研究的这一课题是当前国际资本市场的一个重点研究课题，也是本领域国内研究的热门课题。我研究的ARCH波动率模型，利用自回归条件异方差过程描述序列的波动特征，成为度量金融时间序列数据波动性的有效工具。利用这一工具能准确地模拟时间序列变量的波动性变化，在金融工程学的实证研究中得到广泛应用，使人们能更加准确地把握风险的波动性。由于这方面的研究目前大多都是在国外，国内还较少有人涉及，所以参考文献多数都是外文的。在撰写博士论文过程中，我共查阅了98篇参考文献，其中外文文献多达54篇。英文水平的提高，使我加强了对于国外国债投资领域的关注和研究，对我的学习和实践起到了重要的推动和促进作用。

2016年7月5日，顺利通过博士论文答辩

英语水平的提高还开阔了我的视野和思路，我因此更加直接地了解和掌握了国外新的研究动态和成果。2014年，在中国金融期货交易所举办的第四届“金融期货与期权研究”征文大赛中，我提交的参

赛论文《国债期货的推出对债券市场非流动性的影响》荣获二等奖。

“世上无难事，只怕有心人。”我终于顺利地完成了 DBA 的全部课程，并取得了优异的学习成绩。在同学们的眼里，我对读书上瘾，做起事情来会变成一个不知疲倦的“机器人”,是班里一个令人尊敬的“三最”学生——最年长，最勤奋，最用功。

在两位导师的精心指导下，我完成了 10 万字的博士论文《宏观经济信息与期货对国债市场的影响——中国国债市场实证分析》，并于 2016 年 7 月 5 日顺利通过了该博士论文的答辩。

四、郭校长授博士学位　陆院长颁学历证书

2016 年 11 月 22 日，是我获得香港城市大学工商管理博士学位的日子，我终生难忘。这一天，我专程来到香港参加隆重的博士学位授予仪式。我身披博士袍，庄重地从香港城市大学校长郭位教授手中接过沉甸甸的博士学位证书，成为香港城大一位名副其实的工商管理博士。

当郭位校长把我头顶博士帽上的流苏从帽檐右前侧中部拨向垂于帽檐左前侧中部的一刹那，我激动的泪花情不自禁地夺眶而出。我，一

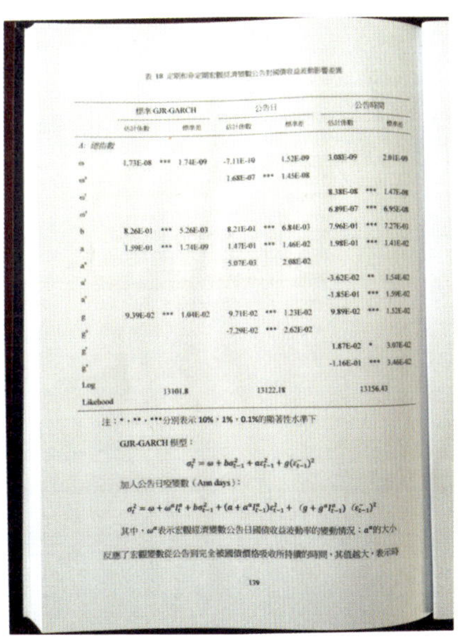

	標準 GJR-GARCH			公告日			公告時間		
	估計係數		標準差	估計係數		標準差	估計係數		標準差
A: [illegible]									
ω	1.73E-08	***	1.74E-09	-7.11E-10		1.52E-09	3.08E-09		2.01E-09
ω^a				1.68E-07	***	1.45E-08			
ω^l							8.38E-08	***	1.47E-08
ω^t							6.89E-07	***	6.95E-08
b	8.26E-01	***	5.26E-03	8.21E-01	***	6.84E-03	7.96E-01	***	7.27E-03
a	1.59E-01	***	1.74E-09	1.47E-01	***	1.46E-02	1.98E-01	***	1.41E-02
a^a				5.07E-03		2.08E-02			
a^l							-3.62E-02	**	1.54E-02
a^t							-1.85E-01	***	1.59E-02
g	9.39E-02	***	1.04E-02	9.71E-02	***	1.23E-02	9.89E-02	***	1.52E-02
g^a				-7.29E-02	***	2.62E-02			
g^l							1.87E-02	*	3.07E-02
g^t							-1.16E-01	***	3.46E-02
Log Likehood	13101.8			13122.18			13156.43		

注：*，**，***分別表示 10%，1%，0.1%的顯著性水準下

GJR-GARCH 模型：

$$\sigma_t^2 = \omega + b\sigma_{t-1}^2 + a\varepsilon_{t-1}^2 + g(\varepsilon_{t-1}^-)^2$$

加入公告日啞變數（Ann days）：

$$\sigma_t^2 = \omega + \omega^a I_t^a + b\sigma_{t-1}^2 + (a + a^a I_{t-1}^a)\varepsilon_{t-1}^2 + (g + g^a I_{t-1}^a)(\varepsilon_{t-1}^-)^2$$

其中，ω^a 表示宏觀經濟變數公告日國債收益波動率的變動情況；a^a 的大小反應了宏觀變數從公告到完全被國債價格吸收所持續的時間，其值越大，表示時

139

DBA 博士论文

香港城市大學 City University of Hong Kong

ACADEMIC TRANSCRIPT

Chow Yei Ching School of Graduate Studies
Tat Chee Avenue, Kowloon Tong, Hong Kong
email: sg@cityu.edu.hk
website: www.cityu.edu.hk/sg/

Date of Issue : 19 Nov 2016 Page: 1

Student Name : CHEN Xiazhong
Student Number: 52992798

Professor Jian Lu
Vice-President (Research and Technology) / Dean of Graduate Studies

Programme: Doctor of Business Administration (International)

Course Code	Course Title	Credits	Grade	Remarks
INSTITUTION CREDIT				
Semester B 2012/13				
FB8002I	Methodology for Applied Business Research II	3	A	
FB8014I	Contemporary Issues on Management	3	B	
Earned Hours: 6.00	GPA Hours: 6.00	Points: 21.00		GPA: 3.50
Summer 2013				
FB8016I	Research in Finance	3	B	
Earned Hours: 3.00	GPA Hours: 3.00	Points: 9.00		GPA: 3.00
Semester A 2013/14				
FB8001I	Methodology for Applied Business Research I	3	A-	
FB8003I	Methodology for Applied Business Research III	3	A	
FB8004I	Residential Workshop I	2	P	
FB8007I	Doctoral Thesis	30	IP	
FB8011I	Electronic Business Strategy and Models	3	A-	
FB8012I	Theory and Practice of Strategic Management	3	A	
FB8013I	Organization Behavior	3	A	
Earned Hours: 17.00	GPA Hours: 15.00	Points: 58.20		GPA: 3.88
Semester B 2013/14				
FB8005I	Residential Workshop II	2	P	
FB8007I	Doctoral Thesis	30	IP	
FB8015I	Contemporary Marketing Strategy	3	A	
Earned Hours: 5.00	GPA Hours: 3.00	Points: 12.00		GPA: 4.00
Semester A 2014/15				
FB8007I	Doctoral Thesis	30	IP	
Semester B 2014/15				
FB8007I	Doctoral Thesis	30	IP	
FB8008I	Residential Workshop III	2	P	
Earned Hours: 2.00	GPA Hours: 0.00	Points: 0.00		GPA: 0.00
Semester A 2015/16				
FB8007I	Doctoral Thesis	30	IP	
Semester B 2015/16				
FB8007I	Doctoral Thesis	30	P	
Earned Hours: 30.00	GPA Hours: 0.00	Points: 0.00		GPA: 0.00

Award: Doctor of Business Administration
Major: -
Classification: -
Graduation Date: 03-OCT-2016

Continued on page 2

Disclosure of information contained in the transcript may not be made to another party without the prior consent of the student.
See overleaf for explanations. The word COPY appears in the transcript when photocopied.

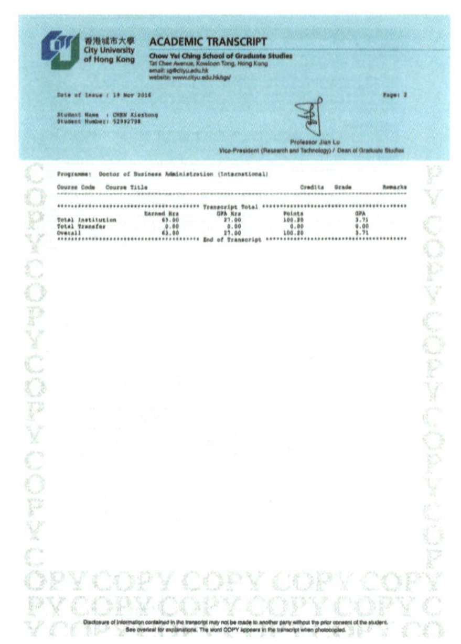
香港城市大學 City University of Hong Kong

ACADEMIC TRANSCRIPT

Chow Yei Ching School of Graduate Studies
Tat Chee Avenue, Kowloon Tong, Hong Kong
email: sg@cityu.edu.hk
website: www.cityu.edu.hk/sg/

Date of Issue : 19 Nov 2016 Page: 2

Student Name : CHEN Xiazhong
Student Number: 52992798

Professor Jian Lu
Vice-President (Research and Technology) / Dean of Graduate Studies

Programme: Doctor of Business Administration (International)

Course Code Course Title Credits Grade Remarks

Transcript Total

	Earned Hrs	GPA Hrs	Points	GPA
Total Institution	63.00	27.00	100.20	3.71
Total Transfer	0.00	0.00	0.00	0.00
Overall	63.00	27.00	100.20	3.71

End of Transcript

Disclosure of information contained in the transcript may not be made to another party without the prior consent of the student.
See overleaf for explanations. The word COPY appears in the transcript when photocopied.

在香港城大攻读 DBA 博士的成绩单

与 DBA 毕业论文答辩委员会的五位教授合影（2016 年 7 月 5 日）
左起：徐剑刚、王军波、陈燮中、孔爱国、吴雪平、Steven Wei

登上主席台，向校长鞠躬致敬
（2016 年 11 月 22 日）

香港城市大學
City University of Hong Kong

Having fulfilled all the requirements prescribed by this University

Chen Xiezhong

has been admitted to the degree of

Doctor of Business Administration

on the third day of October, Two Thousand and Sixteen.

陈燮中

修畢本校之課程照章授予

工商管理學博士學位

公元二零一六年十月三日

Chancellor 監督

President 校長

香港城市大学授予的博士学位证书

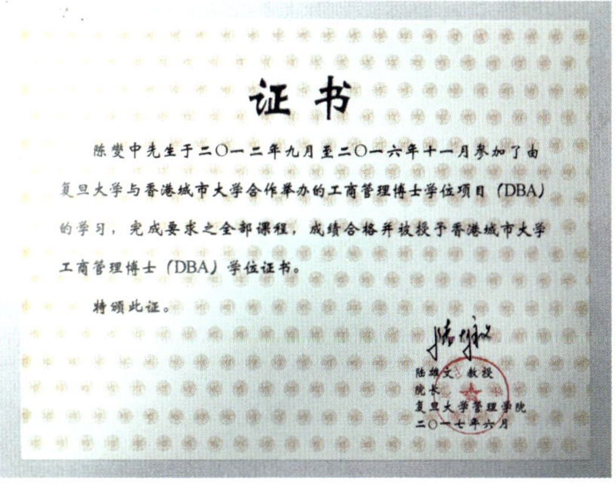

证书

陈燮中先生于二〇一二年九月至二〇一六年十一月参加了由复旦大学与香港城市大学合作举办的工商管理博士学位项目（DBA）的学习，完成要求之全部课程，成绩合格并被授予香港城市大学工商管理博士（DBA）学位证书。

特颁此证。

陆雄文 教授
院长
复旦大学管理学院
二〇一七年六月

复旦大学—香港城市大学工商管理博士（DBA）学位证书

位年逾 67 岁的老学生，靠着坚强的信念和毅力，经过顽强拼搏，终于得到了国际名校的认可，圆了我成为工商管理博士的梦，登上了我人生求学生涯的巅峰。这是一个奇迹，不论是对我本人，还是对香港城大，都是一个了不起的奇迹！我是香港城市大学获得博士学位年龄最大的学生。

我能取得这样的成绩是与家人和广大亲朋好友的支持、鼓励和帮助分不开的。亲友团向我献上的灿烂鲜花，是对我最美好的祝福和最大的鼓舞。

攻读 DBA 的四年，一千四百多个勤奋求学的日日夜夜，个中的艰难和辛苦自然只有自己心里最清楚……

在博士毕业的谢师晚宴上，我代表毕业生发表了热情洋溢的讲话：

获得香港城大 DBA 博士学位，喜悦之情溢于言表

在博士毕业典礼上，与家人合影留念

今天，我们获得了香港城大的 DBA 博士学位，这是我们一生中最值得纪念的日子之一。此时此刻我的心情非常激动，我感到无上的光荣和自豪！

四年前，我们怀着求知若渴的心情进入了令人向往的香港城市大学。学校为我们提供了良好的学习环境和全球顶级的教授，传授给我们的是最前沿的国际化的知识和理念。这里使我们颠覆了传统的观念，拥有了全球化开放的视野，同时也给我们搭建了一个与商界领军人物之间相互沟通和交流的平台，让我们广交了朋友，在彼此的思维碰撞中产生智慧的火花，实现了 1 加 1 大于 2 的突破。读博的四年使我深刻地感受到了时代的步伐、学校的力量和同学们的智慧。

作为一名香港城大－复旦学生，这两所名校已经为我们打上了深深的烙印。我们将一如既往地秉承香港城大“敬业乐群”的校训，践行复旦“博学而笃志，切问而近思”的精神，让精神之星永远照耀我们的前程。

我们所有的同学都在香港城市大学和复旦大学接受了知识的熏陶和精神的洗礼，面对即将开启的新旅程，我与在座各位一样充满了信心、勇气和梦想。母校的精神和文化必将伴随着我们每一个人的一生！

我们怀着深深的感恩之心，衷心感谢香港城市大学和复旦大学对我们的教育和培养，衷心感谢香港城大－复旦 DBA

的老师们对我们的悉心指导和热情帮助，衷心感谢同学们无微不至的关怀、体贴和鼓励。今后，祝愿我们在各自的岗位上互相支持和勉励，不断发展，做强做大，创造新的辉煌！

我的求学生涯与我的人生轨迹一样，是传奇而且丰富多彩的。活到老，学到老，不断登攀，永无止境，永远奋斗在超越自己的路上。老骥伏枥，志在千里。持之以恒，锲而不舍。60 周岁攻读 EMBA，62 周岁攻读 DBA，67 岁获得博士，70 岁读博士后，是常人不敢想更不敢去做的事情，我把不可能的事变成了可能。

在谢师宴上。后排左起：王小沙、李阳、张道顺、陈燮中、严圣军、陆雄文、杨雅婷、严厚民、郑方顺、林海川、黄韵涛、祝永进、唐恋炯；前排左起：贾宗达、林椿

第六章　解决科创投资难题
攻读斯坦福博士后

一、转变投资思路理念　注重科创企业投资

2018 年 11 月 5 日，国家主席习近平在首届中国国际进口博览会开幕式上宣布，在上交所新设科创板，坚持面向世界科技前沿、面向经济主战场、面向国家重大需求，主要服务于符合国家战略、突破关键核心技术、市场认可度高的科技创新企业。

科创板重点支持新一代信息技术、高端装备、新材料、新能源、节能环保以及生物医药等高新技术产业和战略性新兴产业，推动互联网、大数据、云计算、人工智能和制造业深度融合，引领中高端消费，推动质量变革、效率变革、动力变革。

2019 年 6 月 13 日，科创板正式开板；7 月 22 日，科创板首批公司上市；8 月 8 日，第二批科创板公司挂牌上市。

科学技术创新和发展日新月异，为了使中国的科学技术创新赶上并超越世界先进国家水平，为促进技术发展而采用新技术、新工艺、新设备所进行的投资，为设计新技术软件所需的各种投资，为试验、试制新技术装备和进行相关科学研究的投资，为引进新技术软件和新技术装备的投资，用于创新技术研究和开发的投资资金，都大幅度增加。科学技术创新在国民经济发展中所起的影响已经高达 60% ~ 80%。

对创新技术和创新产品资金的不断投入，科学创新力度的不断加大，微电子、高端智造、芯片、光刻机、人工智能、3D 打印、新能源、基因工程、元宇宙、体外诊断、医疗器械、医药制造等高新技术企业不

中国银行 K 线图

断发展壮大，销售和利润爆发式增长，颠覆了我原来的思路和理念。

我原来的思路是注重价值投资，价值投资的核心理念是购买低估的股票，其特点包括以下几个方面：

1. 首先价值投资侧重于分析公司的基本面，包括财务状况、赢利能力和竞争优势等。

2. 价值投资更注重长期的投资回报，关注企业的内在价值和潜在增长空间。

3. 价值投资更加稳健，能够抵御市场的波动，并通过持有股息和长期资本增值获得回报。

价值投资的风险一般来讲比较容易把握。

中信证券 K 线图

首先，适合于价值投资的股票一般都是传统企业，如银行、保险、证券、制造业、民航、旅游、石油、煤炭和钢铁等等，一般都看得懂。

其次，传统企业的风险是宏观经济和行业的周期变化对企业的价值和赢利能力影响，容易判断公司发展的趋势。

投资高新企业的套路不

紫金矿业 K 线图

懂，股票投资风险比较大，所以我一般不太涉及，主要因为：

1. 高新企业通常需要大量资金来支持业务的发展，因此财务状况一般较为紧张。万一企业无法按时偿还债务，将导致债务违约，企业的股票价格必然下跌，投资者对前景更感到担忧，从而拒绝购买股票，更加加剧企业财务风险。

2. 高新企业通常需要依赖科技创新来获得资金，但是该行业的竞争非常激烈，如果企业无法在行业内获得足够的市场份额，可能会面临被竞争对手并购和破产的风险。

3. 高新企业需要遵守各种法律和法规，例如知识产权保护和隐私保护，如果企业无法遵守这些法律，可能也会面临罚款、破产等风险。

4. 高新企业通常需要依赖高素质的人才来支持创新业务的发展。但是，这些人才可能因工作压力过大、薪酬过低的问题而流失，企业无法吸引和留住人才，从而影响企业未来的发展。

但是，随着习近平主席提出的科创板开张，全球科技创新的不断

中芯国际、海康威视股票日 K 线图

发展，高科技企业的政策红利不断增长，高新企业股票成为越来越多投资者的重要选择。

投资高新企业的股票有高的回报，但也需要承担很多风险。因此，在选择买卖高新企业股票时，应该谨慎评估其风险和收益。

三叶草生物股票日 K 线图

如何正确评估高新企业股票的内在价值和风险，最关键的是要懂技术，了解知识产权，知道这个企业的核心技术是什么，它的技术在行业里是否排名前列，它的市场占有率有多少，它的成长空间有多大，等等。

主要还是应该对高新企业的技术有所了解，投资高新企业要做到心中有数，最好的办法就是加强创新技术的学习和研究。

二、首报清华微电子所　想拜魏少军为导师

碰到问题就读书学习，是我始终信奉的人生哲理。我人生的每一步成长和发展，都是与读书学习联系在一起的。

这一次国家大力发展创新技术企业，我希望能再一次通过读书学习，提高自己对创新技术企业估值的分析、评估和判断能力，使自己的投资更精准、稳健和高效。

距离报考复旦大学 EMBA 已过十载，记得当年报考复旦时，我心中非常忐忑，对自己六十的年龄没有信心。

然而，这一次为了提高对投资创新技术企业的股权和股票的判断能力，我决定报考清华 – 斯坦福博士后研究项目。虽然又增长了十岁，已经到了七十岁，但年龄不是我的问题，我的心中更是多了一份从容、一份自信。我认为这十年的学习，让我能够站在全球经济和科技创新的立场上审视自己、审视世界。

从网上有关报读博士后的资料中，得知清华－斯坦福博士后项目正在招收博士后研究员，我认真查阅了有关资料和招生简章。

清华大学是中国教育部直属的全国重点大学，是国家的“双一流”“985 工程”“211 工程”，中国高层次人才培养和科学技术研究的基地，被誉为“红色工程师的摇篮”。

学校设有 21 个学院、59 个教学系，开设有 88 个本科专业，有博士后科研流动站 50 个，一级学科博士、硕士学位授予点 63 个；有教职工 16485 人，在校生 59270 人，其中本科生 16320 人，硕士生 22423 人，博士生 20527 人，港澳台学生 1001 人。

2020 年“QS 世界大学排名”榜单，12 所中国高校进入世界百强，其中清华大学名列第 16 位，成为榜单上排名最前的中国大学。

斯坦福大学是世界最著名的私立研究型大学，先后有 84 位校友、教授和研究人员获得诺贝尔奖。

斯坦福大学由七个学术学院构成，包括提供本科和研究生课程的工学院、能源与环境科学学院和文理学院，以及只提供研究生或专业学科课程的医学院、法学院、教育学院和商学院。

斯坦福大学在多个美国国内外大学排名中均在十强之列，其中世界大学学术排名更是多年来都一直将其列作世界第二。

截至 2023 年，斯坦福大学共有 29 位图灵奖(计算机界最高奖)得主，位列世界第一。另有 8 位菲尔兹奖(数学界最高奖)得主曾在斯坦福大学工作过，位列世界第八。

我希望通过清华－斯坦福“微电子”博士后项目的研究，加深对高新技术企业的了解，提升自己对高新技术企业估值的分析、评估和判断能力。

按照要求，我向清华－斯坦福项目招生办提交了报名资料。

2020 年 7 月中旬，我收到了清华－斯坦福博士后研究项目招生办发出的博士后录取通知书。

小时候梦想的清华大学，连想也没有想过的美国斯坦福大学，给我打开了大门。我将在这里学习研究微电子等高新技术知识，解决我在创新技术企业股权和股票投资中想要解决的技术评估难题。

此后的一个多月，我反复思考，确定了我的研究课题是微电子领域的“同步曝光的无掩膜光刻设备”的研究。

这是因为，我投资了中山新诺科技有限公司，新诺科技是坚守数字化光刻领域，以匠心将电子产业核心装备做到极致的国内芯片光刻设备领军企业。

当时，市面上主流的光刻技术大多需要借助掩膜板，而新诺科技的无掩膜光刻，是一类不采用掩膜板的光刻技术，设计的图形可通过激光直接成像扫描到需要制备结构的基板上，从而省去光掩膜板的制作过程，并且大大节省了光掩膜板的成本。另外，新诺科技对光刻机结构也进行了技术创新，发明了世界首台双面同步曝光的无掩膜光刻设备，上下面图形对位精度高，双面图形可一次曝光成型，无须翻面，在降低成本的同时，也极大提升了生产的效率。该设备在大面积双面光刻系统中，采用了自有的玻璃翘曲补偿技术，解决了由于玻璃弯曲影响图形精度的问题，可以广泛用于 FPD 面板、TP、PCB 及半导体封装技术领域。

因此，我希望我的博士后研究项目，对新诺科技已经取得成功的“双面同步曝

Letter of Acceptance

July 14th, 2020

Dear Dr. Xiezhong Chen,

California Institute for Global Education offers research, training and education programs in collaboration with faculty of prestigious universities in California.

We are pleased to notify you that you are accepted to the Post Doctoral Researcher Program with a focus on Finance - Arbitrage of National Debts by the faculty of Stanford University.

You will conduct research under a professor after participating an in-person symposium at the University and will have up to one year to complete and publish your research.

We welcome you to the Post Doctoral Researcher Program and hope that your study with us will be rewarding. You can find out more about the University at https://www.stanford.edu

Sincerely,

Ginger Potter

Ginger C. Potter
CalGE President

Postdoc ID:07201d

斯坦福博士后录取通知书

关于请求博士后指导老师为魏少军教授的报告

尊敬的清华-斯坦福博士后项目领导：

我现在担任杭州新若微电子有限公司的董事执行总裁，新诺科技是坚守数字化光刻领域，以匠心将电子产业核心装备做到极致的国内芯片光刻设备领军企业。

目前市面上主流的光刻技术大多需要借助掩膜板，而新诺的无掩膜光刻是一类不采用掩模板的光刻技术，设计的图形可通过激光直接成像扫描到需要制备结构的基板上，从而省去光掩模板的制作过程，并且大大节省了光掩膜板的成本。另一方面，新诺对光机结构上进行了技术创新，发明了世界首台双面同步曝光的无掩模光刻设备，上下面图形对位精度高，双面图形可一次曝光成型，无需翻面，在降低成本的同时，也极大提升了生产的效率。此设备在大面积双面光刻系统中采用了自有的玻璃翘曲补偿技术，解决了由于玻璃弯曲影响图形精度问题，可以广泛用于 FPD 面板、TP、PCB 及半导体封装技术领域。

我的博士后申请项目对新若科技已经取得成功的“双面同步曝光的无掩模光刻设备”再进行深入研究和提高，希望清华大学微电子与纳电子系主任、清华大学微电子研究所所长魏少军教授能成为我的指导老师。

让更多的世界高精尖产品印上“中国制造”标签，将新若科技自主研发的产品销往全国、全世界，用匠心研发生产出更多的“中国造”高精尖产品。

特此报告。

谢谢！

陈燮中

2020 年 9 月 1 日

光的无掩膜光刻设备”再进行深入研究和提高，并且希望清华大学微电子与纳电子学系主任、清华大学微电子研究所所长魏少军教授能够成为我博士后研究项目的指导老师，将新诺科技自主研发的产品销往全国、全世界,用匠心研发生产出更多的“中国造”高精尖产品,共谱“芯”章。读博士后，首先是为了提高自己对科创技术企业投资的评估、判断能力；其次，提高新诺科技的创新能力，也是我的初衷。

二、美国拒报微电专业　改攻人工智能研究

2020 年 9 月 1 日，我向清华 – 斯坦福博士后项目领导提交了《关于请求博士后指导老师为魏少军教授的报告》。

2020 年 12 月 12 日，学校为了让我深入了解微电子技术在中国和世界上的发展趋势，邀请我参加清华大学举行的清华微电子研究所 40 周年庆典和有关微电子技术的论坛活动，让我有机会与魏少军教授、蔡坚教授和王志华教授等中国最权威的微电子专家当面学习、讨论和交流。

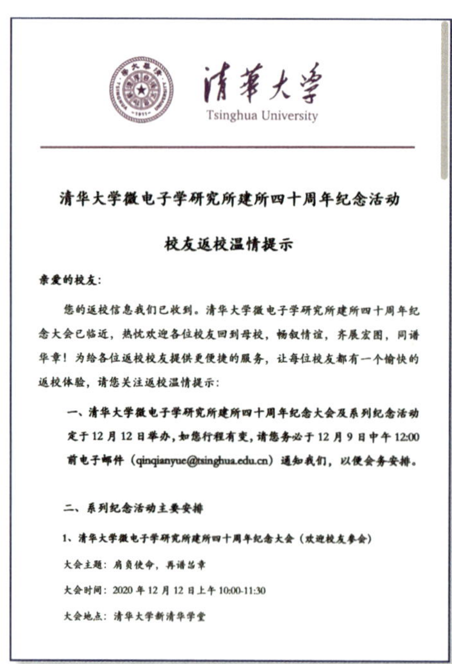

清華大學 Tsinghua University

清华大学微电子学研究所建所四十周年纪念活动

校友返校温情提示

亲爱的校友：

您的返校信息我们已收到。清华大学微电子学研究所建所四十周年纪念大会已临近，热忱欢迎各位校友回到母校，畅叙情谊，齐展宏图，同谱华章！为给各位返校校友提供更便捷的服务，让每位校友都有一个愉快的返校体验，请您关注返校温情提示：

一、清华大学微电子学研究所建所四十周年纪念大会及系列纪念活动定于 12 月 12 日举办，如您行程有变，请您务必于 12 月 9 日中午 12:00 前电子邮件（qinqianyue@tsinghua.edu.cn）通知我们，以便会务安排。

二、系列纪念活动主要安排

1、清华大学微电子学研究所建所四十周年纪念大会（欢迎校友参会）

大会主题：肩负使命，再谱芯章

大会时间：2020 年 12 月 12 日上午 10:00-11:30

大会地点：清华大学新清华学堂

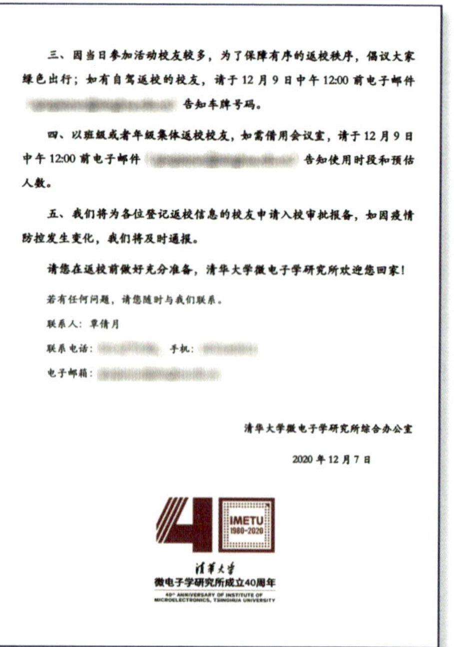

三、因当日参加活动校友较多，为了保障有序的返校秩序，倡议大家绿色出行；如有自驾返校的校友，请于 12 月 9 日中午 12:00 前电子邮件 告知车牌号码。

四、以班级或者年级集体返校校友，如需借用会议室，请于 12 月 9 日中午 12:00 前电子邮件 告知使用时段和预估人数。

五、我们将为各位登记返校信息的校友申请入校审批报备，如因疫情防控发生变化，我们将及时通报。

请您在返校前做好充分准备，清华大学微电子学研究所欢迎您回家！

若有任何问题，请您随时与我们联系。

联系人：覃倩月

联系电话：　手机：

电子邮箱：

清华大学微电子学研究所综合办公室

2020 年 12 月 7 日

清华大学微电子学研究所四十周年邀请函

在应邀参加清华大学微电子学研究所庆祝建所四十周年纪念活动时，我很荣幸受到中国科学院院士、清华大学校长邱勇教授的接见，并和他合影。

纪念大会在清华大学新清华学堂隆重举行。

大会由微电子所党委书记蔡坚主持，吴华强所长向到会来宾做了工作汇报。

与中国科学院院士、清华大学校长邱勇教授合影

工业和信息化部副部长王志军，国家外专局原局长马俊如，科学技术部原副部长曹健林，中科院院士、科学基金信息部主任郝跃，中国电子学会理事长张峰等致辞。学生和老师代表发言。最后中科院院士、清华大学校长邱勇讲话。

纪念大会在热烈庄严的清华大学校歌合唱中闭幕。

我也十分高兴有机会与清华大学微电子研究所党委书记、博士生导师蔡坚教授，微电子所所长、博士生导师魏少军教授，微电所副所长、博士生导师王志华教授进行

与蔡坚教授合影

与王志华所长合影

交流和合影。

同时在魏少军教授的热情安排下，在微电所王水法教授的陪同下，我还参观考察了世界一流的清华大学微纳加工中心。

微纳加工中心面积 3000 多平方米，各种设备几百台，有一台价值高达 1 亿多元人民币、全球芯片光刻机领军企业——荷兰阿斯麦生产的高精度光刻机，还有中芯国际和其他集成电路企业赠送的有关设备，门类齐全，产品高端，为中国的微纳电子技术走向世界提供了优越的实验研究条件。

在清华大学微纳加工中心交流

通过在清华大学参加微电子论坛，在微纳实验室交流和参观，我更加坚定了把微电子作为博士后研究课题的决心，也衷心希望魏少军教授作为我的博士后指导老师。

魏少军教授，微电子学与固体电子学专家，国际欧亚科学院院士，清华大学微电子学研究所所长，清华大学微电子与纳电子学系主任，长期致力于超大规模集成电路设计方法学研究和可重构芯片技术研究。魏少军教授的学识和成就深深感染了我，我暗暗下决心，一定要把微电子博士后项目的研究做好。

但是，我的研究方向项目报给美国斯坦福大学有关部门后，审核没有通过。当时美国对中国的芯片技术进行封锁，清华－斯坦福的博士后微电子的研究项目也就无法进行，这就要求我重新调整博士后研究方向，而我也无法成为魏少军教授的博士后研究员，无奈只能重新选研究课题了。

2020 年中国企业正在经历工业互联网加持下的智能化升级，中国已经走在了第四次工业革命的起点和风口上。以人工智能为代表，加上物联网、5G 等新技术，将掀起第四次工业革命新浪潮。

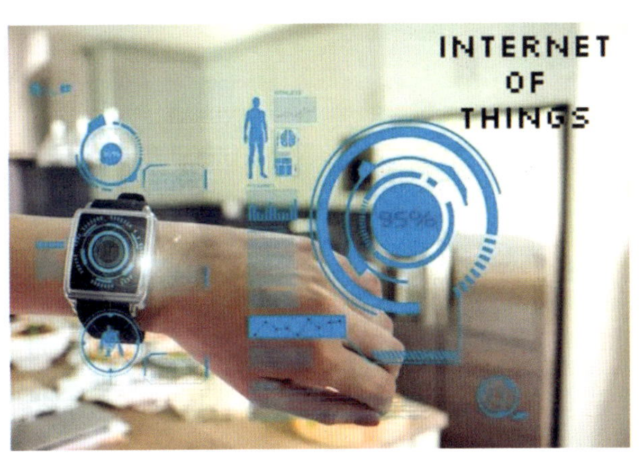

人工智能不断走进我们的生活

我投资的另一家上市企业宏川智慧（002937），主要为境内外化工行业生产商和贸易商提供各类液体化学品、油品的码头装卸、仓储、灌装分装、驳运中转、物流链管理、保税及期货交割等综合物流服务。

宏川库区正向智慧化码头仓

储企业不断转型优化，从常规生产管理到智慧运营，智慧运营包含了数字化、信息化、可视化、智能化等特点，广泛采用现代信息处理和通信技术、智能测量和控制技术，最大限度地实现企业的安全、经济、高效、环保运行。智慧仓储码头能根据 AGC 指令自动运行在最优状态，人工智能大数据中心，对可能出现的故障进行预警和诊断，并根据设备故障情况，采取预设置维护的相应措施。

宏川智慧危化品罐区建设涉及风险监测预警、安全防护防控、应急救援处置，与“人工智能”“智慧化”高度契合。

再三思量下，我将博士后研究课题调整为“危化品库区人工智能大数据预警系统研究”，并获得了清华 - 斯坦福博士后研究项目组的同意。

四、博士后同学聚苏州　研究课题互相交流

2020 年 10 月 31 日，我在清华大学参加清华 - 斯坦福大学联合举办的博士后课题研究项目开学典礼，成为博士后研究员。

清华大学党委副书记、博士生导师胡显章教授出席开学典礼并致辞。

参加斯坦福博士后开学典礼

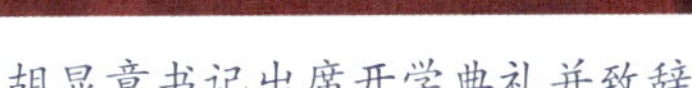
胡显章书记出席开学典礼并致辞

开学典礼上，我作为班长进行发言

参加开学典礼的博士后研究员信心满怀，大家坚信，在博士后导师的指导下，通过博士后课题的研究，我们将会把世界最先进的管理和技术学到手，极大地提升我们的全球视野，颠覆我们传统的思维观念，使我们的企业更强。

我作为清华－斯坦福博士后研究员代表在开学典礼上发言。

陈燮中、李泠乐、魏刚、麦海强和刘燕被选为班委

在开学典礼结束后举行的班级同学会议上，李泠乐、魏刚、麦海强、刘燕和我被选为班委，同时我还被选举为第一期清华－斯坦福博士后项目研究班的班长。

2020 年 11 月 28 日，我组织清华－斯坦福博士后同学，到苏州宏川智慧太仓阳鸿石化有限公司，举行“区块链数字经济赋能实体企业”的研讨交流会，进一步提高我和同学们对博士后研究项目的认识和了解，以利于我们之后的研究。

参加研讨交流会的博士后同学有上海龙渤企业集团总裁张良诚博士，上海海拓股权基金管理有限公司董事长魏波博士，河南南阳市京德啤酒技术开发有限公司董事长仝奋飞博士，汽车之家整合营销负责人曹蓉博士，香港灏毅设计工程有限公司创始人总经理麦海强博士，郑州市政协常委、河南牟昌实业有限公司董事长张玉笋博士，合肥信息技术职业学院院长王世杰博士，北京智慧共识生态科技研究院院长李俊山博士，深圳市生命之源精准健康医疗集团董事长李泠乐博士，苏州长光企业发展有限公司董事长陆文清博士，上海璇跃商贸有限公司总经理王丽娜博士。

研讨会特邀专家有浙江大学教授、浙江大学经济学院高级培训中心主任叶宏伟博士，宏川集团总顾问、宏川集团创新研究院院长、国务院授予“享受政府特殊津贴专家”称号的林南通高级工程师，宏川智慧高级副总裁、太仓阳鸿石化有限公司董事长兼总经理黄韵涛博士，上海证券交易所现任上市委员、德勤会计师事务所高级合伙人唐恋炯博士，天驰君泰律师事务所高级合伙人贾宗达博士。

林南通院长致辞

研究交流会上，博士后同学和专家对各个行业的科技创新赋能实体经济发表了不同的意见和解读。

首先，宏川集团创新研究院

院长林南通高级工程师致辞。他热烈欢迎专家、学者、教授和研究员来到中国的创业创新之都苏州，参加“区块链、数字经济赋能实体企业”高峰论坛。

黄韵涛博士演讲

叶宏伟教授演讲

接着，宏川智慧高级副总裁、太仓阳鸿石化有限公司董事长兼总经理黄韵涛博士就当前企业的新技术、新挑战和新机遇做了分析、研究并提出了建议。他提出：根据上游企业的物联网、大数据，对物资流、资金流、信息流、贸易流等进行云计算，找到区块链之间的内在联系，得到解决方案，使企业更加信息化、专业化、智能化。宏川智慧通过区块链赋能企业以后，公司2020年前三季度的利润同比增加40%，产生了显著的经济效益和社会效益。

浙江大学教授、浙大经济学院高级培训中心主任叶宏伟博士就企业和个人最关心的“2021路在何方”，发表了独特的分析和预判。

上海龙渤企业集团总裁张良诚博士以“智慧供应链战略”为主题，讲述了什么是供应链战略，并详细叙述智慧供应链的构建、智慧供应链系统和智慧供应链实践，使大家更进一步认识到智慧供应链战略的重要性。

中国著名财务专家、上海证券交易所现任上市委员、德勤会计师事务所高级合伙人唐恋炯博士就目前资本市场上企业和投资者最关心的热点问题“科创板上市，财务核查的关注点”进行了演讲。首先，对科创板企业上市一周年进行回顾。其次，深刻分析了科创板与主板、中小板上市规则相比的主要变化，详细阐述了科创板申请发行人市值及财务指标的要求。演讲中提示了科创板上市企业、监管机构重点关注的事项及审核过程中常见的问题，使大家对科创板上市有了进一步的了解和认识。

张良诚博士后演讲

唐恋炯博士演讲

北京智慧共识生态科技研究院院长李俊山研究员围绕“区块链赋能实体企业”，对于终端客户→价值环节→销售端服务商→赋能产业共同体（交易、物流、金融）→工场供应端的分析，从理论、方法到实体案例，进行了深刻揭示。

深圳市生命之源精准健康医疗集团董事长李泠乐博士后做了《让生命在时间里自由》的精彩演讲，让大家知道生命之源就是基因、细胞、血液和大爱创造的生命原动力。

李俊山博士后演讲

李泠乐博士后演讲

贾宗达博士演讲

陈燮中博士后发言

天驰君泰律师事务所高级合伙人贾宗达博士的演讲主题为“财富的一半在合同——财富·合同·法律”，对在座的每一位企业家都十分有帮助。

最后，我对在百忙之中抽出时间来苏州参加研讨交流的同学和专家再一次表示衷心感谢。

五、论文研究人工智能　仓储预警数字管理

斯坦福博士后要求学员在未来两年时间内完成64学时课程学习，然后在导师的指导下，进行博士后论文的研究、交流、写作、答辩和发表。

2020年下半年起，由于疫情的持续影响，到美国斯坦福大学博士后项目的学习研究一直不能成行。我们在清华大学进行的博士后课题的学习、研究和交流，一般两个月左右安排一次课。在清华博士后导师的指导下，通过对博士后课题的研究，我对世界先进的管理和技术有了比较清晰的了解，全球视野得到了极大的拓展，对人工智能数字化管理有了更深入的认识和理解。

博士后学术论文的写作，我计划用一年到一年半的时间完成，但论文必须具有系统性和创造性，涉及的内容有理论分析与算法、函数模

在清华上课

型构建、预警系统验证等，时间上其实并不充裕。

从选题开始，就至关重要。从报名到确定课题，两个月时间内，我反复思量调整多次，最终确定选题的研究方向为“危化品仓储数字化预警系统研究”。

危化品存在有害性，具有易燃易爆等特性，因而危化品在生产、运输、装卸以及贮存监管等过程中都存在巨大的安全隐患，而近年来，由危化品引起的重大事故时有发生。2015 年 8 月，天津市滨海新区，危化品仓库发生爆炸，165 人遇难，8 人失踪，经济损失超 10 亿美元；2018 年 11 月，福建东港石油化工公司在装卸作业时，因软管垫片老化破损，事故造成 6.97 吨碳九泄漏；2022 年 6 月，上海金山石化发生爆炸案。这些都暴露出部分化工企业存在预警信息化系统缺乏、生产及贮存安全风险预警方法落后、管理混乱等问题。因此，提高危险化学品安全预警的智能化、信息化水平非常有必要，亟须建立实时有效的监测并与预警模型相结合，实现数字化实时查询监测参数，实时了解仓储安全状态的风险等级，还原危化品输送、运输安全距离变化以及仓储过程中状态的变化情况，达成危化品仓储安全状态的数字化预警，从而提升仓储危化品的安全性。

随着全球经济的高速发展，化工行业跨入了迅猛的发展时期，化工原材料供应量急剧上升，促使全球危化品总量的生产、贮存量增加。危化品仓储严重威胁到人民生命财产安全，而其目前的预警水平、预报警技术还是停驻在简单阈值报警层面，从而导致经常发生预报警不准确、不及时以及过报、误报、漏报的现象。此外，目前采用的多数监测系统只能对单一参数报警，缺乏多参数综合影响，预警系统还未实现整体仓储状态的数字化信息实时传输，因此无法有效并全面地监控风险。

我多次深入宏川智慧太仓阳鸿危化品库区码头，与工人们一起进行交流，了解宏川库区目前的预警系统。根据现场调研的实际情况，我本次课题的研究将运用 OpenGL 图像库、MySOL 数据库、MFC 框架等完成可视化、软件架构和数据库管理，去研究分析危化品仓储安全数字化预警系统。

该“危化品仓储人工智能数字化预警系统”主要功能模块包括数据采集、信息查询、仓库管理、安全状态预警、场景监测等。数据采集模块采用超宽带室内定位技术和 ZigBee 技术，实现采集仓库环境湿度、温度、红外温度、含氧浓度以及危化品储罐的安全距离等实时参数；信息查询及仓库管理模块实现仓储货品、数量和相关信息实时查询；安全状态预警模块利用安全状态预警模型监测危化品仓储安全状态，实现实时场景监控；监测模块采用三维重构技术及油罐定位，实现储罐场景可视化、数据还原危化品储罐的实时定位过程及储罐安全距离的实时监测。

希望通过数字化实时数据传输和管理，我们能够提高危化品安全预警的信息化、智能化水平，从而提升仓储危化品的安全性。

六、博士后论文做答辩　有理有据有新观点

2023 年初，美国恢复了对个人的旅游、学习等签证。清华 – 斯坦福博士后研究项目组在 2023 年 2 月 7 日通知我们，将于 2023 年 5 月 7 日至 5 月 13 日，到美国斯坦福大学进行博士后研究论文的研究、讨论和交流，并进行博士后论文的答辩，答辩通过后将授予斯坦福大学博士

后证书。

得到学校的通知以后，首先，我在美国签证申报网上，激活了我的美国十年期多次往返的签证。然后，我将中文博士后研究论文《危化品仓储人工智能数字化预警系统》翻译为英文，并让女儿陈思超对英文论文进行校对和修改。同时又制作了论文答辩时需要的中文和英文演讲PPT。

2023年5月7日，我信心满满地飞往美国旧金山，去斯坦福大学进行博士后研究论文的讨论、交流和答辩。

美国斯坦福大学

博士后研究论文

题目：危化品仓储人工智能数字化预警系统研究

博士后研究员：陈燮中

专业领域：人工智能

导 师：Eric Y Tao

日期：2023年3月17日

Thesis of Postdoctoral Research
Stanford University

Title: Artificial Intelligence-Based Digital Early Warning Systems for Hazardous Chemical Storage

Postdoctoral Researcher: Chen Xiezhong

Research Fields: Artificial Intelligence

Supervisor: Eric Y Tao

Date: March 17, 2023

中英文博士后论文

美国斯坦福大学博士后研究论文

危化品仓储人工智能数字化预警系统研究

博士后研究员：陈燮中 导师：Eric Y Tao

时间：2023年5月

Thesis of Postdoctoral Research Stanford University

Artificial Intelligence-Based Digital Early Warning Systems for Hazardous Chemical Storage

Postdoctoral Researcher : Chen Xiezhong Supervisor : Eric Y Tao

Date: May, 2023

论文答辩中英文 PPT

从 2020 年 7 月接到清华 - 斯坦福博士后录取通知书，前往斯坦福进行“人工智能数字化”的研究，等了三年，现在终于要完成了，我的心情无比激动。

在斯坦福大学做博士后课题研究：

（一）与斯坦福教授 Bill Shelendtr 导师一起，研究、讨论了人工智能在工业、农业、国防和生活中的广泛应用，深刻认识到其有效提高了劳动生产率，促进了高新技术的发展，推动了社会的进步。

（二）与斯坦福教授凌棕导师一起，研究、讨论了关于“人工智能的巨浪拍岸”“区块链＋元宇宙的远景”“大数据存储容量的困境”等课题，我深深地感到，大数据时代的创新机会已经来临！

（三）与斯坦福教授玛莎·奥尔尼导师一起，对美国2023年的国内生产总值GDP、消费者物价指数CPI、生产者物价指数PPI、贸易经常账、财政赤字、新屋开工及营建许可、零售销售、ISM指数、产能利用率、平均时薪、PMI采购经理人指数、非农就业人数等经济指标做了分析、研究、交流、预判和展望。

（四）与斯坦福教授 Bill Reichert 导师一起，研究、讨论了硅谷的苹果、谷歌和 Facebook 等科创企业的成长历程和发展趋势。

在斯坦福大学，通过与各个专业领域的导师一起研究、讨论并到苹果、谷歌考察交流后，原来不清楚的事情清楚了，原来不了解的技术了解了，原来的计算难题解决了，而且还激发出我的博士后论文的一些创新的理念和观点。

我胸有成竹地走上演讲台，向博士后论文评审导师做了《危化品仓储人工智能数字化预警系统》博士后研究论文的演讲和答辩，受到了导师们的一致好评。我顺利通过论文答辩，成功获得美国斯坦福大学的博士后证书。

论文答辩

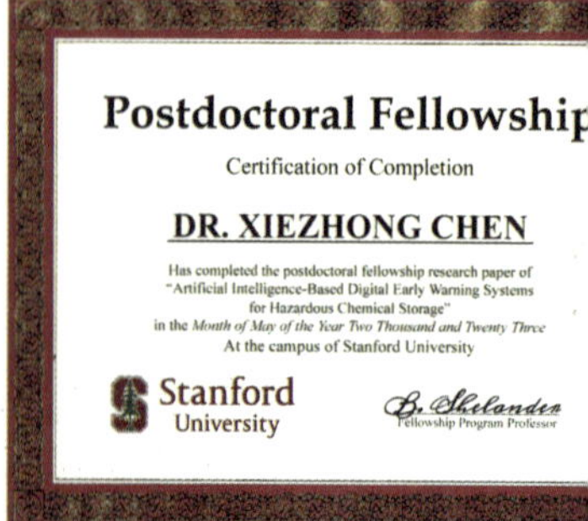

获得美国斯坦福大学的博士后

（五）到全球品牌价值、利润、市值第一的苹果和第二的谷歌公司调研。

通过对苹果公司的考察和调研，我感到，苹果的成功确实令人瞩目，其背后的原因可以归结为以下几点：

1. 创新精神。苹果公司一直以其卓越的创新精神闻名于世。无论是早期的 Macintosh 电脑，还是后来的 iPod、iPhone 和 iPad，苹果都通过不断推出具有划时代意义的产品，引领了科技潮流。这种创新精神不仅体现在产品的外观设计上，更深入到产品的功能性和用户体验中。

例如，苹果的设计师们对每一项新的设计都会提出 10 个完全不同的模拟方案，并经过严格的筛选和讨论，最终确定最优的设计。这种对创新的追求和执着，使得苹果的产品始终保持着对消费者的吸引力。

2. 商业模式。苹果公司的商业模式也是其成功的关键之一。苹果通过软件、硬件和服务的完美结合，打造了一个完整的生态系统。这种商业模式不仅使得苹果在硬件市场上获得了巨大的成功，更在软件和服务领域取得了显著的成就。

例如，苹果应用商店（App Store）的成功，不仅为开发者提供了广阔的舞台，也为苹果带来了丰厚的利润。同时，苹果还通过 iTunes、iCloud 等服务，将用户紧密地连接在一起，形成了一个庞大的用户群体。

3. 营销方式。苹果的营销方式也备受赞誉。无论是产品发布会、广告宣传还是与消费者的互动，苹果都展现出了高超的营销策略。通过精美的广告、引人入胜的演示以及独特的销售方式，苹果成功吸引了全球消费者的目光。

4. 苹果注重与消费者的情感链接。通过讲述品牌故事、强调产品的人性化设计等方式，苹果与消费者建立了深厚的情感纽带。这种情感链接使得消费者对苹果的产品产生了强烈的认同感和归属感。

5. 卓越的领导力。乔布斯作为苹果公司的创始人之一和关键人物，对苹果的成功起到了至关重要的作用。乔布斯的领导风格、对产品的执着追求以及对创新的不断追求，都深深地影响了苹果的发展轨迹。他的领导力和创新精神成为苹果文化的核心。

6. 产品质量和用户体验。苹果公司一直注重产品的质量和用户体验。通过精心设计和严格的质量控制，苹果的产品始终保持着高品质和出色的用户体验。这种对产品质量和用户体验的坚持，使得苹果的产品赢得了消费者的广泛赞誉和信赖。

综上所述，苹果公司的成功得益于其卓越的创新精神、商业模式、营销方式、领导力以及产品质量和用户体验。这些因素共同作用，使得苹果成为全球最成功的科技公司之一。

对谷歌公司的考察和调研，使我感到谷歌之所以能取得如此巨大的成功，主要得益于以下几个方面的因素：

1. 技术创新。谷歌始终致力于技术创新，从早期的 PageRank 算法到现代的机器学习、云计算和量子计算等领域，谷歌一直走在科技前沿。这种持续的创新精神不仅为谷歌带来了技术上的领先地位，也为其用户提供了更加优质、高效的服务。

2. 用户体验。谷歌非常重视用户体验，从搜索结果页面到 Gmail、Google Drive 等产品，每一个细节都经过精心设计和优化，以确保用户能够方便快捷地获取信息和服务。这种对用户体验的极致追求，使得谷歌的产品深受用户喜爱，形成了良好的口碑效应。

3. 社会责任。作为一家全球性的科技企业，谷歌始终关注社会责任。在环保、教育、公益等方面积极投入，通过各种项目为社会做出了积极的贡献。这种负责任的企业形象不仅提升了谷歌的品牌价值，也为其赢得了广泛的尊重和认可。

4. 开源精神。谷歌秉持着开源精神，积极参与各种开源项目，并基于开源代码开发了如 Android 操作系统等优秀产品。这种开放、共享的态度促进了技术行业的发展，也为谷歌带来了更多的合作机会和市场份额。

5. 人才培养。谷歌一直注重人才培养，通过培训、实习等方式吸

引优秀的年轻人加入公司。同时，谷歌也非常注重员工的发展，为员工提供较多的晋升和学习机会。这种以人为本的管理理念使得谷歌成为一个人才济济、充满活力和创造力的企业。

6. 市场拓展。谷歌不仅在搜索领域占据着绝对优势，在其他领域也在不断扩张。例如，Google Cloud 在云计算领域获得了不错的市场份额。谷歌还推出了自动驾驶汽车等创新产品。这种多元化的业务拓展为谷歌带来了更多的赢利机会和增长潜力。

7. 良好的品牌形象。谷歌作为全球知名品牌之一，始终保持着良好的品牌形象。通过与众多知名企业合作、赞助体育赛事等方式，谷歌将品牌影响力扩大到全球。这种良好的品牌形象不仅增强了谷歌的市场竞争力，也为其赢得了更多的商业机会和合作伙伴。

综上所述，谷歌之所以能够取得巨大的成功，是因为其在技术创新、用户体验、社会责任、开源精神、人才培养、市场拓展和品牌形象等多个方面都表现出了卓越的能力和水平。这些因素共同作用，使得谷歌成为一个在全球范围内具有广泛影响力和竞争力的科技企业。

七、喜获斯坦福博士后　中国大使馆做认证

根据中国教育部对国外留学颁发的学位证书的合法性进行国际权

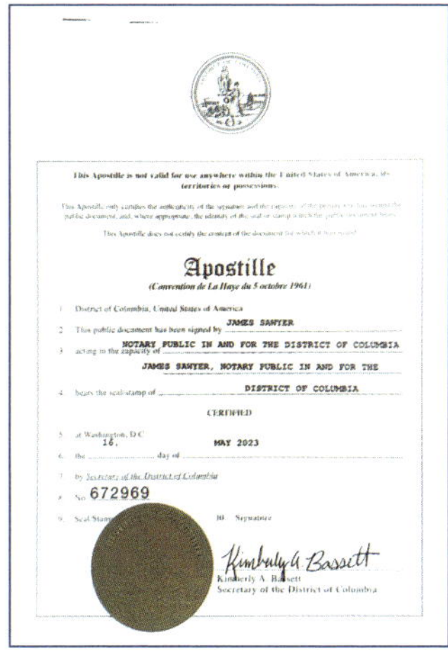

This Apostille is not valid for use anywhere within the United States of America, its territories or possessions.

This Apostille does not certify the content of the document for which it was issued.

Apostille

(Convention de La Haye du 5 octobre 1961)

1. District of Columbia, United States of America
2. This public document has been signed by JAMES SAWYER
3. acting in the capacity of NOTARY PUBLIC IN AND FOR THE DISTRICT OF COLUMBIA
4. bears the seal/stamp of JAMES SAWYER, NOTARY PUBLIC IN AND FOR THE DISTRICT OF COLUMBIA

CERTIFIED

5. at Washington, D.C.
6. the 16, day of MAY 2023
7. by Secretary of the District of Columbia
8. No. 672969
9. Seal/Stamp
10. Signature

Kimberly A. Bassett
Secretary of the District of Columbia

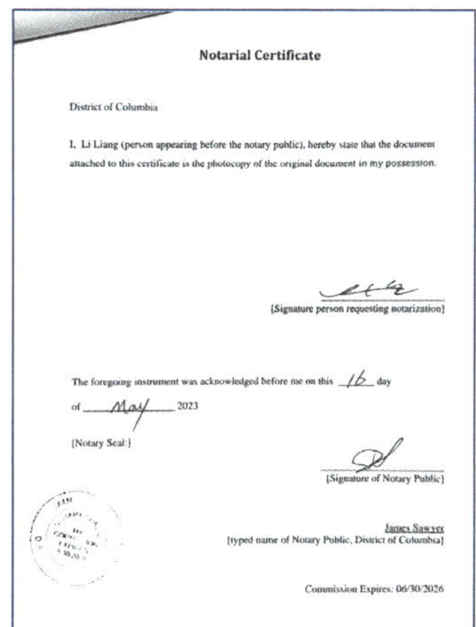

Notarial Certificate

District of Columbia

I, Li Liang (person appearing before the notary public), hereby state that the document attached to this certificate is the photocopy of the original document in my possession.

[Signature person requesting notarization]

The foregoing instrument was acknowledged before me on this 16 day of May 2023

[Notary Seal:]

[Signature of Notary Public]

James Sawyer
[typed name of Notary Public, District of Columbia]

Commission Expires: 06/30/2026

博士后证书海牙国际认证

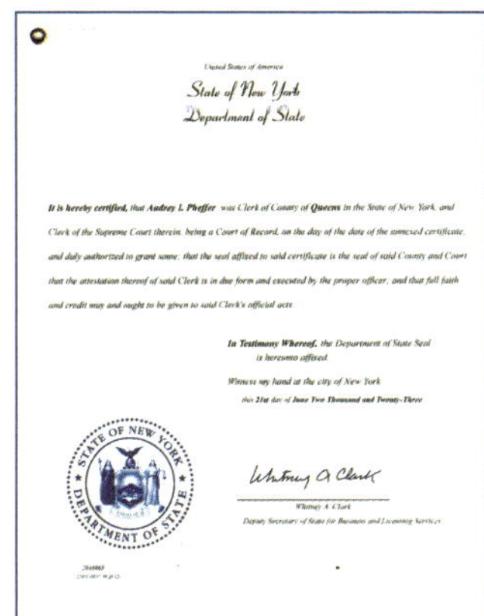

United States of America

State of New York
Department of State

It is hereby certified, that Audrey I. Pheffer was Clerk of County of Queens in the State of New York, and Clerk of the Supreme Court therein, being a Court of Record, on the day of the date of the annexed certificate, and duly authorized to grant same; that the seal affixed to said certificate is the seal of said County and Court; that the attestation thereof of said Clerk is in due form and executed by the proper officer; and that full faith and credit may and ought to be given to said Clerk's official acts.

In Testimony Whereof, the Department of State Seal is hereunto affixed.

Witness my hand at the city of New York this 21st day of June Two Thousand and Twenty-Three

Whitney A. Clark
Deputy Secretary of State for Business and Licensing Services

（2023）纽领认字第 0017871 号

兹证明前面文书上美国纽约州州政府的印章和该州副州务卿Whitney A. Clark的签字均属实。

该文书内容由出文机构负责。

中华人民共和国
驻纽约总领馆
领事

A8375275　　2023年06月26日

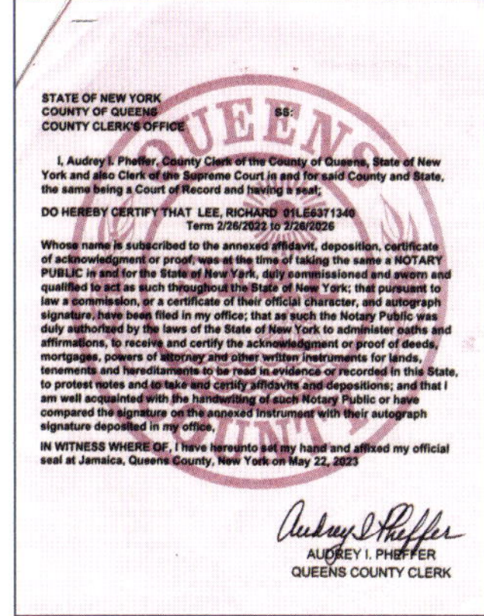

STATE OF NEW YORK
COUNTY OF QUEENS　SS:
COUNTY CLERK'S OFFICE

I, Audrey I. Pheffer, County Clerk of the County of Queens, State of New York and also Clerk of the Supreme Court in and for said County and State, the same being a Court of Record and having a seal;

DO HEREBY CERTIFY THAT LEE, RICHARD 01LE6371340
Term 2/26/2022 to 2/26/2026

Whose name is subscribed to the annexed affidavit, deposition, certificate of acknowledgment or proof, was at the time of taking the same a NOTARY PUBLIC in and for the State of New York, duly commissioned and sworn and qualified to act as such throughout the State of New York; that pursuant to law a commission, or a certificate of their official character, and autograph signature, have been filed in my office; that as such the Notary Public was duly authorized by the laws of the State of New York to administer oaths and affirmations, to receive and certify the acknowledgment or proof of deeds, mortgages, powers of attorney and other written instruments for lands, tenements and hereditaments to be read in evidence or recorded in this State, to protest notes and to take and certify affidavits and depositions; and that I am well acquainted with the handwriting of such Notary Public or have compared the signature on the annexed instrument with their autograph signature deposited in my office.

IN WITNESS WHERE OF, I have hereunto set my hand and affixed my official seal at Jamaica, Queens County, New York on May 22, 2023

AUDREY I. PHEFFER
QUEENS COUNTY CLERK

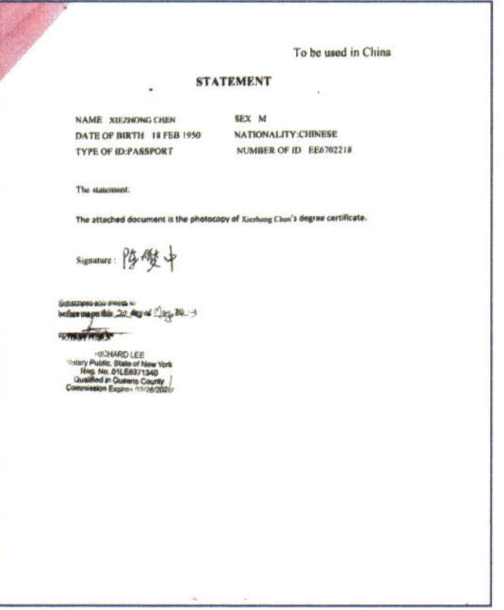

To be used in China

STATEMENT

NAME XIEZHONG CHEN　SEX M
DATE OF BIRTH 18 FEB 1950　NATIONALITY:CHINESE
TYPE OF ID:PASSPORT　NUMBER OF ID EE6702218

The statement:

The attached document is the photocopy of Xiezhong Chen's degree certificate.

Signature：陈燮中

RICHARD LEE
Notary Public, State of New York
Reg. No. 01LE6371340
Qualified in Queens County

博士后证书中国驻美国大使馆认证

我与复旦大学管理学院院长陆雄文教授和香港城市大学商学院原院长、人工智能金融科技实验室主任严厚民教授

威机构认证的要求，我在海牙国际和中国驻美国大使馆做了斯坦福大学博士后证书的认证。

在我的成长过程中，我深深地感觉到自己每一次的提升都与读书学习有关。

第一次提升：由农场知青成为吉林省地质局物资处的公务员，人生发生转折，就是因为读了长春地质学校。

第二次提升：在国家恢复高考后，考取中国地质大学武汉地质科技管理干部学院，获得了地质矿产部的高级经济师职称和正处级领导干部的职务。

第三次提升：2010 年，在六十岁时攻读了复旦大学 EMBA，获得了工商管理硕士学位，成立了浙江亚美成大投资管理有限公司，开创了新的股权投资事业。

第四次提升：六十七岁，获得香港城市大学金融管理博士学位，开创了对医疗生物、微纳智造等高科技企业的投资，获得了良好的回报和收益。同时还被聘任为浙江大学财富管理与传承研究中心高级研究员、广东科视光学股份有限公司高级顾问、杭州汇健科技有限公司战略委员会委员，并被选举为浙江大学 CCE 投融资委员会会长。

第五次提升：2020 年 7 月，申请研读了清华－斯坦福人工智能博士后。2023 年获得美国斯坦福大学人工智能博士后证书。2023 年 2 月，我被香港人工智能金融科技实验室聘任为资深研究员，到香港开辟新的事业，并被香港入境事务处批准成为香港居民。我是 2023 年获得香港入境处签证岁数最大的引进人才。

第七章　创业不止学习不断
再读港大北大博士

一、人工智能金融科技　与经济学紧密相连

2023 年 2 月 5 日，我应香港城市大学与美国哥伦比亚大学联合成立的、由香港政府财政支持的香港人工智能金融科技实验室的聘请，到实验室担任资深研究员，对实验室的研究项目商业化运作模式，提出战略、策略和实施方案。

在研究工作中，我深切感受到人工智能、金融科技与经济学紧密相连且关系错综复杂，它们相互影响，相互促进，共同推动着社会经济的进步与发展。要做好人工智能金融科技的研究，一定要学好经济学。

经济学理论，特别是微观经济学和宏观经济学，为人工智能的发展提供了重要的理论指导。例如，供需理论可以帮助我们了解人工智能（AI）技术在市场上的需求和供给情况，从而指导人工智能技术的研发和应用方向；经济增长理论则为我们提供了分析人工智能技术对经济增长影响的框架和方法。

人工智能技术正在深刻地改变着经济活动的各个方面。在生产领域，人工智能技术通过自动化和智能化提高了生产效率，降低了生产成本，推动了产业升级和转型；在消费领域，人工智能技术通过个性化推荐、智能客服等方式改善了消费体验，促进了消费升级；此外，人工智能技术还在金融、医疗、教育等领域发挥着重要作用，推动了这些领域

的创新和发展。

人工智能技术在经济学中的应用越来越广泛。例如，通过机器学习算法分析大量数据，可以预测市场趋势、消费者行为和经济指标等，为经济学家和决策者提供有力的支持。此外，人工智能还可以帮助企业和政府优化资源配置，制定更合理的定价策略和政策措施。

金融科技是指利用大数据、云计算、人工智能等现代技术手段推动金融创新的新兴业态。近年来，随着技术的不断进步和应用场景的不断拓展，金融科技得到了迅猛发展。

金融科技的发展对经济学产生了深远的影响。一方面，金融科技提高了金融服务的效率和便捷性，降低了交易成本和信息不对称程度；另一方面，金融科技也带来了新的风险和挑战，如网络安全风险、数据隐私保护等问题。这些变化都需要使用经济学理论进行深入研究和分析。

经济学理论为金融科技的发展提供了重要的理论指导。例如，风险管理理论可以帮助我们评估金融科技带来的潜在风险并制定相应的风险管理策略，市场理论则有助于我们理解金融科技是如何影响市场结构和竞争格局的。

人工智能、金融科技与经济学之间呈现出相互融合的趋势。一方面，人工智能技术为金融科技的发展提供了强大的技术支持；另一方面，金融科技的发展又推动了经济学理论的创新和应用。这种融合不仅提高了金融服务的智能化水平，还促进了经济学理论的深化和发展。

人工智能、金融科技与经济学之间还呈现出相互促进的关系。一方面，人工智能技术的不断进步为金融科技的创新提供了源源不断的动力；另一方面，金融科技的快速发展又为经济学理论的验证和应用提供了丰富的实践案例和数据支持。这种相互促进的关系推动了整个社会经济系统的不断进步和发展。

所以，人工智能、金融科技与经济学之间存在着紧密而复杂的关系，它们相互影响，相互促进，共同推动着社会经济的进步与发展。未来，随着技术的不断进步和应用场景的不断拓展，这种关系还将进一步深化和发展。想做好人工智能金融科技的研究，并对研究项目提出正确的战略、策略和实施方案，一定要学习经济学，我产生了再到学校系统地学习和研究经济学的想法。

二、七十四岁再次创业　成立房产经纪公司

近年来，政府对于房地产市场的调控政策持续加强，旨在促进市场的平稳健康发展。政策调整包括限购、限贷、土地供应调整、房贷利率调整等，这些措施对房地产市场的需求和供应都产生了重要影响。

目前，房地产市场整体面临一定的下行压力，新房市场成交量下滑，二手房市场虽然表现出一定的韧性，但整体也处于调整阶段。这种调整主要受到经济环境、政策调控以及购房者预期变化等多重因素的影响。

房地产市场呈现出明显的区域分化特征。一线城市和部分热点二线城市由于人口流入、经济发展等因素，房地产市场相对较为稳定；而部分三、四线城市则面临较大的库存压力和需求不足的问题。

中国的房地产市场发展与中国的经济发展一样，也是有周期性的。中国房地产市场的调整并非始于某一个具体的、明确的年份，而是一个持续的过程，其中包含了多个阶段和多次政策调整。不过，从一些关键的政策事件和市场变化来看，我们可以大致勾勒出房地产市场调整的几个重要时期：

第一，早期调整阶段。在房地产市场发展的早期，如 1993 年至 1996 年，中国政府对房地产市场进行了第一次宏观调控。这一时期，政府主要采取了包括控制土地供应、调整房地产信贷政策在内的多项措施，以应对当时房地产市场出现的过热现象。这一阶段的调整更多是对市场进行初步规范和引导，尚未形成全面性的市场调整。

第二，重要调整节点。进入 21 世纪后，中国房地产市场经历了多个重要调整节点。其中，2003 年至 2005 年，随着房地产被确立为国民经济支柱产业，房地产投资快速增长，市场再次出现过热迹象。为了稳定房价和防范风险，政府于 2005 年出台了“国八条”等调控政策，这是房地产市场进入新一轮调整的重要标志。

第三，全面调整时期。近年来，中国房地产市场逐步进入全面调

整时期。特别是 2014 年以来，随着国内经济进入新常态和房地产市场供求关系的变化，房地产市场开始经历更为深刻的调整。这一时期，政府继续坚持“房住不炒”的定位，并出台了多项政策以稳定房价，防范风险，促进房地产市场的平稳健康发展。

第四，当前形势与政策导向。当前，中国房地产市场的调整仍在持续进行。近年来，政府多次强调房地产市场调控的连续性和稳定性，并适时调整优化房地产政策以适应市场变化。特别是 2023 年 7 月 24 日召开的中共中央政治局会议明确提出，要适应中国房地产市场供求关系发生重大变化的新形势，适时调整优化房地产政策。这一表态进一步表明了政府对于房地产市场调整的坚定决心和灵活应对的策略。

最近几年由于各方面的原因，房地产的价格普遍有 20% 至 30% 的调整，但随着市场形势的变化和政策导向的调整，中国房地产市场有望继续保持稳定发展的态势，目前正是房地产的投资机会。

尽管市场面临调整，但核心城市的优质资产仍然具有较大的投资价值。这些资产通常拥有较好的地理位置、完善的配套设施和较高的租金回报率，能够吸引稳定的租户和投资者。

随着租赁市场的不断发展，长租公寓、租赁社区等新兴业态逐渐兴起。这些业态通过提供品质化的租赁产品和服务，满足了年轻人群和流动人口的居住需求，也为投资者提供了新的投资渠道。

商业地产市场也具有一定的投资机会。随着消费升级和城市化进程的推进，商业地产的需求不断增长。特别是那些具有独特商业模式和良好运营能力的商业地产项目，更能够吸引投资者的关注。

政策调整往往也会带来一些投资机会。例如，政府在推动棚户区改造、老旧小区改造等方面出台了一系列政策，这些政策为相关领域的投资者提供了新的机遇。

在这个过程中，我看到了商机。2022 年 4 月 22 日，我成立了杭州四季房地产经纪有限公司。

随着房地产市场的不断变化，购房者对于“房子可以买了吗”的疑问越来越强烈。

2024 年 6 月 9 日下午，杭州四季房地产经纪有限公司与浙江大学 CCE 投融资委员会联合主办的中国杭州、香港与美国房产投资专题交流会，在杭州中心办公大楼 26 楼会议中心举行。众多专家学者和浙商企业家齐聚一堂，解析当前国内外房地产市场的走向，共同探讨房地产投资的新趋势、新机遇和新策略。

浙江省房地产业协会会长、德信控股董事长胡一平先生首先为我们带来了关于中国杭州和美国房地产投资的主旨演讲，以坐落于新泽西州的高端公寓项目壹号公馆及奥顿阿尔巴尼、奥顿休斯顿等五个在美国地产界备受关注的学生公寓项目为例，分析了美国本土房地产市场的投资亮点和市场投资策略，让在场的留学生家长和做国际房地产项目投资者了解了美国房地产的现状和购买、纳税、出租以及物业管理收费等有关情况，为他们的美国房地产投资提供了参考意见和建议。

作为浙江大学财富管理与传承研究中心高级研究员、杭州四季房地产经纪有限公司董事长，我为房地产论坛带来了关于我国香港房地产投资的政策解读等深度分析。香港作为国际大都市，房地产市场一直保持着高度的活跃度和吸引力。我着重向大家介绍了香港楼市近两年房地产新政，详细分析了中原城市领先 CCL 房价指数和香港估署楼价及租金指数近年来的走势，讲述了香港房地产的红利玩法，并介绍了香港未来三大新发展区域，重点介绍了当前最热门的启德新区楼盘。之后，我又向大家讲解了香港买房问题的 19 条问答以及香港一手房、二手房的交易程序，为大家揭示了香港房地产投资的新机遇和新策略。

在圆桌讨论环节，主持人马文先生与胡一平、周为军、朱滟等嘉宾和我，围绕“房地产投资新趋势”展开了热烈的讨论。

大家一致认为，当前房地产市场虽然面临一些挑战，但整体上仍然保持着稳健的发展态势。同时，也提到了几个值得关注的趋势：

1. 政策调控将持续优化。随着国家对房地产市场的调控政策不断完善，购房者需要更加关注政策走向，合理把握购房时机。

2. 品质楼盘更受欢迎。在市场竞争加剧的背景下，品质楼盘凭借其优越的地理位置、完善的配套设施和优质的物业服务，更受购房者的青睐。

3. 国际化趋势明显。随着改革开放的深入发展，国际贸易、投资和交流的日益密切，越来越多的购房者开始关注国际房地产市场，尤其是那些具有投资潜力和升值空间的国际城市。

会议认为，当前国内外房地产市场有风险也有机遇，对于购房自住者和投资者来说，要持续关注市场动态和政策走向，综合自己的资金情况做出正确决策。不建议房地产投资者在当前房地产调整时期，资金加杠杆贷款买房。

目前，房地产市场的调整和投资机会并存。房地产市场是一个长期投资领域，投资房地产应具备长期持有的心态，不要盲目追求短期收益而忽略长期价值。做好房地产投资，要正确把握房地产业周期调整的机会，就要深入了解研究中国经济的发展和学习经济学的基本理论，我在考虑上哪一所大学进行再深造。

三、做自己喜欢的工作　创建亚美艺术中心

当前，在经济调整时期，金银珠宝和艺术品的价格下跌，我认为，当下正是投资金银珠宝和艺术品的最佳时机。2023 年 11 月 15 日，我

注册成立了杭州亚美四季文化艺术交流有限公司，开展艺术品、收藏品鉴定评估服务，工艺美术品及收藏品委售，艺术品代理，珠宝首饰批发，珠宝首饰零售等业务。

金银珠宝和艺术品与经济发展之间存在着复杂而紧密的关系。这种关系可以从多个角度来分析。

金银珠宝和艺术品的价格往往受到宏观经济状况的影响。例如，在经济增长期，人们可支配收入增加，投资和消费能力增强，对高端奢侈品的需求也会上升，从而推动金银珠宝和艺术品价格上涨。相反，在经济衰退期，需求减少，价格可能下跌。

通货膨胀是影响价格的重要因素之一。当通货膨胀率上升时，货币的购买力下降，人们会更倾向于购买具有保值增值功能的资产，如金银珠宝和艺术品，从而推高其价格。

金银珠宝和艺术品价格的上涨会增加持有者的财富感，进而提高其消费和投资能力，对经济产生一定的刺激作用。然而，如果价格上涨过快，也可能导致泡沫产生，对经济造成负面影响。作为投资渠道之一，其价格的波动会影响投资者的投资决策和资产配置。当其他投资渠道表现不佳时，投资者可能会转向金银珠宝和艺术品市场，从而推动其价格上涨。

金银珠宝和艺术品因其独特的价值属性（如保值增值、艺术审美等）而受到投资者的青睐。当投资者对经济形势持乐观态度时，他会增加对金银珠宝和艺术品的投资需求，从而推高其价格。随着人们生活水平的提高和消费观念的转变，越来越多的人开始产生金银珠宝和艺术品的消费需求。这种需求的增加也会推动其价格上涨。

市场预期是影响金银珠宝和艺术品价格的重要因素之一。当市场预期未来经济形势向好时，投资者和消费者对金银珠宝和艺术品的购买意愿和支付能力也会增强，从而推高其价格。相反，如果市场预期未来经济形势不佳，则可能导致价格下跌。

2024 年 6 月 27 日，我投资建设的杭州亚美四季艺术中心在杭州中心四季酒店 H23 云溪楼举行竣工仪式。艺术中心设有油画、钻石、翡翠和珠宝馆。

杭州亚美四季文化艺术中心竣工仪式会场

陈燮中与黄金洲总经理步入会场

陈燮中与黄金洲亲切交流

华润置地杭州中心项目总经理黄金洲先生、销售总经理朱祎女士、销售经理朱滟女士出席竣工仪式。

销售总经理朱祎向陈燮中敬献鲜花和书法祝贺艺术中心竣工

浙江宏恩装饰工程有限公司总经理助理葛龙俊先生、项目经理邓利先生、技术负责人赵成松先生出席竣工仪式。

杭州堂朝天意室内设计有限公司总经理高倩女士、总设计师方笑大师出席竣工仪式。

西泠印社理事、著名书画篆刻家倪郡阳先生等出席竣工仪式。

作为杭州亚美四季文化艺术中心董事长，我自然也出席了竣工仪式。

华润置地杭州中心总经理黄金洲先生、浙江宏恩装饰工程有限公司总经理助理葛龙俊先生、杭州堂朝天意室内设计有限公司总经理高倩女士和我共同为杭州亚美四季文化艺术中心竣工剪彩。

西泠印社向杭州亚美四季文化艺术中心竣工赠送由我题词、倪郡阳大师书贺的书法墨宝：

杭州亚美展新姿，四季斑斓显润滋。文化交流通四海，友谊桥梁达五洲。

诗词歌赋传千古，琴棋书画颂万年。愿此中心长流水，亚美精神永相随。

在亚美四季文化艺术中心竣工仪式上，华润置地杭州中心项目总经理黄金洲先生致辞：

今天，我们齐聚一堂，共同见证一个意义非凡的时刻——

我们精心打造的杭州亚美四季文化艺术中心项目，历经无数个日夜的匠心雕琢，终于迎来了竣工庆典。

首先，请允许我代表华润置地杭州中心项目部，向在座的设计公司、装饰公司和客户，表示最热烈的欢迎和最诚挚的感谢！是你们的信任与支持，赋予了我们前行的力量；是你们的期待与鼓励，让我们在挑战中不断成长，最终成就了今天的艺术中心。

回望过去，从项目规划之初的蓝图构想到如今亚美四季文化艺术中心的竣工，每一步都凝聚着堂朝天意设计团队的智慧与心血，每一块大理石、每一个柜子都承载着宏恩装饰的汗水与努力。

我们深知，一个优秀的房地产项目，不仅仅是建筑的堆砌，更是文化的传承、生活的艺术和梦想的港湾。因此，在杭州中心亚美艺术中心项目的建设过程中，我们始终秉持“匠心筑家，品质生活”的理念，把它打造成精品、收藏品和传承品。

然后，浙江宏恩装饰工程有限公司总经理助理葛龙俊先生致辞：

在这个充满喜悦与成就感的时刻，我们欢聚一堂，共同庆祝杭州亚美四季装修工程的圆满竣工。

首先，请允许我代表宏恩装修公司，向在座的每一位表示最热烈的欢迎和最衷心的感谢！

是你们的信任与支持，让我们有机会参与到这个项目中来，用我们的专业与热情，为这片空间赋予了新的生命与活力。

回望过去的日日夜夜，从设计图纸上的每一个线条到现实空间中的每一寸装饰，我们都倾注了极大的心血与努力。我们深知，装修不仅仅是对空间的改造，更是对美好生活的追求与诠释。因此，在亚美四季文化艺术中心项目的装修过程中，我们始终坚持以客户为中心，注重细节，追求卓越，力求将每一个空间都打造成为既符合功能需求又充满艺术气息的居住或工作环境。

在此过程中，我们遇到了不少挑战与困难，但正是这些挑战与困难，锻炼了我们的团队，提升了我们的技能，也让我们更加坚定了为客户提供优质服务的决心。

我们感谢业主的耐心与理解，感谢合作伙伴们的支持与配合，更感谢我们每一位同事的辛勤付出与无私奉献。是大家的共同努力，让亚美四季艺术中心项目装修工程得以顺利竣工，并呈现出如此完美的效果。

展望未来，我们将继续秉承“质量第一、客户至上”的服务理念，不断提升自身的专业水平和服务质量。我们相信，只有不断追求卓越、不断创新进取，才能在激烈的市场竞争中立于不败之地。同时，我们也期待与更多的业主、合作伙伴携手合作，共同创造更多美好的装修作品。

最后，我要再次感谢华润置地对宏恩装饰公司的信任与支持。我们将以这次竣工为契机，继续前行，在装修领域书写更加辉煌的篇章！

紧接着，杭州堂朝天意室内设计有限公司总设计师方笑大师致辞：

今天，我们满怀激动的心情，齐聚一堂，共同庆祝亚美四季文化艺术中心装修工程的圆满竣工。作为该项目的设计公司，我代表我们团队，向华润置地和业主给予我们的支持与信任、向宏恩装饰的精诚合作表达最深切的感激之情。

在亚美四季文化艺术中心的设计过程中，我们始终秉持着“创意引领，细节致胜”的设计理念，力求将每一寸空间都雕琢成艺术品，让设计不仅仅是视觉上的享受，更是功能与美学的完美融合。

我们深入了解了业主的需求与愿景，将他们的想法融入设计之中，同时融入我们对空间、光线、材质以及色彩的独到见解，创造出既符合个性化需求又充满艺术气息的空间环境。

我们深知，设计的力量在于它能够激发人们的情感共鸣，提升生活的品质。因此，在亚美四季艺术中心的设计中，我们注重营造豪华舒适、美丽和谐的氛围，让每一个艺术空间都能成为人们心灵的栖息地。

同时，我们也关注环保与可持续性，力求在设计中融入绿色元素，为艺术中心创造一个健康、生态的参观交流的环境。

此次装修工程的竣工，是我们设计团队在华润置地的总策划下，与施工团队和业主紧密合作、共同努力的结果。

我们感谢宏恩施工团队的精湛技艺与辛勤付出，他们让设计从图纸变为现实，让每一个细节都得以完美呈现。

我们也感谢华润置地和业主的信任与支持，是你们的认可与鼓励，让我们在设计之路上不断前行、追求卓越。

展望未来，我们将继续秉承创新精神与人文关怀，不断探索设计的无限可能。我们期待与更多的业主、合作伙伴携手合作，共同创造更多优秀的设计作品，为人们的生活增添更多美好与惊喜。

最后，再次感谢大家对堂朝天意设计公司的支持与厚爱。让我们共同期待亚美四季文化艺术中心在未来的日子里绽放出更加璀璨的光彩！

然后，我向大家致感谢词：

尊敬的华润置地、宏恩装饰、堂朝天意的领导，各位来宾：

大家好！

在这个充满喜悦与收获的美好时刻，我代表亚美四季文化艺术中心，向在座的每一位表示最诚挚的感谢和最热烈的欢迎！

今天，我们齐聚一堂，共同庆祝亚美四季文化艺术中心的圆满竣工，这不仅仅是一个工程的结束，更是我们艺术中心向社会展示的开始。

回望过去，从项目启动到如今的竣工交付，每

一步都凝聚着大家的智慧与汗水。堂朝天意设计公司的朋友们，你们用专业的眼光和无限的创意，为我们描绘出了我理想中的艺术中心；宏恩装饰的同人们，你们用精湛的技艺和辛勤的工作，将这份蓝图变成了实实在在的艺术中心。在此，我要特别感谢你们，是你们的辛勤付出和不懈努力，让我的梦想变成现实。

最要感谢的是华润置地，从2017年竞买地块，到规划、设计、建设、竣工，足足花了七年的时间。你们为杭州建设了标志性的城市综合体“杭州中心”，为杭州的美丽、人民的幸福做出了巨大的贡献。也让我的亚美四季文化艺术中心找到了最合适的选址，并为艺术中心量身定制设计，为杭州又增加了一个艺术品交流的场所。

今天我们相聚在亚美四季艺术中心，参加竣工仪式，满怀期待与憧憬。我相信，亚美四季文化艺术中心不仅是一个艺术品展示中心，更是一个交流中心。我将珍惜这份来之不易的成果，用心呵护亚美四季文化艺术中心，让它在未来的日子里绽放出更加绚丽的光彩。

最后，我要再次向所有为亚美四季文化艺术中心付出辛勤努力的人表示最衷心的感谢！愿我们的艺术中心更加美好！

谢谢大家！

最后，我代表杭州亚美四季文化艺术中心，分别向华润置地、宏恩装饰、堂朝天意赠送浙江龙泉康熙民窑青花瓷盘摆件纪念品和感谢锦旗。

我创业的第三个项目“杭州亚美四季文化艺术中心”成立了，亚美四季文化艺术中心也竣工了，但摆在我面前最大的问题是如何运作、策划以及产生企业经济效益和社会效益。

文化艺术品和金银珠宝的价格与国家经济之间存在着复杂而紧密

的关系。它们相互影响，相互制约，共同构成了市场经济的重要组成部分。因此，在分析和预测文化艺术品和金银珠宝价格时，人们需要综合考虑多种因素的作用和影响，尤其是经济对文化艺术品和金银珠宝价格的影响，这就需要加强经济理论知识的研究和学习，提高自己对全球经济和中国经济趋势的预判能力，从而正确把握文化艺术品和金银珠宝的价格变化，做到低买高卖，提高公司的经济效益。

四、创业不止学习不断　报考港北经济博士

最近几年，我在香港人工智能金融科技实验室做人工智能金融科技的研究，包括我新创业成立的杭州四季房地产经纪有限公司及杭州亚美四季文化艺术交流有限公司的业务发展，都离不开对现代经济的深入研究。

我原来的相关知识体系是以传统经济学为主，对于现代经济学没有过多的学习和研究。其实，传统经济学与现代经济学在多个方面是存在显著区别的。

传统经济学以“经济人”为理论前提假设，即人都追求自己的利益且都是有理性的，都精于算计，对自己的行为有明确的认识。这一假设被视为传统经济学理论体系得以建立和完善的重要基石。主要以劳动价值论为基础，力图从全知全能的角度进行分析，追求各种经济均衡状态。

现代经济学理论基础更加多元化，不仅包含劳动价值论，还引入了边际效应学说等。不再完全依赖于“经济人”假设，而是更多地考虑到人的有限理性和不完全。

我想，由于我新单位的研究工作和新成立公司业务的发展需要对中国和全球经济趋势有所了解，因此迫切需要再次到大学学习现代经济学的基本原理、方法和策略。

那么，我到哪一个大学去学习呢?

我查了2024年QS世界大学经济学学科的排名，经济学学科排名前列的大学包括哈佛大学、麻省理工学院、斯坦福大学、芝加哥大学和普林斯顿大学。这些大学在经济学领域拥有卓越的研究实力、教学质量和

学术声誉。

我很希望报考哈佛大学经济学博士学位研究生，在哈佛大学的官网上，我查了报考哈佛经济学博士学位研究生的要求。

1.学历要求

申请人需要具备本科学士学位或硕士学位，且相关专业毕业。

2.语言要求

哈佛大学要求托福网考分数达到较高的水平，一般在100分以上，甚至有的要求100~110分。对于雅思成绩，要求达到7.5分以上。

3.学术要求

申请人需要提供本科阶段的GPA成绩，一般要求不低于3.5分（特别是专业平均成绩），有的要求本科GPA要求不低于3.7分。除了GPA外，申请人还需要提交GRE成绩，且总分需要在325分以上。对于申请商科专业的博士研究生，可能还需要提供GMAT成绩，且总分在720分以上。

4.专业要求

申请人需要在本科阶段积极参与实习、科研等活动，并有良好的学术表现。这些经历能够证明申请人的研究兴趣、能力和潜力，以及与哈佛大学经济学博士研究生项目的匹配度。

5.申请材料

申请人需要准备并提交一系列申请材料，包括但不限于申请表、申请费、成绩单、本科毕业证和学位证、GRE/GMAT成绩单、托福/雅思成绩单、个人简历、个人陈述（PS）、Essay文书、动机函、两到三封推荐信（至少一封来自学术方面），以及其他补充材料如荣誉证书、writing sample或研究计划等。

6.其他要求

哈佛大学博士申请是综合性的，除了上述基本要求外，还可能涉及面试、写作测试等环节。申请人需要在申请材料中充分展示自己的研究兴趣、能力和成就，以及与哈佛大学导师的研究方向匹配程度。

我仔细核对了报考条件，基本条件都能达到，但第2条语言要求不达标，我没有托福和雅思的考试成绩。所以报考国外名牌大学经济专

业博士研究生的可能性比较小，我把目光转向了国内。

考虑到我已经读了复旦大学的金融博士研究生，再到复旦读经济博士研究生，不是很合适，于是便在北京大学、清华大学和中国人民大学之中做选择。

通过比较，我认为，北京大学光华管理学院经济管理专业在国内乃至国际上都具有很高的声誉和影响力，其教育质量、师资力量、研究水平和就业前景都非常优秀。

1.专业设置

北京大学光华管理学院开设了多个与经济学相关的研究生专业，如经济学、金融学等。这些专业涵盖了经济学的基础理论、应用研究以及与实际经济问题的结合，提供了全面而深入的学习体验和研究。

2.课程体系

经济管理专业的课程体系非常完善，涵盖了微观经济学、宏观经济学、国际经济学、计量经济学等多个领域。通过系统的课程设置，我可以掌握扎实的经济学理论基础和前沿的研究方法。

3.师资力量

北京大学光华管理学院拥有一支高水平的教授团队，其中包括多位在国内外享有盛誉的知名学者和专家。他们不仅在经济学领域有着深厚的学术造诣，还具备丰富的教学经验和实践经验，能够为博士研究生提供高质量的教育和指导。

4.研究水平

光华管理学院在经济学领域的研究水平非常高，拥有多个国家级和省部级科研项目和实验室。学院教师和研究人员在经济学的基础理论、应用研究和政策咨询等方面取得了丰硕的成果，为中国的经济发展和社会进步做出了重要贡献。

再看香港的大学，包括香港大学、香港中文大学、香港城市大学、香港科技大学。我已经在香港城市大学读了金融管理博士研究生，不适合再读经济管理博士研究生了。

通过比较，我认为香港大学经济管理学院的经济专业在学术水平、师资力量、课程设置及就业前景等方面均表现出色，是我向往的学府。

1.学术声誉与排名

香港大学经济管理学院在经济学领域享有很高的学术声誉，其经济学专业在多个国际排名中均名列前茅。例如，在2023年QS经济学和计量经济学专业世界排名中，香港大学位列前茅，这充分证明了该专业在国际上的影响力和竞争力。

2.师资力量

经济学院拥有一支由世界知名学者组成的教师团队，他们中的许多人在经济学领域有着深厚的学术造诣和丰富的教学经验。这些教师不

仅致力于学术研究，还积极参与教学工作，为研究生提供高质量的教学和指导。他们的专业背景和研究成果涵盖了经济学的各个领域，包括微观经济学、宏观经济学、计量经济学、发展经济学等。

ACADEMIC TEAM
學術團隊

HKU BUSINESS SCHOOL
港大經管學院

HKU Business School 港大經管學院

Professor Hongbin CAI **蔡洪濱教授**
Dean 院長
Chair of Economics 經濟學講座教授
Director, Institute of China Economy 中國經濟研究所總監

Professor Chen LIN **林晨教授**
Associate Vice-President 協理副校長
Associate Dean (Research and Knowledge Exchange) 副院長（研究與知識交流）
Chair of Finance 金融學講座教授
Stelux Professor in Finance 寶光基金席教授（金融學）
Director, Centre for Financial Innovation and Development 金融創新及發展研究中心主任
DBA Programme Director 工商管理學博士課程總監
Changjiang Scholar Chair Professor, Ministry of Education of China 中國教育部長江學者講座教授

Professor Pingyang GAO **高平陽教授**
Associate Dean (Taught Postgraduate) 副院長（碩士課程）
Zhang Yonghong Professor in Accounting 張永紅基金教授（會計學）
Professor in Accounting 教授（管理及策略學）

Professor Haipeng SHEN **沈海鵬教授**
Associate Dean (Executive Education) 副院長（高層管理教育）
Patrick S C Poon Professor in Analytics and Innovation 潘燊昌基金教授席（數據科學與創新）
Professor in Innovation and Information Management 教授（創新及資訊管理學）

Professor Heiwai TANG **鄧希煒教授**
Associate Dean (External Relations) 副院長（對外事務）
Victor and William Fung Professor in Economics 馮國經馮國綸基金教授（經濟學）

Professor Echo Wen WAN **萬雯教授**
Associate Dean (MBA) 副院長（工商管理學碩士課程）
Professor in Marketing 教授（市場學）

Professor Hailiang CHEN **陳海亮教授**
Assistant Dean (Taught Postgraduate) 助理院長（碩士課程）
Professor in Innovation and Information Management 教授（創新及資訊管理學）

Professor Zhiwu CHEN **陳志武教授**
Chair Professor of Finance 金融學講座教授
Cheng Yu-Tung Professor in Finance 鄭裕彤基金教授（金融學）

Professor Zhenhui Jack JIANG **蔣鎮輝教授**
Padma and Hari Harilela Professor in Strategic Information Management 夏利萊伉儷基金教授（戰略信息管理學）
Professor in Innovation and Information Management 教授（創新及資訊管理學）

Professor Jin LI **李晉教授**
Professor in Economics, Management and Strategy 教授（管理及商業策略、經濟學）

Professor Junhong CHU **楚軍紅教授**
Professor in Marketing 教授（市場學）

Professor Yulin FANG **方鈺麟教授**
Professor in Innovation and Information Management 教授（創新及資訊管理學）

Professor Hui LI **李慧教授**
Professor in Marketing 教授（市場學）

Professor Xuewen LIU **劉學文教授**
Professor in Finance 教授（金融學）

Professor Dragon Yongjun TANG **湯勇軍教授**
Professor in Finance 教授（金融學）

Professor Zhixi WAN **萬智璽教授**
Professor in Innovation and Information Management 教授（創新及資訊管理學）

Professor Xin WANG **王鑫教授**
Assistant Dean (Taught Postgraduate) 助理院長（碩士課程）
Professor in Accounting 教授（會計學）

Professor Guochang ZHANG **張國昌教授**
Chung Hon-Dak Professor in Accounting 鍾瀚德基金教授（會計學）

Professor Kevin Zheng ZHOU **周政教授**
Chung Hon-Dak Professor in Strategy and International Business 策略及國際商業學講座教授 鍾瀚德基金教授（商業策略及國際商務）

Professor Hong ZOU **鄒宏教授**
Professor in Finance 教授（金融學）

Professor Heng CHEN **陳衡教授**
Associate Professor in Economics 副教授（經濟學）

Professor Xu LI **李煦教授**
Associate Professor in Accounting 副教授（會計學）

Professor Ye LUO **羅曄教授**
Associate Professor in Economics and Finance 副教授（經濟學、金融學）

Professor Yanhui WU **吳延暉教授**
Associate Professor in Economics, Management and Strategy 副教授（經濟學、管理及策略學）

Professor Wen ZHOU **周文教授**
Associate Professor in Management and Strategy 副教授（管理及策略學）

3.课程设置

香港大学经济学院的经济专业课程设置丰富多样，旨在为学生提供全面的经济学知识和实践技能。核心课程包括微观经济学、宏观经济学、计量经济学等，这些课程为学生打下了坚实的理论基础。此外，研究生还可以根据自己的兴趣和职业规划选择多种选修课程，如公司财务、

金融经济学、国际贸易等。

Research and Enrichment Module 研究與強化課程 Compulsory courses for 18 credits 必修課18學分			
1.	DBAP7046	Responsible Conduct of Research	(3 credits)
2.	DBAP7047	Behavioural Research Methods	(3 credits)
3.	DBAP7048	Research Methods in Finance, Economics and Accounting	(3 credits)
4.	DBAP7017	Frontiers in Economics and Accounting Research	(3 credits)
5.	DBAP7027	Frontiers in Management Research	(3 credits)
6.	DBAP7037	Frontiers in Marketing and Business Analytics	(3 credits)

Core Course 核心課程 Compulsory courses for 36 credits 必修課 36 學分			
1.	DBAP7011	Political Economy and Economic Policy	(3 credits)
2.	DBAP7012	Globalization, Financial Crisis and Chinese Economy	(3 credits)
3.	DBAP7013	Advanced Financial Management	(3 credits)
4.	DBAP7018	Advanced Microeconomics	(3 credits)
5.	DBAP7019	Advanced Macroeconomics	(3 credits)
6.	DBAP7021	Organizing Competitive Advantages	(3 credits)
7.	DBAP7024	Leadership and Organization	(3 credits)
8.	DBAP7025	Innovation and Entrepreneurship	(3 credits)
9.	DBAP7031	Marketing in China and Global Market	(3 credits)
10.	DBAP7032	Strategic Marketing Innovation and Model Design	(3 credits)
11.	DBAP7033	Big Data and Business Analytics	(3 credits)
12.	DBAP7036	Supply Chain and Logistics Management	(3 credits)

Elective Course 選修課程 1. Select 4 courses for 12 credits OR; 2. Select DBAP7044 for 6 credits PLUS 2 courses for 6 credits 1. 修讀 4 門選修課程，共12 學分；或 2. 修讀 DBAP7044 及 2 門選修課程			
1.	DBAP7044	International Enterprise Management	(6 credits)
2.	DBAP7014	Global Accounting Standards and Practices	(3 credits)
3.	DBAP7015	Global Financial Innovation	(3 credits)
4.	DBAP7016	Global Wealth Management	(3 credits)
5.	DBAP7111	Advanced Finance Theory	(3 credits)
6.	DBAP7022	Strategic Management	(3 credits)
7.	DBAP7023	Organizational Behavior	(3 credits)
8.	DBAP7026	Strategic Human Resource Management	(3 credits)
9.	DBAP7028	Business Creation and Dynamics	(3 credits)
10.	DBAP7034	Strategic Information System Management	(3 credits)
11.	DBAP7035	Services Marketing and Management	(3 credits)
12.	DBAP7049	Advanced Research Methods	(3 credits)

Research and Enrichment Module 研究與強化課程 Thesis Preparation 論文準備			
1.	DBAP7045	DBA Thesis 論文	(54 credits)
		- Research Proposal 研究計劃提綱	*(3 credits)*
		- Preliminary Defense 預答辯	*(3 credits)*
		- Thesis Defense 論文答辯	*(48 credits)*

Awarding 學位頒授

The degree of Doctor of Business Administration will be awarded by The University of Hong Kong upon successful completion of the graduation requirement.
成功達到畢業要求後將獲由香港大學頒授工商管理學博士學位。

4.教学与研究设施

经济学院拥有先进的教学和研究设施，包括现代化的教室、实验室和图书馆等。这些设施为研究生提供了良好的学习环境和资源支持，使学生们能够更好地掌握经济学知识和技能。同时，学院还与国内外企业和机构建立合作关系，为研究生的课题研究提供实验基地。

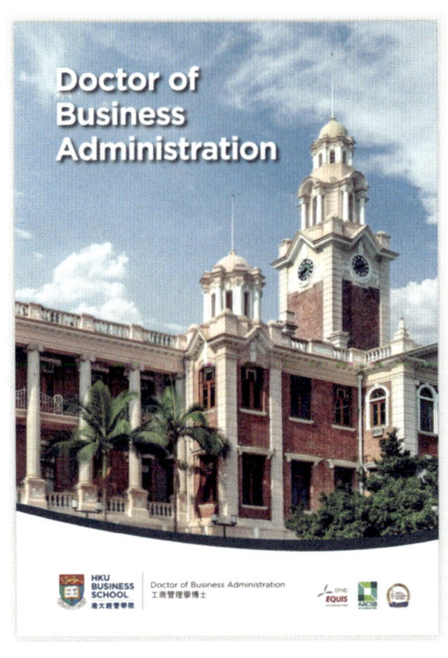

5.申请要求

申请香港大学经济管理学院的经济博士研究生，需要具备本科学士学位或硕士学位，并具备较好的英语听说读写能力。需要提交相关的申请材料，如成绩单、推荐信、个人陈述等。

通过选择、比较和分析，我感觉到北京大学光华管理学院或者香港大学经济管理学院读经济管理博士研究生，是不错的选择。

到底是去北大还是港大学习呢?

后来我在网上查阅到，北京大学光华管理学院与香港大学经济管理学院有一个联合举办的 DBA工商管理博士研究生项目，这不正是我需要的吗!

北大与港大经济管理学博士联合培养项目是两所名校为民族复兴、

ADMISSIONS
入學申請

Admission Requirements

Applicants should
- Hold a recognized Master's degree (or above) in business or related disciplines, or equivalent qualifications; and
- Possess at least twelve years of managerial experience

English Proficiency Requirements

Applicants, who gained their degree qualifications in which the medium of instruction is non-English, s/he is required to complete a qualifying examination offered by The University of Hong Kong.

入學要求

申請人必須
- 持有認可商業或相關學科之碩士學位（或以上），或同等學歷；及
- 擁有12年或以上管理工作經驗。

英語能力要求

若申請人之前所獲學位並非以英語教授，申請人必須通過由香港大學提供的資格考試。

14

Application Procedures

Applicants are required to submit the following documents in a sealed brown envelope by mail to the HKU DBA Programme Office:

- Completed application form;
- Photocopies of credentials;
- Curriculum Vitae; and
- Statement of Reference from THREE referees, directly send by email to dbapo@hku.hk, or by mail to the DBA Programme Office.

Interested applicants are required to submit the application via DBA Online Application System.

申請手續

申請人必須遞交下列文件至香港大學工商管理學博士課程辦公室：

- 申請表；
- 學歷證明；
- 履歷表；及
- 三位諮詢人的推薦信，請直接郵寄或電郵至dbapo@hku.hk。

申請人需先提交網上申請，且由課程組審核通過後方可正式進入申請流程。

Tuition Fee

The programme composition fee is RMB 1,780,000 to be paid before the commencement of Year 1 and Year 2 study in two instalments.

學費

工商管理學博士課程學費為人民幣1,780,000元；於第一及第二學年開學前，分兩期繳交。

15

经济持续成长、中国管理学教育的发展而 做出的战略举措，项目通过严谨的学术研究和商业实践，成就具有全球战略格局和卓越研究能力的思想者。

通过反复比较、研究，结合自己在香港工作的实际情况，我决定报考香港大学与北京大学联合培养的经济管理博士研究生项目。

五、三次面试各有重点　怀着梦想重返校园

根据香港大学与北京大学经济管理学博士联合培养的要求，在2024年3月11日，我通过电邮向经济管理学博士联合招生办公室提交了申请及有关资料。

除了提交申请表、学历证书、成绩单及其他所需证明文件之复印件和工作履历表之外，根据要求，我还联系了三位推荐人，并请他们给我写了推荐信，其中一封要由具有博士生导师资格的学者撰写。他们直接通过电邮或以密封形式将推荐信寄交香港大学。

2024年4月3日，我很荣幸地收到港大北大的预面试和正式面试的通知。港大预面试是在4月17日下午3：40—4：05，北大预面试是在4月

18日下午5:30—5:55，港大北大联合正式面试则是在4月19日下午5:30—5:55。

第一次预面试主要交流和了解了本人的学历、工作经历和现在从事的工作及今后的发展规划。第二次预面试主要是通过英语的交流，了解我的英语口语、听力和翻译的水平。第三次是港大和北大联合正式面试，我原来准备的问题都没有问到我，问的是最基本，也是我完全没有想到的问题。

首先，我要感谢林晨、刘挺军、周黎安、陈玉宇、路江涌五位老师在百忙之中抽出时间来参加我的面试，这让我感到非常荣幸。每位老师都展现出了极高的专业素养和深厚的学术造诣，让我深受启发。

林晨：香港大学经济与工商管理学院副院长、教授，香港大学金融创新和发展研究中心主任

刘挺军：香港大学经济与工商管理学院教授

路江涌：北京大学光华管理学院教授、国家自然科学基金杰出青年获得者和教育部长江学者特聘教授

周黎安：北京大学光华管理学院副院长、教授，北京大学工商管理研究所所长，第十四届全国政协委员

陈玉宇：北京大学光华管理学院教授、北京大学政策研究所所长

周黎安老师的提问非常精准且富有启发性，让我对管理学的研究课题有了更深入的思考和理解，让我受益匪浅。

陈玉宇老师对研究领域的热情和执着让我深感敬佩，他的经验和见解为我提供了宝贵的参考，让我更加明确了自己的研究方向。

刘挺军老师严谨的治学态度和敏锐的洞察力让我印象深刻，他的点评一针见血，让我看到了自己研究中的不足和需要改进的地方。

路江涌老师的耐心和细致让我感受到了来自学术界的温暖和关怀，对我的鼓励和支持让我更加坚定了自己的学术追求。

林晨老师的广博知识和独特视角让我眼界大开，他的建议让我对未来的研究充满了信心和期待。

这五位老师都是我非常尊敬和感激的人，他们的指导和帮助对我来说意义非凡。我希望有机会在博士研究学习阶段继续聆听他们的教诲，得到他们的支持。

2024年7月12日上午10点35分，我在香港人工智能金融科技实验室，收到北京大学寄来的特快专递。我迫不及待地打开快递，首先映入眼帘的是“捷报”两个字，我眼睛一亮！

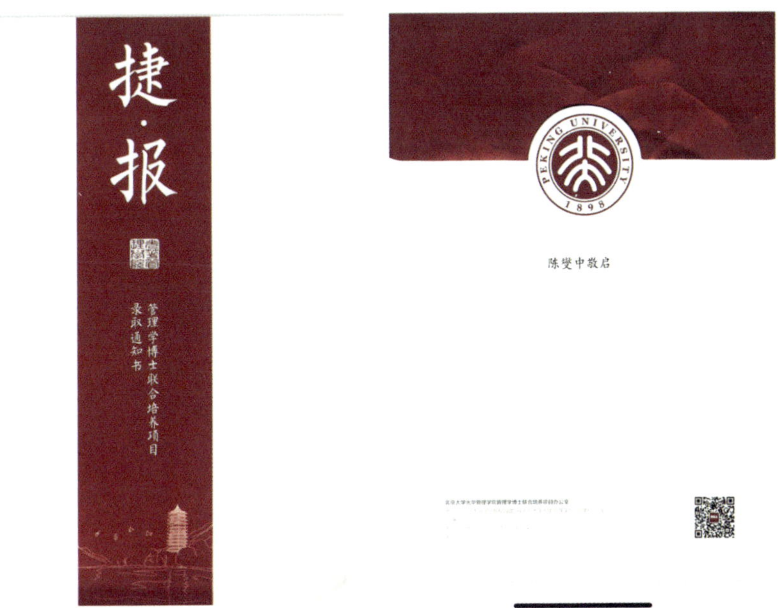

接着就看到了光华管理学院和管理学博士联合培养项目录取通知书。再打开大信封,看到了“陈燮中敬启” 五个大字,信封下面署名是“北京大学光华管理学院管理学博士联合培养项目办公室”。

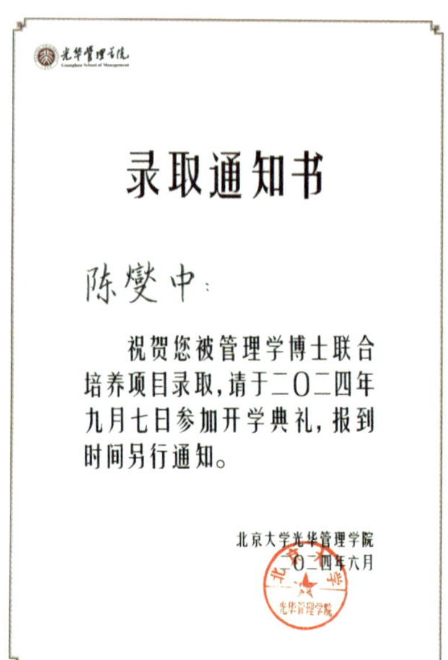

光华管理学院

录取通知书

陈燮中:

祝贺您被管理学博士联合培养项目录取,请于二〇二四年九月七日参加开学典礼,报到时间另行通知。

北京大学光华管理学院
二〇二四年六月

紧接着再打开信封,看到了“北京大学” 的红色本子,翻开本子看到了最荣耀的五个大字“录取通知书”。

陈燮中:

祝贺您被管理学博士联合培养项目录取,请于二〇二四年九月七日参加开学典礼,报到时间另行通知。

北京大学光华管理学院

二〇二四年六月

到底是百年名校,录取通知书也这样隆重,有仪式感。

接到博士录取通知书的那一刻,我深深感到:这是一份来之不易的荣誉和成就，这不仅仅是对我过去努力的肯定，更是我未来无限可能的起点。我内心的激动伴随着难以言表的喜悦。

我要感谢林晨、刘挺军、周黎安、陈玉宇、路江涌五位面试老师对我的学历、工作、事业和回答问题的肯定。

我要感谢人工智能金融科技实验室主任、博士生导师严厚民教授对我再次报考经济管理学博士的支持和关心。

我要感谢女儿陈思超把香港大学与北京大学联合举办的管理学博士培养项目推荐给我，并鼓励我再去读第二个博士学位。

我要感谢我的家人支持我再去读书深造。

回顾自己的求学经历，我要感恩从小学到博士的求学路上关心、帮助、鼓励和支持我的刘文、姚北丁、王玉复、张俊生、胡松岑、袁庭异、李若山、孔爱国、陆雄文、王军波、严厚民等老师，你们的教导、关心和支持，是我能够走到今天的力量所在。

展望未来的学习和研究，再一次踏入博士阶段的我，对未来充满了无限的期待和憧憬。

在未来的学习和研究中，我将继续保持对学术研究的热爱和执着。我计划深入研究“人工智能金融科技”领域的创新，并努力为该领域的发展做出自己的贡献。

我计划加强在人工智能金融科技的细分领域“香港房地产价格指数期货”方面的研究，为香港房地产市场的健康发展做出贡献。

在博士阶段的学习和研究中，我将会面临更多的挑战和困难，但是我相信我有足够的决心和能力去克服这些困难。我会保持积极的心态，勤奋学习，勇于创新，不断提升自己的能力和素质。在不久的将来，我一定能够成为一名优秀的经济管理学博士，超越自己，把不可能的事情变成可能。

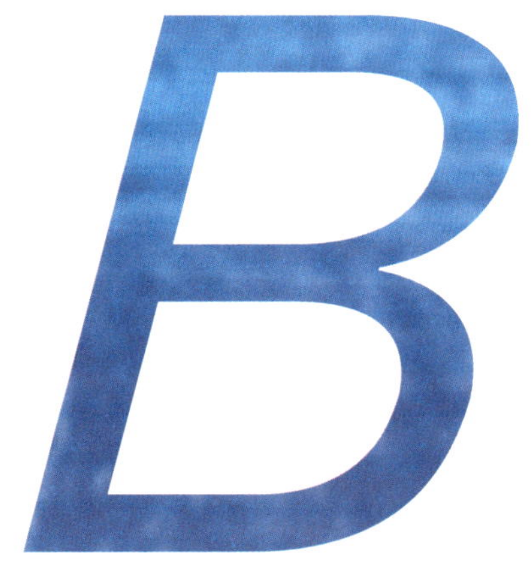

第二篇　从知识青年，到人工智能金融科技实验室资深研究员

第二篇 从知识青年，到人工智能金融科技实验室资深研究员

第一章　从知青成长为处长
不怕困难努力工作

一、吃苦耐劳积极肯干　播种收割一把好手

1969年6月，我下乡在内蒙古哲里木盟金宝屯胜利农场二营六连，这是一个普通的农业连队，在胜利农场被称作“大田连”。顾名思义，这个连队担负的工作，完全是在农田里铲大地、种庄稼的苦力活。在这里不脱一层皮，那就不能算作锻炼，也没有人会承认你是一位真正的农民。

六连的连长叫孙学恩，是胜利农场从附近的科尔沁左翼后旗平安公社调入的贫下中农。孙学恩三十岁开外，年纪不大，却精明能干，在农村已是一个能叫农场职工啧啧称道的农业生产好把式。虽然读书不多，但他说起话来滔滔不绝，尤其在农业技术的指导方面独树一帜，远近闻名。

六连的指导员叫栾宇生，是胜利农场从附近的科尔沁左翼后旗向阳公社调入的贫下中农。栾宇生三十多岁，是当地很出名的一位高中生。来农场以前，栾宇生已在农村中学任教数年，理论功底比较扎实。他还善于演讲，不看文稿也可以不间断地说上半天，而且条理清楚，前后连贯，毫无破绽。

这是两位连队领导，也是两位厉害的角色，在他们的手下劳动锻炼需要倍加小心，这是我的第一感觉。

为了稳定知识青年们的情绪，二营营部决定：把干部们调剂出来的二十余间砖瓦房全部分配给知识青年住，每间房子能住四至五人。

我与徐乃东、施岳定、徐天洪、王伟信四位浙江知青被分配在一间房，算是有了我们自己的一个小天地。在这个小天地里，我们可以自由支配、经营自己的生活空间。

知识青年新的生活就这样在戏剧性的变化中紧锣密鼓地开场了。

与二营大多数知青来自浙江省慈溪县周巷区不同，我是泗门区的，一开始有些拘谨。但与我同居一屋的周巷知青徐乃东、施岳定、徐开洪、王伟信等四人都很有才干，很重情义，又都是通情达理的小伙子，在他们的眼里，大家都是浙江来的知识青年，没有区别。所以，他们根本没有把我当外人。我自然也很乐意把他们当作自己的亲兄弟来看待。

凡事谦让，是我自小养成的习惯。在这个小小的群体里面，我与乃东年纪最大，但我出生在2月，月份比他大，我认为自己应该担起更多的责任。

我让年纪最小的王伟信睡在炕头，自己则睡到炕尾。虽然区别不会太大，但我认为炕头总会比炕尾干燥一些，到了冬天，炕头也会比炕尾暖和一些。

我每天很早起来去跑步，跑步回来挑水、劈柴、扫院子，是我每天必须干的三件事。屋里的活，能做的我都提前做好，让他们多休息一会儿，这是出自我内心的本能，也是我的自觉，我总把工作留给自己。

我主动又诚恳的表现，使得原来让我担心的事并没有发生，我早期“孤单”的想法，在我和同室的知青友好相处下，也一扫而空。我不仅没有和陌生的知青们格格不入，而且很快和他们变成了无话不说的知心朋友。

我父亲的一句话也提醒了我。父亲说：“好男儿志在四方，耐得住寂寞能合群，关键在自己，记住‘宅心仁厚，有容乃大’，即为海阔天空。只要你宽厚待人，别人也自然会真诚待你。”

刚到农场，领导给了知识青年三天的休整期，这也是很重要的适应期。这几天，大家到左邻右舍串门，成群结队地逛那个小得可怜的商店，有的还别出心裁地到防风林里去逮野兔、捉青蛙……这使大家对农场的基本情况有了初步的认识和了解。

三天过去，知青在农场的劳动就正式开始了。

根据营部的安排，连长孙学恩带人送来了一捆又一捆的镰刀，信心满满地向知识青年宣布小麦开镰的消息，并将镰刀分发给大家。这是知识青年来农场以后领到的第一个生产任务，大家虽然有点茫然，但还是充满好奇，跃跃欲试。其实，“三夏”会战是农场最重要、最艰苦，也是最残酷的劳动之一，它关系到夏粮丰收、保障秋粮入库的关键性农时。而且“三夏”时节正值雨季，还有抢收的意义，所以，农场对“三夏”会战十分重视，开镰前召开了誓师大会，进行全体动员。

我对“三夏”会战充满期待，又觉紧张。过去在家乡，我也参加过麦收，但那时是作为学生支援农忙劳动，我没有任何负担，现在可不一样了，自己成了主要劳动力。连长扔给我一把镰刀，二话不说，让我自己琢磨，我感到心里没底。

我是个心思缜密的人，在“大战”前一定要弄明白具体的细节，我不想打无准备之仗。所谓“战略上要藐视敌人，战术上要重视敌人”，我想要好好地应用一番。

晚饭后，知青朋友们都东一伙西一伙地闹着玩儿，没有一点“战前”的紧张气氛。我则提着镰刀去找连长孙学恩。我问的问题很简单，但也很实际，我请教连长如何使用这把镰刀。连长对我提出的问题感到有些意外，他怎么也没有想到，会有这样一个文质彬彬的知识青年主动上门来向他求教，而且我提的问题的确是一个很基本也很关键的问题。

瞬间，连长对我这个细心认真的小伙子刮目相看了。

连长孙学恩首先给了我三点启示：第一，要把镰刀磨快；第二，要弯下腰来；第三，积聚耐力，一鼓作气。

然后又为我做了详细的分析：北方的麦子与南方的麦子不一样。南方的麦子是点播的，成孔状；北方的麦子是散播的，成条状。所以，南方收割麦子一般用的是三角形的小镰刀，也有带刺的小弯刀，需要“砍”；而北方收割麦子却要用月牙形的长镰刀，只需“撸”。这就是说，在北方收割麦子，如果没有一把好的、耐用的、锋利的镰刀，是不可能顺利完成的。

我真诚上门求教，作为回应，连长特别为我做了示范，不仅亲自把我手上的镰刀磨出锋刃，还教会了我磨刀的窍门。临走时，连长又送给我一块自己备用的磨刀“油石”。

连长孙学恩的真诚和热情，让我感动不已。

我带着十分满意的答案回到“家”里，默默地把其余四位室友的镰刀找出来，一一把它们磨好，又放回原来的位置。

第二天，太阳还未露出地平线，连长孙学恩已经领着六连的知识青年们出现在田间地头，指着无边无际的麦田，传授给我们割麦的方法，分派一天的收割任务。

结果是意料之中的，我以超过全连其他知识青年三分之一的速度顺利到达终点，赢得了“三夏”会战首战的第一名。

没有人怀疑我为什么割得这么快，还这么轻松自如；也没有人问过我是什么时候学到这一手好农活，还这么娴熟标准。

总之，我和我的室友们是最先割到头的，我又带着室友们回过头来帮助落在后面的知青战友们，共同完成连长下达的收割任务。知青战友们除了感激，恐怕更多的还是发自内心的佩服。

而此时，我想得最多的不是荣誉，而是我在哥哥陈羽中厂里见习车工时，哥哥要不断地教我“磨车刀”的原因。我对“磨刀不误砍柴工”这句话有了更深刻的理解。

我老早懂得“三人行，必有我师”的道理，只不过在胜利农场“三夏”会战前做了再一次的有效尝试罢了。

从此以后，我专心拜连长孙学恩为师，认真学习做农活。我们不仅成了要好的朋友，我还成了孙学恩家的常客。

孙学恩的家境其实很困难，在平安公社时就是典型的贫困户。孙学恩有三个不大的孩子，一起带来胜利农场落户，虽然改变了自己的身份，由农民变为农场职工，有了固定的工资收入和医疗保障，但一个人的工资要养活五口人，比在农村也好不了多少。

孙学恩是一个不拘小节的人，家里人畜共居，三餐难饱，尽管如此，他对公家的事却是一丝不苟，兢兢业业。他常常对知识青年们说，要想与贫下中农结合得好，就不要怕身上长虱子。虽然这是一句玩笑话，但也让我知道了，要成为对社会有用的人，就不能瞻前顾后，总去考虑自己的得失。他比知识青年大不了几岁，却已老成持重。

我对连长的为人是钦佩的，但我对连长的生活态度不敢苟同。我认为，既然知识青年可以接受贫下中农的再教育，改造自己的灵魂，那么，贫下中农落后的生活习惯也可以通过知识青年的帮助，变得更加文明健康起来，这应该成为一种互补互利、互相促进的关系。

为了改变连长家“人畜共室”的恶劣环境，我实施了帮困脱贫的长期“战略”，经常在收工之后，顾不上休息，就跑到连长的家里去帮助他脱坯、砌墙、垒猪圈。我认为，要改变连长固有的不良生活习惯，就要从改善他们家的生活环境做起，首先将人畜分离，再来提高他们的生活质量。

在整个改造过程中，我已经把南方良好的生活理念悄无声息地留了下来,使连长家的日常生活变得井井有条起来。有了连长家这个样板，全营的贫下中农纷纷效仿，都照着他的样子去做，这样就形成了一种良性循环，贫下中农和知识青年的距离一下子拉近了许多。

在连队,什么样的活我都愿意干,我喜欢挑战自己。所以,凡是最脏、最累、最危险的地方常常能看到我的身影。

“三夏”中麦收是个重头戏，麦子进场后就要马上脱粒，在北方农村叫“碾场”，用骡马拉着碾子不停地压，费工，又费力气，但好在人力可以自由支配。

胜利农场有脱粒机，机械化操作十分方便，但人机共转，没有丝毫间隙。小麦脱粒的劳动一般都安排在晚上，美其名曰“挑灯夜战”。其实，这是一场恶战。

白天的劳累尚未缓解，晚上继续夜战，这在那个年代来说算是家常便饭，并不奇怪。大家想的都是不要延误了农时，将到手的粮食白白地烂在垛里。那可是政治问题，谁也不敢含糊。

我和知青们根本没有考虑那么多，吃了晚饭就来到场院。连长把任务分配下去后，多数人都占据了有利的位置，我自然选择站在最累、最脏的出料口。

机器运转的轰鸣声使整个场院顿时热闹起来，尘土夹着麦芒肆无忌惮地飞扬起来。随之，来这里干活的人们陡然紧张起来。

麦子从出料口出来，像溪流里的水一样源源不断，灌满麻袋再装上马车运往粮库。这是一套完整的流水线操作，需要连续作战，不可以停息，也不可以怠慢，一般人真的吃不消。我把持的那个出料口，就是这条流水线的“关口”，机器一刻不停地运转着，我一刻不停地奔忙着，就像脱粒机上的一个部件，机械、刻板、规范，无懈可击地来回运动，直至忙到收工。

一场“夜战”下来，我被汗水与尘土包裹得严严实实，蓬头垢面，简直让人无法辨认。更让我想不到的是，我的鼻孔里塞满了灰土，觉得呼吸困难，嗓子眼里吸进了大量麦芒，整整“哑”了半个月。看来，人真不能与机械较劲，否则非损伤了身体的零部件不可。

不久，我国与苏联关系恶化，中苏在珍宝岛开战在即。部队进驻了农场，胜利农场由地方管理改为军事管制，成立了军事管制委员会。部队干部把突出政治的一套搬到了农场，于是“会战”变成了“战役”，而各类“战役”中就多了各种各样的“大比武”。

为了实施农场正规化、军事化管理，在胜利农场军管会的授意下，全场各营的农业连队都实行大营房集体居住。从此，无论是浙江、天津、通辽的知识青年，还是单身的复退军人、贫下中农都混居在了一起。二营六连也不例外，我和同事们从单门独院的小房子里搬了出来，走向了真正的集体生活。

麦收是“三夏”会战的一部分，紧跟着便是夏播、夏种，而夏播、夏种又是秋粮丰收的基础，军管会领导当然十分重视。于是，有了第一个“战役”，即“保苗保丰收”战役。

我在这个“战役”中体会最深的有两件事。一是蹲着薅草间苗。这本该是姑娘们干的活，但军管会说是赶进度，硬是把农业连队的男青年们统统拉出来与她们一起干，美其名曰“男女搭配，干活不累”。还要我们“摆擂比武”。

我满以为军管会的领导不懂农事瞎指挥，让大老爷们儿干这活，白瞎了我们的一身肌肉。我和战友们不以为意，把这些活当作休闲，信心百倍。

我们与姑娘们一起，一边干着活，一边有说有笑，觉得很有意思，也很浪漫，看不出半点异样。可到了下午，姑娘们和“大老爷们儿”的距离已经拉开，而且有不断扩大的趋势。我有点慌乱起来，清楚地意识到过分自信给我带来了危机，我小瞧了这项“慢工出细活”的艰辛，更小瞧了那“半边天”的耐力。

原来，薅草间苗的学问可不小，清除苗间的杂草如同大姑娘绣花，必须泾渭分明，眼疾心细。当然，这里还要比拼手脚协调的能力，更重要的是考验每个人蹲着行走能坚持多久的“蹲功”。尽管这些都是姑娘们的长项，但我是一个不愿意服输的人，无论前面的路有多么难走，即使只剩下我一个人了，我都会毫不犹豫地坚持下去。

我的努力是有成效的，我最后几乎是匍匐着完成劳动指标，待我站立起来的时候，感觉双腿已经僵硬得迈不开步了，可与姑娘们的距离仅差一箭之遥，还把那帮“大老爷们儿”甩出去好远好远。我虽然落后于姑娘，但大家仍然认为我有耐力、能吃苦，我感到很开心。

也许为我的拼搏精神所折服，也许为我平时热情厚道的表现所感动，看着我一瘸一拐的样子，姑娘们心有不忍，于是产生了恻隐之心，纷纷伸出援助之手，争抢着将我搀扶回营，弄得我怪不好意思的。

耪大地“放秋垄”，是玉米灌浆后铲的最后一遍杂草。八月秋高，天气还是热得熬人，待着不动汗珠子都会吧嗒吧嗒地掉下来。可是，军管会还是下达了第二个“战役”的命令，叫“增粮之战”。玉米已经长得齐人高了，一片片农田成了望不到头的青纱帐，要钻进密不透风的玉米地里，用大锄头铲垄沟两边的荒草，并不是一件容易的事。但军管会的领导说，这是争粮夺丰收的战略任务，世世代代都是这样干下来的。“不违农时，谷不可胜食也”，就是最苦最难的活咱们都得干。

《保卫黄河》中有这么一句歌词，“青纱帐里游击健儿逞英豪”，唱得很轻快、很自信，也很有诗意，革命的浪漫主义飘满整个原野，没有实践，不会知道里边的奥秘。

然而，我面前的青纱帐就没有那么浪漫，也没有那么幸运了。热浪一波接一波地袭来，小咬（一种喜欢吸人血的小昆虫）成群结队地威胁着我裸露的肉体，玉米叶子像刀片一样剐着我的脸和脖子，汗水流进被划破的创口，扎心地疼痛。衣服湿透了再干，干透了又湿，后背脊形成一圈圈花白的汗碱。手上的血泡磨成了老茧，腰酸得像折了一般。四周已无人顾及彼此，寂静中只有“唰唰唰”铲地的声音尚能证明附近确有生命的声息。瞧着望不到头的长垄，孤独、焦虑摧残了意志。天渐渐黑了下来，战友们的气息渐渐地远去，我仍在拼命地往前追赶……

我是最不甘心落后的，但今天确实成了“尾巴”。待我铲完最后一锄地，直起腰来一看，发现我的战友们都已经回营房休息了，只有连长孙学恩还在地头等着我。

一种从未有过的失落感，一种从未有过的痛苦袭上心来，我第一次尝到无地自容的滋味。

当然，连长是心知肚明的，我是不折不扣完成“放秋垄”任务的。其他队员们或多或少都有“跑垄”（中间隔一段不锄）的嫌疑。有人俏皮地说，过去，青纱帐里，游击队员可以隐藏自身，迷惑敌人；现在，青纱帐里，我们队员难道不可以迷惑这个连长吗？当然，连长没有向我点破，不是故意为难我，而是有意给我留点“挫败”的感觉，以待日后我能更加小心谨慎、脚踏实地地对待不同环境中需要接受的现实。

我的表现让营、连两级领导很满意。1969年底，我被任命为二营六连一排副排长（连长和排长由复员军人担任）。

秋收是一个综合性战役，也是农场最具代表性的大会战。场部军管会对此自然十分重视，不仅全场召开“誓师大会”造声势，而且还要求各营进行战前再动员，各连队做出具体部署。

我的六连一排在这次会战中又成了营里的“突击排”，“任务重于泰山，轻伤不下火线”就是我们的行动口号。

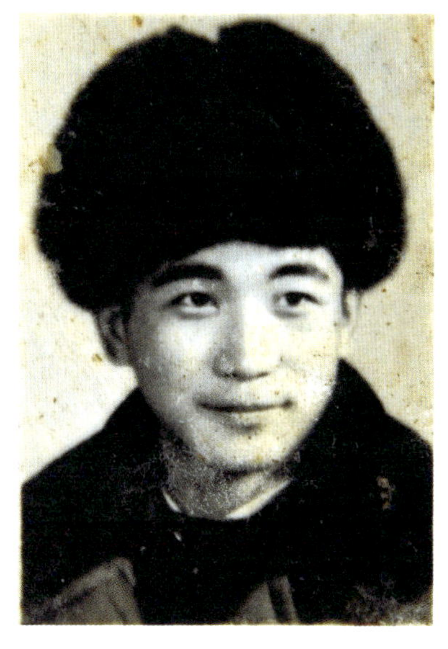
支边在金宝屯胜利农场时的我（1970年）

二营有 10000多亩农田，95%以上种的是玉米、高粱。这些成熟了的庄稼用机械是无法作业的，仅靠两个农业连队一百来号人来收割，平均每人需要承担 100 多亩的收割任务，可想而知，这必然是一场攻坚战，也是一场持久战。我们从这一大片地里扒下每一穗玉米，砍倒每一株玉米秆，都是在血和汗水的交融中完成的。整个“秋收战役”，我们起早贪黑，连续奋战了三个月，终于让粮食颗粒归仓，让秫秸按期入户。

一场秋收下来，我和战友们如同脱了一层皮，原来那些阳光潇洒的小男孩不见了，留给大家印象更深的是多了一群沉着、刚毅的东北汉子。

“三江口水利工程战役”又是一场特殊的大会战，这是由内蒙古哲里木盟科尔沁左翼后旗统一组织指挥的大型农田引水工程项目。1970年深秋开工，历时两个月，全线挖掘了数十公里的河道，将辽河的水引入旱地，灌溉农田。这分明是“秋收战役”之后的又一场硬仗。胜利农场地处三江平原，在哲里木盟科尔沁左翼后旗的界内，与周边几个公社唇齿相依，如果利益均沾，必然要责任共担。所以农场不可能袖手旁观，甚至会把这场会战看成开年大戏。为此，场部指示每个营派出一个连队支援会战。于是，二营六连又光荣地接受了这项艰巨的任务，雄赳赳气昂昂地开赴前线。

当时的施工，没有挖掘机械，全靠人海战术，一把“虎头镐”、一把广锹、一副柳条筐就是全部的劳动工具。

兴修水利的季节接近秋末冬初。东北的冬天来得早，天气已经十分寒冷，早晨的水面结了冰，大地的表面也冻上了厚厚的一层。要掀开这扇冰冻的“大门”并非易事，只求一鼓作气，一气呵成。于是，我和战友们脱掉棉衣，甩开膀子，抡起铁镐干了起来。不管寒风刺骨，不管大汗淋漓，心里只有一个意念：下定决心，不怕牺牲，排除万难，去争取胜利！

汗水湿透了衣衫，停下来就会结成“冰衣”，工地离我们的住地又很远，有七八里地，去住地换衣衫绝不可能。我们只有不断地干活，不断地运动，以抵御寒风的侵袭。

今天回忆起这段经历时仍然心有余悸，那时的劳动强度虽然很大，一天下来累得真不想动弹，但最难熬的还是太“冷”。我们在寒风中摸黑起床，在冰凉刺骨的泥水里开镐刨土，中午在工地上啃冰冷的窝窝头，有时白菜汤里甚至会出现冰碴子。

辛苦一天，摸黑收工回到老乡家里（兴修水利的民工都借住在老乡家），没有热水擦身洗脸，炕也没有人烧，一摸冰凉冰凉的，一直凉到心里，真有一股雪上加霜的滋味。

二、立足东北服务吉林　当学生教师公务员

1975年9月，我从长春地质学校毕业。根据当时大中专院校毕业生分配的原则，我是要返回原选送地区哲里木盟，分配到基层地质队去工作的。那个时期的哲里木盟已由内蒙古自治区划归吉林省管辖，是位置偏远的北国边疆经济欠发达地区，而且基层地质队一般都在远离城市的荒郊野外或深山老林。我不在乎艰苦的条件，满怀雄心壮志，一心想着为国家的地质事业做贡献，早已抱定了打回哲里木，去基层地质队干一番事业的决心和信心。

做梦也没有想到，毕业分配的最后时刻，好运降临到了我的头上。

由于“文化大革命”中断了正常的教学秩序多年，长春地质学校的师资出现了青黄不接的现象。经上级主管部门批准，学校要在应届毕业生中，选拔少数品学兼优的学生留校任教，校领导把目标锁定在了我的身上。因为我担任过班长和班级的团支部书记，是勘探机械专业应届毕业生中的佼佼者，学习成绩优秀，特别是我的理论水平和实际工作能力非常突出。因此，选拔我留校，既是学校领导的意愿，也是师生的众望

所归。

服从国家分配，这在当时是毕业生的天职，没有任何条件，我愉快地留在长春地质学校，当了一名地质机械设备专业的老师。这个机会不能不说是老天爷给我的一个恩赐，使我不仅留在了省城，还有机会进一步深造和升迁。

虽然我在长春地质学校工作的时间很短，只有三个多月，但是我干得既顺手又称职，因为我承担讲授的是机械零部件加工课程。我在农场机修厂里有实际经验，当时上学又学习了理论知识，对我来说这是最合适的工作。我不但讲授机械加工的理论知识，还带领和指导学生们到长春汽车制造厂和地质探矿机械厂实习，圆满完成了教学计划规定的课程教学和实习任务。

同时，我还积极参与了长春地质学校机械教研室主任张俊森教授的教改课题组，与张老师一起编写完成了中等专业学校地质机械类教材《机床和刀具》。

我们参照普通中等专科学校机械类教材的大纲，结合地质机械的特点，详细叙述了一机多用的功能，并介绍了在野外复杂情况下的机械零配件的加工等技术，非常实用。该教材先后印刷出版了多次，被许多兄弟学校采用，受到师生的欢迎和好评。

正当我甩开膀子准备在长春地质学校好好工作的时候，机遇又一次光临。1976年初，吉林省地质矿产局准备选拔一批年轻干部作为局处级领导干部的第二梯队，进行重点培养。经过层层推荐和选拔，我被局领导班子看中了。1976年2月，我从长春地质学校调入了吉林省地矿局物资供应处，担任设备主管。

在吉林省地质矿产局物资处工作的那一年，我刚满26周岁，正是朝气蓬勃、风华正茂的人生最佳时期。

有机会去省一级的政府机关工作，是那个时期年轻人求之不得的事情，我非常热爱和珍惜这一工作。从机关的一名小科员做起，事事处处虚心地向老干部和同事们学习请教，刻苦地学习和钻研业务知识。不管分内分外，连办公室的清洁卫生、杂务事儿、脏活累活我都抢着干。

在整个机关大楼里，几乎没有人不知道物资处有这样一个精明能干、非常勤快的浙江小伙子，大家都十分喜欢我。

当时我分管三方面的工作：一是机械类物资的分配，二是机械设备大修资金的分配和管理，三是大型机械钻探设备的报修。

我爱岗敬业，对自己分管的工作认真负责，把本职工作做得井井有条，深受领导的赞扬和肯定。

工作中，我非常用心，善于发现问题和解决问题。记得到机关工作的第二年，我观察到全局物资设备管理系统许多单位都存在着严重超储地质专用配件定额的情况，浪费严重。我及时向主管领导进行了汇报，并提出了整改的措施和建议。

在吉林省地质局杨贵玉总工程师的组织领导下，我积极参与编写了《吉林省地质矿产局地质专用配件定额手册》，经局领导审核批准后，以行业地方法规的形式下达执行。这一举措有效地压缩了全局的专用配件库存量，对于加速局系统物资机械设备的资金周转、提高经济效益发挥了很好的作用。

我们的这一做法得到国家地质矿产部物资供应局领导的肯定，并向全国推广。

与徐乃东（右）、谭宪秋（中）夫妇欢聚在南开大学（2015年12月）

我先后在长春学习、工作了五年多的时间，从学生转变为教师，又由教师转变为公务员。这座地处东北中部的省会城市长春，给我留下了深刻的印象。

那个时候，东北的物资供应还比较匮乏，作为一个远离家乡和父母亲人的单身汉，平时的生活是十分枯燥和艰苦的。幸运的是我在长春有缘结识了我的知

谭毓铨获得吉林大学终身成就奖（下图右三）

青同学徐乃东的岳父——白求恩医科大学外科主任谭毓铨教授，并得到了谭教授一家的厚爱和呵护。

谭毓铨教授是上海人，解放初期从上海医科大学毕业，并参加抗美援朝战地医疗队，回国后在长春的第一军医大学任教。后第一军医大学划归地方，改名为吉林医科大学。谭教授学术精湛，医术高明，是当时吉林省有名的外科专家“一把刀”。

谭教授的女婿徐乃东是 1969年 6 月与我一起从浙江慈溪支边到内蒙古边疆农场的知识青年战友。1973年 9 月，徐乃东被推荐到吉林医科大学第一临床学院放射专业学习，毕业后留校任教。

1978年吉林医科大学更名为白求恩医科大学，2000年并入吉林大学，现在是吉林大学白求恩医学部。徐乃东在那里从事医学影像工作数十年，现在已经是当地一名著名的心血管病专家和教授。

那些年，我是谭家的常客。谭教授夫妇和他们的女儿谭宪秋、女婿徐乃东从政治思想和日常生活等方方面面都给予了我热情的关心和照顾。尤其是谭教授和蔼可亲，对我呵护有加，使我感到十分温暖。正是他们的陪伴和无微不至的帮助，使我克服孤独和寂寞，度过了在长春的难忘岁月。

每当回忆起这一段经历，我都满怀着感恩之心。

三、打回老家管理设备　制定设备大修规范

20世纪 80 年代，我国实行改革开放政策，经济改革的大潮率先在珠江三角洲和长江三角洲涌起。尤其是东南沿海地区，不断大胆地引进

外资，引进先进技术和项目，引进先进的管理理念，国民经济得到了快速的发展。

我看在眼里，急在心里。天生好动的我，几番在长春跃跃欲试，但都很难有所作为，阻力主要来自东北老工业基地思想相对保守的传统势力和长期以来形成的墨守成规、安于现状的惰性。

我坐不住了，几次三番利用去南方开会的机会，对长三角的杭州、宁波、温州和珠三角的广州、深圳、珠海进行了考察和调研，深深地被那里如火如荼的改革开放形势所吸引和感染。

经过深思熟虑，我决定迈出人生的重要一步——打回浙江老家去，借改革开放的春风，去南方发展，在那里奋发图强，一展宏图。

我浓浓的思乡情结也促使我打回老家去。我与许多漂泊在外的游子一样，都渴望能够返回自己的家乡工作，更何况我的家乡是美丽富饶的江南鱼米之乡宁波。

1978年12月，我终于如愿以偿，得到了吉林省人事局的调令，到浙江省地质局工作的通知送到了我的手上，实现了我回浙江家乡工作的美好愿望。

掐指算来，从1969年6月到内蒙古边疆哲里木盟金宝屯胜利农场支边，我离开浙江已经九年半了，做梦也没有想到北漂东北近十年，如今不仅调回了浙江家乡，而且还在浙江省省城——被誉为人间天堂的杭州工作！我的父母和家人都为我感到庆幸和高兴，我更是喜出望外。

成全这件好事的是浙江省地质局物资处的一位领导。

我很有人缘，为人热情、真诚、随和，好交朋友。来自五湖四海的男女老少我都能友好相处，大家都称我为“自来熟”。

在吉林省地质矿产局物资处工作期间，我经常有机会去全国各地，参加地质部召开的全国性物资供应和管理会议。

有一次，我在会议上遇到了浙江省地质局物资处的一位资历深厚、为人厚道的处长。通过几次交流和谈话，我非常敬佩老处长的资历、为人和丰富的管理经验。他高超的情商和智商，使我敏锐地意识到，这真是自己多年来一直在努力寻找的学习榜样和一位可以倚仗的师长。基于大家都来自地质系统，双方又都是浙江老乡这两个有利条件，一回生，两回熟，我和老处长交上了朋友。

我勤奋好学，聪明精干，处处关心和体贴同志的精神，深深地感染和打动了老处长，很快我们成了非常要好的“忘年交”。正是那位老处长的介绍和极力举荐，促成了我调回浙江老家工作的这件好事。

我调回杭州后，先后在浙江省地质局下属的浙江省地质技工学校和浙江省地质局物资处工作。

真是无巧不成书，我调回浙江初期的发展轨迹，几乎是我在吉林省地质系统工作时的翻版。

1978年12月—1982年9月，我在浙江省地质技工学校担任钻探机械教师。这是浙江省地质局下属的一所中等技工学校，专门为全省的地质探矿队培养钻探技术工人。我在该校工作了将近四年，先后担任过“钻探机械”和“液压传动原理”等课程的讲师。

除了完成教学任务外，我还和学生打成一片，从政治思想、学习生活等方面关心学生的成长。对自己所承担的教学工作非常投入，每次上课前我都要认真地备课，哪怕是自己非常熟悉的钻探设备内容，也要反复“温故而知新”，做好课前准备。学生们都非常喜欢听我上的课，普遍反映：“陈老师的课程理论联系实际，注重实际应用和操作，深入浅出，听了好理解，学了用得上。”

为了提高教学效果，根据当时地质系统的钻机已由机械传动改变为液压传动这一实际情况，结合地质勘探钻机的具体型号和性能指标，我编写了一本理论性和实用性很强的讲义《钻机液压传动》。该讲义一改过去教材的知识更新滞后于生产发展实际的缺点，被学生们誉为鲜活的教科书。

四年以后，还是得益于那位老处长的提携，我调入了浙江省地质局物资处，成为处领导的得力助手。

1982年10月—1984年8月，我在浙江省地质局物资处工作，职务是设备主管。有以前在吉林省地质局物资处主管设备管理工作的经验和体会，在工作岗位上我干得如鱼得水，把本职工作做得有条有理、有章法有制度。我没有辜负领导的信任和期望。

刚调回杭州，在西湖“平湖秋月”景区留影(1979年)

为了提高全局设备管理干部的基本素质，我多次向上级领导建议，举办设备管理培训班，最终获得局务会议的批准。

在浙江省地质矿产系统的设备管理干部培训班，我还负责编辑设备管理和物资经济管理教材，给局属地质大队等直属单位的设备管理干部讲课。设备管理干部培训班的举办，提高了全局系统设备管理干部队伍的理论水平和实际解决问题的能力，为全局设备管理的科学高效创造了良好的开端。

在主管设备管理的工作中，我不墨守成规，非常重视规章制度和行业法规的建立和修订，努力把设备管理建立在科学的依据之上。

在主管设备管理期间，我参与制定了局设备管理规章制度，解决了设备管理上多年积存的“设备只管使用，不注重管理”的老大难问题。

如我负责编写的《浙江省地矿局设备大修理规范》，使全省地质矿产系统设备大修这一棘手问题的管理有了科学依据，有章可循。

在浙江省地质矿产局物资处工作期间，我赢得了领导和同事们的信任和好评，成为局里重点培养的年轻干部。有一次，本应由处领导去北京参加的国家地质矿产部经济管理领导干部高级研讨班，破例让我参加。在研讨班，我努力学习，刻苦钻研，各门功课考试平均取得95分以上的优异成绩，被评为优秀学员。

通过在北京国家地矿部经济管理领导干部的学习进修，我不仅学到了经济管理的理论知识，而且有机会与地矿部总经济师、局长和业务处领导一起学习、讨论和研究，由此结识了许多朋友，建立了联系，为我今后的事业发展打下了一定的基础。

随着局设备管理工作的进一步深入开展，我感觉在经济理论方面已经力不从心，需要进一步系统性地提升自己的理论水平和管理水平，便向局领导提出了报考地质院校进一步学习的请求。局领导经过研究，同意我带薪全脱产到大学深造。

通过数理化和语文课程的系统复习，1984年9月，我参加了全国高考，被武汉地质科技管理干部学院录取，开创了人生新的历程。

四、担任省局招待所长 企业评为部级先进

1986年7月，我从武汉地质科技管理干部学院毕业，回到了杭州的原单位浙江省地质矿产局物资处，没有想到局领导分配给我的工作竟是去浙江省地矿局招待所当所长，这是我始料未及的。

事情的由来是这样的：招待所是浙江省地矿局的一个后勤服务单位，承担着地矿局的会议、接待和餐饮服务。由于管理不力，多年来招待所一直亏损，群众有意见，领导不满意，成了局里的一个老大难单位。该由谁来接这副重担呢？

我之所以会出现在地矿局招待所所长的人选里，一是因为领导了解我，知道我精明能干、点子多；二是因为我刚刚大学毕业回单位，学的又是经济管理专业，在上大学期间，还主动去中外合资的五星级酒店汉口饭店实习，对饭店管理的一套新技术不仅了解，而且还亲自实践过。这样的合适人选，当时在浙江省地矿局是很难找到的。

面对局领导安排的新工作、新任务，我的心里很矛盾。去招待所当所长吧，就要离开自己心仪的局机关管理岗位，意味着成天要去和吃喝拉撒睡这些自己并不喜欢干的烦琐杂事打交道。再说招待所当时是局里的一个老大难单位，工作人员大多文化水平低、个人素质差，实在不好管理。如果干得不好，势必影响到自己的发展前途。

正在我犹豫不决的时候，党组织和局领导多次找我谈心。既引导我看到做好工作的有利条件，又实事求是地帮助我分析困难并探索克服困难的办法，启发和鼓励我抛弃私心杂念，勇敢地挑起这副工作重担。组织和领导的教育，使我茅塞顿开，提高了思想觉悟。想到自己是一名共产党员，应该无条件地服从组织安排；也想到了这是组织和领导对自

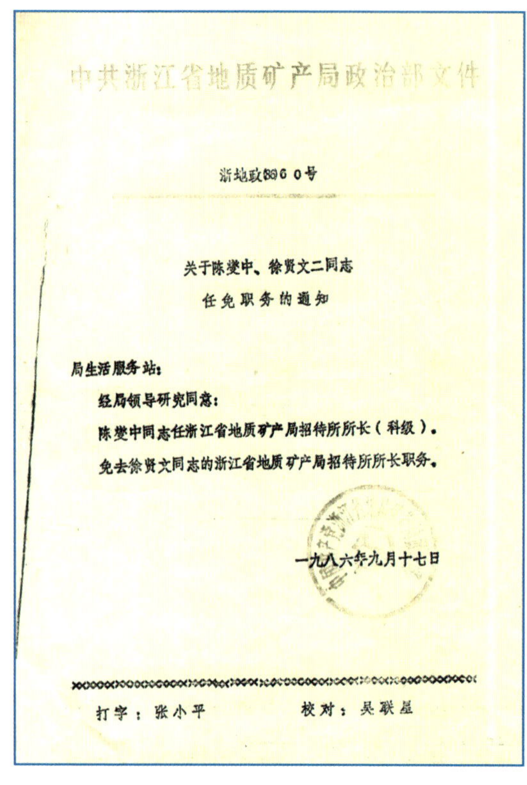

中共浙江省地质矿产局政治部文件

浙地政(86)60号

关于陈燮中、徐贤文二同志
任免职务的通知

局生活服务站：

经局领导研究同意：

陈燮中同志任浙江省地质矿产局招待所所长（科级）。

免去徐贤文同志的浙江省地质矿产局招待所所长职务。

一九八六年九月十七日

打字：张小平　　校对：吴联星

招待所所长任命书

己的信任、培养和考验，应该知恩图报。同时也感到去招待所当所长，固然有很大的困难，这是事实；但正因为有困难有问题，领导才调自己去克服、去解决的，在困难面前退缩，不是我的性格！

经过一番思想斗争，我终于愉快地挑起了招待所这副重担。1986年9月17日，我被任命为浙江省地质矿产局招待所所长。

当时的浙江省地矿局招待所有100多名员工、200多张床位，经营着住宿、餐饮和商场三大业务。来到一个新单位，工作千头万绪，如何着手开创新局面呢？

我首先从调查研究入手，深入招待所的各个部门查看，亲自去工作第一线参加劳动，体验生活，逐个找员工谈心，了解情况……

通过近一周时间的了解和摸底，我基本搞清楚了招待所的家底，找到了症结所在。在省地矿局主管局长的大力支持下，我大胆地提出了一套整顿和改造招待所的措施和办法。

“新官上任三把火”，说干就干，我立即付诸了实践。

首先，抓好招待所的领导班子建设，这是我担任所长后做的第一件事。以任人唯贤的原则组建了新的领导班子，对所里的关键工作岗位进行了大刀阔斧的人员调整，大胆重用了一批德才兼备、年富力强的业务骨干。这次的调整工作，为我下一步全面整顿招待所做好了人事上的准备。

全面整顿招待所，抓的第一件事是清洁卫生工作。

我认识到招待所是浙江省地矿局对外的一个窗口，每天迎来送往接待着省内外的宾客。全所卫生状况的好坏不仅直接关系到招待所的服务质量，而且也体现了一个单位的精神面貌。客房的楼层部是所里有名的老大难部门，卫生工作做不好，人员迟到早退。我亲自带头到楼层，与楼长和工作人员一起打扫卫生，检查卫生，下决心一定要彻底整治好楼层部的清理卫生和工作纪律。

在全面打扫卫生的工作中，我事事以身作则，处处身先士卒，亲自把关，不留下任何卫生死角。来到客房的阴暗角落，指导员工清扫干净遗漏的垃圾，并爬上三角梯子，带领大家把每一扇窗户的玻璃擦拭得透明洁净，连房顶的老虎气窗也不放过。对一些重要的部门和场所，我检查验收得非常仔细严格，甚至戴上白手套亲自去抚摸检验窗框和门框，以检查卫生是否达标。

有一次，客房洗手间的马桶堵了，用了很多办法都疏通不了。在脏活累活面前，我挺身而出，亲自下手进行疏通，并进行了彻底清洗。

身教重于言教，在我以身作则的带动下，客房的清洁卫生面貌很快就得到了根本的改变。

对一个招待所来说，客房是客人临时温馨的“家”，而餐厅则是客人一日三餐的重要场所。在卫生大清理中，我始终抓住了客房和餐厅这两个重点，努力营造温馨祥和的环境，使入住的客人宾至如归。经过全所员工积极参与，上下齐心协力，很快整个招待所的卫生面貌发生了根本性的变化。

“杭帮菜”的老字号杭州酒家

我抓的第二件事是整顿餐饮，

努力提高餐厅的饭菜质量和特色风味。

经过外出考察参观和调查研究，我深深感到，有别于大型的专业餐饮企业，招待所餐厅不应该把赢利放在第一，而是应该把服务放在首位。为此，我对招待所餐厅做了三个定位：第一，不一味追求高档次的山珍海味，主打大众化的菜品；第二，坚持货真价实，物美价廉；第三，突出杭州的地方特色，让外地客人花钱不多，也能品尝到杭州的本帮菜系。

经营理念确定了，下一步的关键是如何做到组织落实。为此，我提出并实施了一系列的措施和办法。

位于杭州延安路的杭州酒家是杭州市餐饮行业著名的老字号，是当地经营杭帮菜的一家大型餐饮企业。那里推出的招牌菜，诸如龙井虾仁、东坡肉、西湖醋鱼、老鸭煲、清汤鱼丸等杭帮名菜都做得相当地道，吸引着国内外大批食客。我果断地选定了这家餐馆作为学习的样板，并与他们结成了互帮互学的对子，明确提出不仅要努力把杭州酒家的杭帮菜学到手，还要学习他们先进的经营理念和管理水平。

我意识到要提高餐厅的菜品质量和口味，严把原材料的采购关和提高厨师的技艺是两个关键点。为此，我专门委派了责任心强、经验丰富的员工担当菜品原材料的采购任务，首先从食品的源头入手把好质量关。

为提高厨师的技艺，我多次组织餐厅的后厨人员去兄弟厅局办得好的招待所餐厅参观和取经，以学习借鉴兄弟单位的先进经验，改进和提高自己的工作。为了学习传承杭州本地的特色菜，我还选派了崔师傅和方师傅两名厨师去杭州酒家学习培训。

上述举措十分有效，经过了近一年的努力，招待所餐厅的菜品无论质量还是口味都跃上了一个新的台阶。很快餐厅由门可罗雀变成了顾客盈门，不仅承接了多次重大会议的就餐任务，而且还经常承办老百姓的结婚喜宴和寿诞庆典。

不久，餐厅的收益超越客房的收益，成为招待所的利润收益大户。

我在实践中感悟到，要想使招待所工作可持续发展而不受人为干扰和影响，必须依“法”治所。着手建立各种规章制度，使招待所各项工作有“法”可依，这是我整顿招待所抓的第三件事。

我是这样去做的：

1.在发动群众集思广益的基础上，参照四星级酒店的客房、餐厅和卫生服务标准，提出了争创“不是星级酒店，胜似星级酒店”的服务目标，制定了适合招待所实际情况的服务标准。

在我的积极倡导下，许多先进的管理机制和理念被引入招待所。通过努力，我争取到了省地矿局计财处的科研经费支持，浙江省地矿局下达了浙地科（87）31号文件，由招待所承担研发“客房计算机管理信息系统”，率先把计算机用于招待所的客房管理。该信息系统具有客房预订、结账、查询和统计等功能。

2.根据招待所的接待任务和服务对象，制定出一系列切实可行的规章制度，编写了本所各岗位责任制、服务规范、接待规范。还试行了把工资、奖金、津贴捆绑在一起的经济责任制，采取定额到人、责任到部门的办法。这样一来，招待所无论是会议接待、客房服务、餐厅服务，还是员工管理、原材料采购管理、考勤制度、清洁卫生，都一一对号，有章可循，有法可依。

3.努力提高全所员工的基本素质，不管是什么工种，都坚持先培训，合格达标后再上岗的原则。我分期分批地组织业务骨干去北京、上海和福建等地地矿部系统的优秀宾馆招待所参观学习，以拓展员工的视野，提高业务能力。

4.在所里，倡导开展了“百日优质服务流动红旗”评选活动，奖优惩劣，奖勤罚懒，在全所形成了一个人人争当先进、个个比学赶帮超的良好氛围。

在整顿招待所的过程中，如果说我抓的前两件事即卫生和餐饮是治标的话，那么第三件事即制度就是治本，其意义比前两者更加深远和巨大。很快招待所的利润率、床位利用率跃居全市同行业领先水平。

广大员工普遍反映，陈所长不愧是学经济管理的，治所有方，不仅点子多，措施得力，而且办事既有原则性又有灵活性。凡是要让员工做到的事，自己首先做到，才能让他们打心底里服气。

20世纪80年代中期以后，国内的旅游观光产业逐渐兴起。杭州作为国际著名的旅游城市，游客日益增多。那个时候杭州市内接待游客的大型宾馆酒店还不是很多，接待能力十分有限。我抓住这一商机，挖掘内部潜力，努力增加客房，派遣员工去地矿部北戴河疗养院学习旅游服务，把招待所的业务拓展到了接待国内游客方面，为单位创造了可观的经济效益。

我还在招待所内大力倡导企业文化，并注重抓好企业文化建设。我认为：企业文化是在一定的条件下，在企业生产经营和管理活动中，所创造的具有该企业特色的精神财富和物质形态。企业文化是企业的灵魂，是增强全体员工的凝聚力和向心力，推动企业不断发展的动力。我觉得企业文化包含着非常丰富的内容，其核心就是企业的精神和社会主义价值观。

在我的建议下，招待所成立了公共关系部，成为浙江省公共关系协会的首届理事单位，我本人也担任了该协会的副理事长。

正是我做的这些开创性的工作，使省地矿局招待所的面貌发生了巨大的变化。一年后，招待所摘掉了多年的落后帽子，一跃成为浙江省地矿局的先进单位。

国家地矿部和省市多家新闻媒体多次对我所进行了专题报道和宣传。《杭州日报》1987年8月22日第二版以“房间整洁明亮　服务热情可亲　省地质矿产局招待所天天客满”为醒目的标题，载文赞美：“这

1987年8月，《中国地质报》对浙江省地矿局招待所的报道

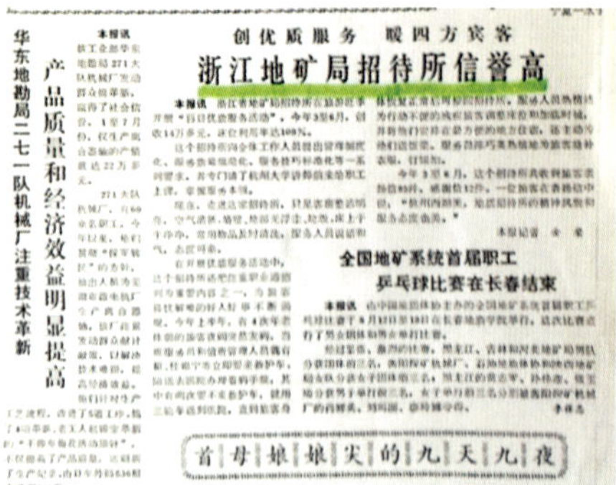
创优质服务　暖四方宾客
浙江地矿局招待所信誉高

全国地矿系统首届职工
乒乓球比赛在长春结束

华东地勘局二七一队机械厂注重技术革新
产品质量和经济效益明显提高

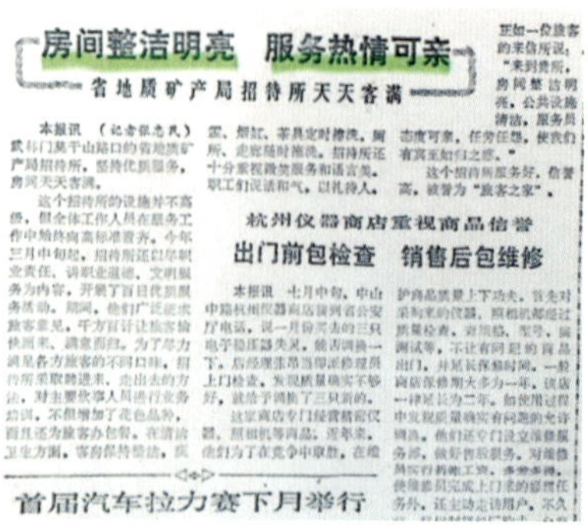
房间整洁明亮　服务热情可亲
——省地质矿产局招待所天天客满

杭州仪器商店重视商品信誉
出门前包检查　销售后包维修

首届汽车拉力赛下月举行

1987年8月，《杭州日报》对浙江省地矿局招待所的报道

个招待所服务好，信誉高，被誉为旅客之家。”《中国地质报》1987年8月31日第二版，以“创优质服务　暖四方宾客　浙江地矿局招待所信誉高”为题，报道了招待所开展讲文明，讲礼貌，树立良好职业道德，开展优质服务活动的情况，赞誉：“杭州西湖美，地质招待所的精神风貌和服务态度也美。”

与原浙江省地质矿产厅厅长汤文权先生合影

浙江省地矿局招待所就此成为省内外小有名气的服务单位，还有不少兄弟单位前来学习取经。

我在浙江省地矿局招待所工作取得的业绩和突出表现，引起了地矿局领导的关注和重视。

1987年上半年，我被正式任命为浙江省地矿局接待科科长兼任招待所所长，享受正科级待遇。

虽然职务提升后，工作变得更加繁忙，但是浙江省地矿局接待科科长的职务和岗位使我有更多的机会接触到上级领导和兄弟单位的客户。

据不完全统计，在担任接待科科长期间，我负责接待过的国家地矿部的部级领导、司局级领导和许多兄弟省市地矿局的领导有几十批次，他们中的很多人后来都成了我的好朋友。在招待所形成的这些人脉关系和资源，使我的交友范围变得更加宽广，有人说我的朋友遍天下，这话非常贴切，毫不夸张。也正是这些关系，为我日后的事业发展提供了很大的支持和许多有益的帮助。

如今，每当回忆起当年在浙江省地矿局担任接待科科长和招待所所长的那一段时光，我仍然津津乐道，意犹未尽：“是局接待科科长和局招待所所长的工作岗位，让我施展了经济管理的才华。”的确，浙江

2022 年 10 月 9 日与原浙江省地质矿产厅厅长汤文权先生（左二）、物资处处长张伟中先生（右二）、后任招待所所长陆加林先生（右一）合影

省地矿局接待科和招待所为我搭建了一个广阔的平台，使我学到的经济管理知识有了实践和用武之地。

我牢牢铭记着省地矿局领导对我的重用和栽培之恩，是领导的提携使我进入企业的领导管理阶层。

我想，假如没有局接待科和局招待所那一段管理和实践经历，真不好说自己在经济管理的道路上是否能顺利地走到今天。

五、政府提倡开办公司　成为浙江省总经理

20 世纪 80 年代后期，是我国经济改革开放“摸着石头过河”，艰难探索前进的时期。那个时候全国兴起了全民经商、全社会办企业的热潮。

中国地质报

浙江省非金属矿开发利用取得重大进展

开发高档粘土制品 社会经济效益显著

粘土矿很可能成为浙江经济支柱

应用研究主要成果

把非金属矿勘查向应用研究领

浙江省粘土矿产开发公司

成立志庆

经营范围：粘土的采选、加工、收购，各类粘土矿产品和系列产品的销售，其它非金属矿产品的经销，为社会提供技术开发、技术培训、技术服务，争取高档粘土产品出口创汇。

经营方针：立足本省，面向世界，由小到大，由低到高，多种经营，以精细加工为主。

祝贺和支持单位：浙江省人民政府、省计委、省财政厅、省地质矿产局、省地质勘查矿产开发总公司、省

浙江地矿局 加强应用研究 开发粘土资源

浙江武义县找到一超大型萤石矿床

1987 年 7 月，《中国地质报》对浙江省地矿局开发黏土资源的报道

各式各样、林林总总的商贸公司、开发公司在神州大地如雨后春笋，星罗棋布。在这样的经济大气候下，各级政府部门、事业单位和各类高等院校都在轰轰烈烈地兴办公司和企业，当时浙江省地质矿产局也在积极酝酿筹建浙江省黏土矿产进出口公司。

1988年9月，浙江省地矿局组织部门的一纸调令把我调到了该公司，作为浙江省黏土矿产进出口公司筹备组的领导成员之一参与公司的筹建工作。与以往一样，我无条件、痛快地服从了组织分配，并向组织保证：甘做全局的一枚棋子，党叫干啥就干啥。

其实刚接到调令那会儿，我的心里是既兴奋又茫然的。

兴奋的是这是一项极具挑战性的新工作，符合自己的性格和特长。我这个人天生好冒险，从来不会安于现状，前进的道路上纵然有刀山火海，我也愿意冲上去试上一试。

茫然的是，好不容易经过四年多时间的辛勤工作，在我的努力奋斗下，招待所工作有了起色，逐步走上了正轨，这时候，组织上又要调我去从事一项全新的工作，而对于新的工作岗位和业务，我还知之甚少。今后的路该怎么走？我的心里又充满着未知数。

毫无疑问，我的兴奋战胜了茫然，我愉快地走上了新的工作岗位。

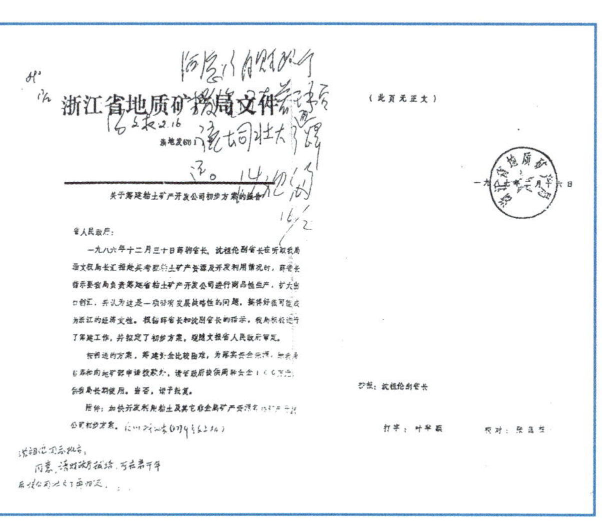

浙江省地质矿务局文件

浙地发(87)1

关于筹建黏土矿产开发公司初步方案的报告

省人民政府：

一九八六年十二月三十日薛驹省长、沈祖伦副省长在听取我局汤文权局长汇报赴美考察黏土矿产资源及开发利用情况时，薛省长指示要我局负责筹建省黏土矿产开发公司进行商品性生产，扩大出口创汇，并认为这是一项带有发展战略性的问题，搞得好很可能成为浙江的经济支柱。根据薛省长和沈副省长的指示，我局积极进行了筹建工作，并拟定了初步方案，现随文报省人民政府审定。

按拟定的方案，筹建资金比较困难，为落实资金来源，除我局自筹和向地矿部申请拨款外，请省政府提供周转资金100万元，供我局长期使用。当否，请予批复。

附件：加快开发利用黏土及其它非金属矿产资源[illegible]公司初步方案。

（此页无正文）

抄报：沈祖伦副省长

打字：叶华颖 校对：张昌生

时任浙江省省长沈祖伦批条

浙江省人民政府非常重视浙江省黏土矿产进出口公司的筹建，浙江省省长沈祖伦还特批公司启动资金100万元。该项目建成投入生产和经营后，有望每年为国家出口创汇四五千万美元，前景非常好。

按当时筹备组的分工，我的任务是负责筹建位于杭州郊县余杭长乐桥的中试车间。为了加快工程的进度，我每天早出晚归，奔波于杭州城区与余

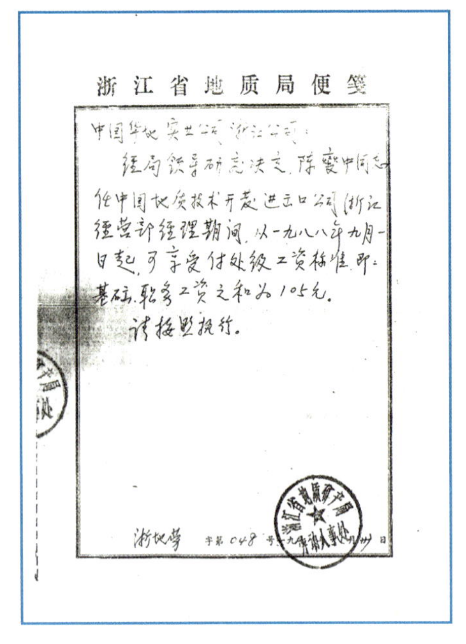

浙江省地质局便笺

中国华地实业公司浙江公司：

经局领导研究决定，陈燮中同志任中国地质技术开发进出口公司浙江经营部经理期间，从一九八八年九月一日起，可享受付处级工资标准，即：基础、职务工资之和为105元。

请按照执行。

浙地劳字第048号 一九[illegible]年[illegible]月[illegible]日

浙江省地质矿产局劳动人事处

华地公司任命书

杭长乐桥之间。我的工作地点与在市区住处的距离少说也得有三四十公里，当时杭州市的公共交通系统还很不发达，不仅路况差，而且车辆还特别少。我每天几乎都是挤着公交车上下班，风雨无阻，任劳任怨。由于任务紧迫，加班加点对我来说是习以为常。

我对工作认真负责，在整个筹备组里是出了名的。我既要负责设备采购，又要安装，也要进行调试，直至产品出车间。对做出的每一个计划和决策，我总是反复思考，精益求精，一丝不苟。对工程预算更是精打细算，努力用较少的钱去办较多的事。经过调查研究，我对浙江省黏土公司长乐桥中试车间的变压器和发电机组的选型和安装提出了合情合理的改进意见。仅此一项，就为国家节省了投资10万余元。

在筹建浙江省黏土矿产进出口公司的同时，我还兼任着浙江省地矿局所属的另一家企业——中国华地实业公司浙江公司的总经理(副处级)。

那是一家注册资金100万元的中型公司。在负责这家公司的过程中，我善于开拓创新，在经营决策和经济管理中做了许多成功的尝试。比如我在全省地矿局范围内率先实行目标管理和绩效工资，极大地调动了企业员工的积极性和创造性，使中国华地实业浙江公司的人均年创利税达到10万元。流动资金周转率平均为28天，公司的资金月利用率达到95%。

六、出口创汇成绩优异　破格提拔正处干部

我在浙江省地质矿产局所属的浙江省黏土矿产开发公司和中国华地实业浙江公司的工作实践和经历，是我积极响应国家号召，下海经商办

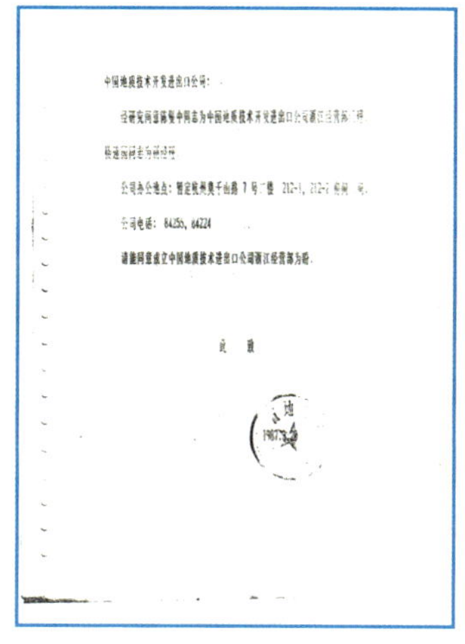
中国地质技术开发进出口公司：

……为中国地质技术开发进出口公司浙江经营部……

公司办公地点：暂定杭州……

公司电话：84256，64224

请能同意成立中国地质技术进出口公司浙江经营部为盼。

此　致

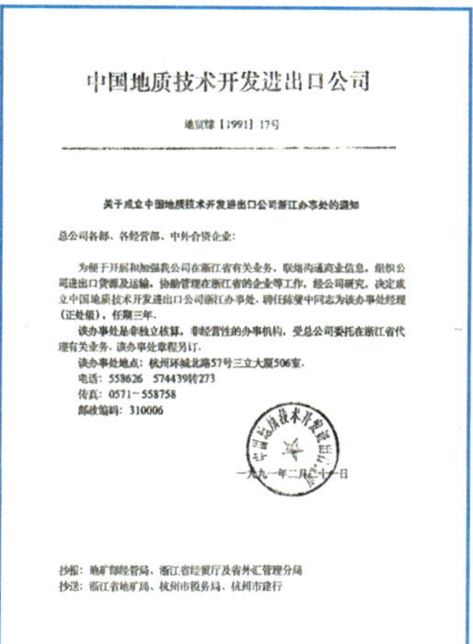
中国地质技术开发进出口公司

地贸综【1991】17号

关于成立中国地质技术开发进出口公司浙江办事处的通知

总公司各部、各经营部、中外合资企业：

为便于开展和加强我公司在浙江省有关业务，联络沟通商业信息，组织公司进出口货源及运输，协助管理在浙江省的企业等工作，经公司研究，决定成立中国地质技术开发进出口公司浙江办事处，聘任陈燮中同志为该办事处经理（正处级），任期三年。

该办事处是非独立核算，非经营性的办事机构，受总公司委托在浙江省代理有关业务，该办事处章程另订。

该办事处地点：杭州环城北路57号三立大厦506室。

电话：558626　574439转273

传真：0571－558758

邮政编码：310006

一九九一年二月二十一日

抄报：地矿部经管局、浙江省经贸厅及省外汇管理局

抄送：浙江省地矿局、杭州市税务局、杭州市建行

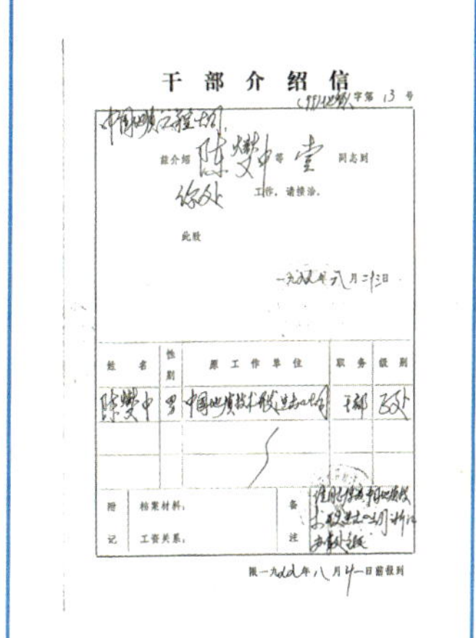
干部介绍信

此致

进出口公司任命书

企业的宝贵精神财富，让我从一名机关干部，逐渐向一名企业家角色转变。

两年半的经历，也是我在商业大潮中勇敢“弄潮”的尝试，各个方面的锻炼、压力和考验对我来说都是难能可贵的收获。

从1988年9月，到1991年3月，那两年半的经历，使我为自己积累了广泛的人脉关系，积累了丰富的资源渠道，同时也积累了创办企业过程中的经验与教训。

1991年 3月，根据国家改革开放的国策和出口创汇的需求，地质矿产部组建成立了中国地质技术开发进出口公司，并在国内主要经济发达地区和城市分别成立了分公司和办事处。我被抽调到中国地质技术开发进出口公司浙江办事处，担任总经理（正处级），成为当时浙江省地矿系统最年轻的正处级干部。

由于这是一家隶属于地矿部的公司，我的人事关系也调入了地矿部人事司。

七、科学管理效益倍增　考试评选成为高师

从 1991年 3月到 1999年 7月，我在中国地质技术开发进出口公司浙江办事处担任总经理。在此期间，我组织并带领办事处全体成员勤奋工

作，努力开拓，为浙江办事处的工作和业务打开了局面，奠定了基础。

我所做的工作主要有以下几个方面：

第一，建立和健全了中国地质技术开发进出口公司浙江办事处的组织机构，为浙江办事处的业务经营明确了方向。即在中国地质技术开发进出口公司的领导下，受总公司委托在浙江省代理有关业务，包括联络沟通商业信息、组织总公司进出口货源及运输、协助管理总公司在浙江省的企业等。

第二，确立了浙江办事处立足浙江、面向全国、走向世界的工作思路，并结合浙江省的实际情况，努力组织地矿产品出口，为国家建设创造和积累外汇储备打开了工作局面。

第三，不拿国家一分钱，实行负债经营。白手起家，积极开拓外贸和内贸的经营活动，取得了良好的经济效益和社会效益。开业三年与美国、日本、澳大利亚等国家建立了外贸关系。每年的进出口贸易额以 30%递增，完成或超额完成了国家下达的创汇、收汇和利润指标。

在对外贸易业务开展方面，我牢牢地抓住了出口创汇的以下两条线：

第一条线是通过与浙江省临安黏土矿产品公司合作，组织黏土矿产品出口日本；

第二条线是与浙江省海盐标准件制造厂合作，组织螺纹螺帽紧固件产品出口美国。

以上两项产品的出口，每年即可为国家创汇500万~800万美元。在20世纪八九十年代，我国的外汇储备还十分紧缺，浙江办事处每年能为国家做出这么大的贡献，非常了不起。

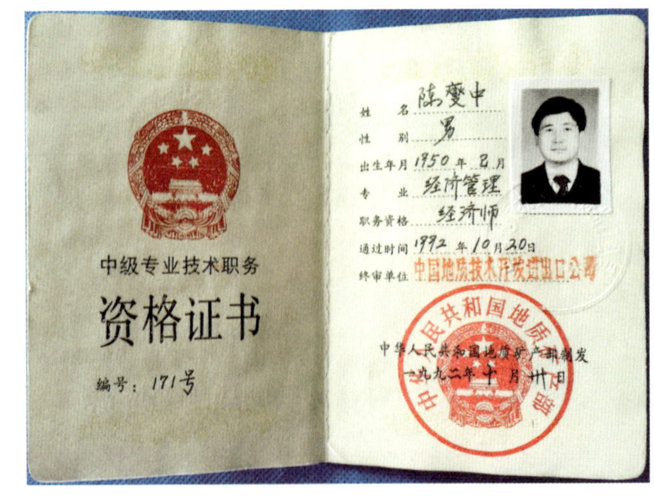

中级专业技术职务
资格证书
编号：171号

姓名 陳燮中
性别 男
出生年月 1950年2月
专业 经济管理
职务资格 经济师
通过时间 1992年10月20日
终审单位 中国地质技术开发进出口公司
中华人民共和国地质矿产部制发
一九九二年十一月廿日

获得的经济师资格证书

第四，在做好外贸的同时，我带领浙江办事处积极开展内贸活动。1996年至1998年，办事处内贸销售额分别为3000万元、6000万元、8500万元，几乎是以每年增加一倍的速度递增。全办事处12名职工，人均年创利税50万元。

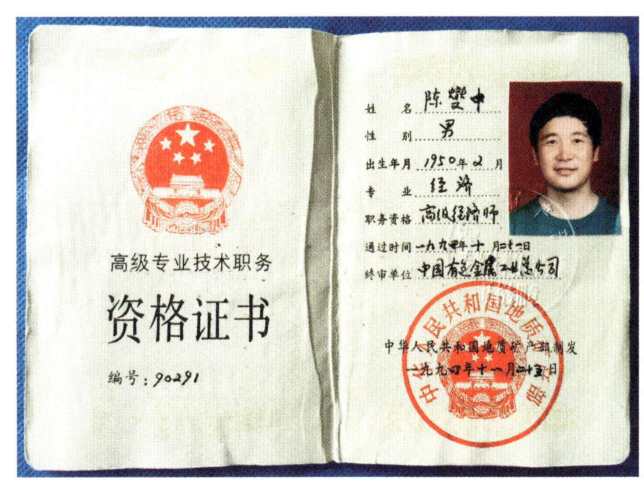

获得的高级经济师资格证书

由于对经济管理和国际国内商贸工作的认真研究和努力探索，我所领导的中国地质技术开发进出口公司浙江办事处取得了显著的成绩。

1994年 11月，我被中国地质技术开发进出口公司推荐到地矿部，参加高级经济师的评选。在强手如林的激烈竞争中，我顺利通过了英语考试和业绩考核，“过五关斩六将”，最终经地矿部高级职称评定委员会评定，由经济师晋升为高级经济师。当时我是地矿部系统最年轻的高级经济师之一。

1975 年10月至 1999 年 7月，我先后在学校、机关、事业单位和国企工作，长达二十多年。这一时期是我职业生涯的一个重要组成部分，也是我积累经验、积累人脉和积累资源的重要时期。正是有了长期的厚重积淀，才有以后的厚积薄发，最终获得事业的成功。

第二章　响应号召下海经商
赚取人生第一桶金

一、分秒必争抓住良机　创建成立浙宝钢管

经过二十多年的努力拼搏，到1994年我的事业已经小有成就。我的头顶拥有了好几个光环：地质矿产部高级经济师、中国地质技术开发进出口公司的正处级干部、中国华地实业开发公司浙江经理。这些风光的职称和职务、优厚的待遇和报酬，曾经令不少人羡慕不已。

从骨子里说，我是一个喜欢冒险和闯荡的人，我天生好动，不安于现状。在一片赞扬声中，我没有陶醉于成绩和荣誉，而是进行了一个新的探索。当时，我考虑得更多的问题，是如何更好地激活潜藏在自己身上的经商细胞，充分挖掘自己的创新潜质，奋力开创出一番新的事业。

通过认真分析当时国内外的政治和经济形势，我认识到我国正在实施第九个五年计划，建立比较完善的社会主义市场经济体制和保持国民经济持续快速健康发展，是我国经济发展的两个重大课题。

同时，我也意识到，我国正处在不断深化改革开放的时期，尤其是物资供应方面正处于国家计划经济向市场经济转换的双轨制阶段。如能准确地把握好国家的政策，合理地利用好各种资源，那么可以创业的机会有很多。更何况，当时党和国家正在号召和鼓励公务人员下海创业，对我来说这正是自主创业的一个千载难逢的好机会。

家人和不少好心的朋友都劝我要保持冷静，提醒我自主创业存在很大的困难和风险，要三思而行。但这一切都没有动摇我的决心和信心，

我坚定地认为机遇和风险总是并存的，“不入虎穴，焉得虎子”。坚信自己只要牢牢抓住了这个机会，乘势而上，成功指日可待。机不可失，时不再来。

20世纪90年代中期，我就毅然辞职下海，逐步走上了一条披荆斩棘、劳顿奔波的自主创业之路。开始是两边兼顾着，我作为国企一方的代表，与民营企业合资成立了公司。

经过一段时间的磨合和试水，我彻底抛弃了“铁饭碗”，自主经营，自负盈亏，完全“下海”了。我的人事关系也正式由地质矿产部转到杭州市人事部门委托代管。

1993年10月，我创办了浙江省浙宝钢管物资联合公司（以下简称浙宝钢管公司），担任董事长兼总经理。创建和经营浙宝钢管公司的经历，是我下海经商、自主创业的开始；是我由一个初出茅庐的儒商，逐步走向一个成熟的企业家的艰难历程；也是我充分施展自己的经商才华，不断锻炼成长，开创了人生新的事业，并掘得的第一桶金。

二、首笔钢材供货欠款　成为人生第一桶金

1995年，由中外合资杭州中山房地产开发有限公司承建的杭州第一幢精装修高层住宅楼中山花园开始动工。

当时，我家就住在杭州朝晖新村四区9栋601室，每天骑自行车上班，都要路过朝晖路中山花园的施工现场。

开始我看到推土机把武林门船运码头的杂物清理干净，把房子也推倒，把整个码头大概有12000平方米面积的场地都平整干净。

后来我看到在空地周边竖起了一个大的广告牌，上面写着“江南忆，最忆是杭州”，还配置有三幢住宅大楼的图片。

哎！我明白了，这里是要建高档住宅啊！

我感觉到，这对我来说是一个巨大的商机。建房子最需要的是螺纹钢、线材和水泥，这是我的强项呀！怎样才能把中山花园房地产项目的钢材和水泥的订单争取到，成为我日夜思索的一件大事。

据我了解，杭州中山房地产业开发有限公司是一家中外合资企业，董事长是珠海国际信托投资公司董事长李先生兼任的。副董事长宋卫平

老家在舟山，是杭州大学历史系毕业，去珠海发展又返回杭州创业的新杭州人。总经理何明是湖南浏阳人，湖南大学毕业到珠海国投发展，又被外派杭州任职。副总经理金良是余杭人，去珠海发展又返回杭州创业的新杭州人。

杭州中山房地产开发有限公司的所有领导都是外地人，没有一个是当地人，更没有一个是我认识的。这对我来说是劣势，但也是优势。因为他们都是外地来杭州发展，也不认识杭州的当地人。怎么才能见到他们、认识他们、与他们交朋友，这是我要做好这笔钢材生意的关键。

这时候，我看到中山花园的住宅已经开始预售，突然发现这是我认识开发商领导的好时机。

我以客户买住房的名义找到售楼处，与销售经理奚宁宁洽谈购房事宜。当时，我也真的想买房子，改善一下居住环境。

我说："奚经理，我想买风荷苑10层朝南的A座和B座住宅，每平方米多少钱？"

奚经理："每平方米6000元左右。"

我说："太贵了！能不能找总经理谈一谈价格？"

她说："好的。"

就这样，我认识了杭州中山房地产开发有限公司总经理何明，我们成为很要好的朋友。中山花园房产项目需要螺纹钢和线材，在招标中我们公司多次投标中标，与中山房产成为业务合作伙伴。

1997年下半年，受亚洲金融危机影响，中国出口明显下滑。在当时的形势下，整个东亚经济明显出现了严重问题，中国经济也受到较大影响，大宗商品价格下跌，房地产也受到很大的影响，商品房价下跌，而且也没有人购买。企业之间的货款互相拖欠，严重影响了企业的发展。

当时，杭州中山房地产业开发有限公司已经拖欠了我们公司2500万元钢材款，一直要不回来。为了便于到中山房产讨欠款，我干脆把公司搬到了中山房产的办公楼办公。在一起办公以后，我及时了解到中山房产的销售和资金情况，也方便与总经理何明及时沟通。

2008年初，亚洲金融危机的影响逐渐消退，国内的经济开始复苏。我想房地产的销售也肯定会好转，中山房产没有现金归还欠款，如果价格合适，中山房产以房产抵我的欠款也是不错的选择。我找到何明总经理谈了我的想法，他们经过讨论以后，同意以每平方米 5000元的价格，每套总价 60万元左右，以房产抵欠款。

我通过调查研究以后认为：

1.中山房产公司因为是中外合资企业，是杭州市政府招商引进的企业，土地的出让价格很便宜。

2.通过我的初步核算，中山花园的开发成本每平方米在3100元左右。

3.欠款2500万元，从年初开始已经要支付我们公司12%的年利息，对方面临较大的资金利息压力。

所以，我提出了每平方米3800元的价格，要50套（每套面积都在120平方米）。最后通过讨价还价，以每平方米4000元，每套48万元，总计抵债2400 万元。

以后，随着国内经济发展，房地产又迎来了繁荣期，随着房价的高涨，我逐步出售了中山花园的住宅，收回本息，并获得了丰厚回报。这是我人生赚到的第一桶金。

三、诚信经商认真热情　千方百计满足客户

浙宝钢管公司成立之初，我雄心勃勃，斗志昂扬，立誓要甩开膀子大干一场，闯出一番事业来。但是万事开头难，要为公司找到一个好的发展方向远比想象的难得多。尽管我为公司的发展煞费心机，苦苦探索，但还是困难重重，举步维艰。

一个偶然的机会，我获得了一条重要的信息：为了加快地质勘探和找矿的步伐，国家地矿部将要投资试制国产的高强度地质钻杆。并且据可靠消息，地矿部已经把试制 DZ50 地质钻杆及其配套钢管的任务交给了地处上海市的宝钢集团公司。

对于这个重要信息，我非常感兴趣，兴奋得好几个晚上睡不着觉。

长期在地矿系统工作，而且具有多年从事设备管理的经验，我对地质钻杆的作用及其重要性非常熟悉和了解。地质钻杆是一种采用地质合金钢管经摩擦焊接工艺设计生产的地质钻探工具，是地质勘探找矿不

可缺少的重要设备。当时国内地矿系统所使用的高强度地质钻杆，几乎全部依赖从德国和日本等国家进口，需要花掉大量的外汇尚且不说，还受到西方发达国家的种种限制，处处受制于人。我敏感地意识到这是一个政治意义深远的非常好的开发项目。这一项目的实施不仅可以为国家攻克高强度钻杆研制技术的难关，大力促进我国地质勘探和找矿事业的发展，而且还能加速地质钻杆的国产化，为国家节省大量宝贵的外汇。

那些日子里，为了解情况，收集信息，我跑遍了国家地矿部和浙江省的有关部门，并对全国地矿系统的市场做了初步的摸底调查。我欣喜地了解到，在我国实施第九个五年计划期间，作为国家重要基础工业的地质勘探和找矿事业必将得到大力发展。全国三十多个省市自治区，全地矿系统有那么多的地质勘探队伍在辛勤地为国家找矿，足迹遍布大江南北，对高强度地质钻杆的需求量非常巨大，是一个令人垂涎欲滴的大蛋糕。不管是谁，若能参与其中，哪怕只能切得它的一个小角，就是一个非常可观的项目。我敏锐地洞察到这是一桩不小的“买卖”，充满了商机。

结合我公司的实际情况，我又认真地进行了项目的可行性分析，觉得自身具有三个有利条件：第一，公司初创，充满活力；本人年富力强，精力充沛。第二，本人既有艰苦创业的雄心壮志，又有创办企业和管理企业的实际经验，还有一定的经济实力。第三，本人长期在地矿系统工作，不仅对地质勘探设备比较熟悉，而且还拥有许多人脉资源和市场销售的资源。

尤其是第三条，是我最大的优势，也是其他公司不具备的优势。

我深知，自主创业，找好发展的方向是关键。我自信地意识到这个项目十分适合我走的道路，正是我苦苦为自己寻找的好的发展方向。

我是一个有勇气、有胆魄、说一不二的人。发展方向一旦确定，我就开始了为实现自己奋斗目标而不懈的努力。

有一次我们把钻杆的样品运到了广西地矿局地质队的一个工地，可从山下公路搬运到位于半山腰的地质队施工现场没法使用机械，只能靠人工手搬和肩扛。上山的路是羊肠小道，既陡峭又狭窄，大家都觉得有劲使不上，直为如何搬运而犯愁。此时我的心里比谁都着急。我一边观

察周边地形，一边若有所思地活动着身体，在酝酿什么。我一声大吼“起啦！”，便脱掉外衣，捋起内衣袖口，转过身来猛一使劲，便把一百多斤重的部件稳稳地扛上了肩膀，二话没说，就快步如飞地一口气背上了山去。如此几个往返，我一鼓作气，连一口水都没有顾得上喝。总经理以身作则的表率行动深深地感动和激励了现场的人们，大家纷纷动手，很快就把设备全都搬运到了山上的工地。

在现场，不知是哪一位俏皮的同事送了我一个“拼命三郎”的绰号，逗得大家捧腹大笑。“拼命三郎”虽然是公司员工对我这位总经理的调侃，但也是广大群众对他们的领导发自肺腑的褒扬。可不是吗，浙宝钢管公司的哪一个成绩不是我带领大家，一步一个脚印“拼命”干出来的？又有哪个公司、哪位领导能像我这样与群众打成一片，脚踏实地真抓实干？

由于我在家里六个兄弟姐妹中排行第三，因此称我为“三郎”当然是最贴切不过的了。这个绰号被同事们叫了好多年。

由于我性格开朗，好交朋友，地质勘探队的领导和工人师傅们都愿意与我合作，每次试验都得到了使用单位的积极配合和大力支持。我的动手能力很强，在

工作中爱动脑筋。而且我又曾长期在地矿系统工作，实际工作经验丰富，因此深得工人师傅的拥护和爱戴。在现场试验中，不管遇到了什么问题和困难，大家都喜欢来找我商量。我从不嫌麻烦，总是乐呵呵的，满腔热情地和大家一起分析问题，仔细查找原因。同时，我把问题认真地记录下来，及时反馈到研制部门以便进一步改进提高。在我和同事们的不懈努力下，国产地质钻杆的质量不断得到提高，功能也日趋完善。在野外地质勘探队进行试验和测试的工作环境和生活条件非常艰苦，我一方面尽力为大家提供和创造好的条件，另一方面坚持做到与工人师傅同吃同住同劳动，同甘共苦，以身作则，处处表率，用自己的实际行动带动大家顺利完成了合作任务。

四、国家需要企业急需　完成钻杆试制任务

要想做的事情千头万绪，我感到首要的紧迫任务是如何尽快“挤”进这个项目的圈子里。可是，要想实现这一步谈何容易啊！首先，我清楚地意识到当时的浙宝钢管只是个小小的民营企业，知名度、体量和综合实力都远远不够，省部级的大项目是不可能交给一个默默无闻的民营企业去承担的。因此，如果仅靠浙宝钢管公司去单打独斗，是根本不可能挤进这个项目圈子的，必须另辟蹊径。

该如何下手呢？善于动脑筋的我学习借鉴了浙商的创业经历。浙商尤其是温商中很多企业家是在“零资产”“零资源”的情况下发展起来的。他们有一个理念：用好自己的资源，善用别人的资源；用活今天的资源，巧用明天的资源。正是在这种理念的指导下，很多浙商借力而上，艰苦创业，有些甚至是在“负”资本中发展成长的。他们少花钱多办事，不花钱也办事，花别人的钱办自己的事，实现了从贫穷到富裕的两极跨越，创造了“无中生有”的创业神话。浙商的成功经验给我以很大的启迪，仿佛是在茫茫的大海航行中使我找到了前进的方向。

为了抢得先机，我带领我的团队进行了深入的调查研究。我们了解到宝钢集团公司接受了国家地矿部试制DZ50 钻杆的任务后，正在国内企业中寻求销售和技术服务的合作伙伴。宝钢集团公司是中国最大、

最现代化的钢铁联合企业，在世界500强企业中名列第222。如何才能与宝钢集团公司这样的大型国企拉上关系挂上钩呢？一种特有的灵感使我想到了与宝钢集团公司同在一个城市的地矿部上海物资供应处。我觉得上海物资供应处是地矿部物资局在华东地区的派出机构，是DZ50钻杆在华东地区使用单位的物资供应和业务管理部门，通过他们去联系宝钢集团公司不仅有行业优势，而且还有地域优势，顺理成章，胜算比较大。再说地矿部上海物资供应处与我原来工作的单位同属一个系统，便于联系和沟通，熟人多，好办事。

找到了切入项目的工作思路，我豁然开朗。那些日子，我频繁穿梭往返于北京、上海、杭州三地，不怕麻烦，不怕受累，竭尽全力地为争取能够介入这个项目而忙碌地工作着。

我在地矿部有着良好的人脉关系，通过地矿部有关领导的极力举荐和积极穿针引线，很快与地矿部上海物资供应处和宝钢集团公司建立了联系。带着大量经过精心准备的技术资料和国内外的市场销售信息，带着一颗真心实意寻求合作的诚挚之心，凭借着我能说会道的“三寸不烂之舌”，我全力推介自我。态度真挚诚恳，和蔼可亲；演讲有理有据，让人心服口服；策略始终是能伸能屈，甘当配角。地矿部上海物资供应处和宝钢集团公司的有关主管领导被眼前的这位浙江籍年轻企业家的创业精神所感染和折服，他们觉得我聪明精干，值得信赖，一致确认了浙宝钢管公司为项目销售服务的合作方。

上海宝钢集团公司厂区（局部）

在我的不懈努力下，经过几个回合的交流和谈判，合作三方就联合起来共同参与DZ50钻杆的试制任务和推广应用项目达成了共识。一个由宝钢集团公司、地矿部上海物资供应处和浙宝钢管公司三方合作，联合试制、推广销售高强度国产地质钻杆的项目终于如愿以偿地谈成了。

我和地矿部上海物资供应处合作，与宝钢集团公司签订了推广应用和销售国产 DZ50 钻杆的合同任务书。根据分工，宝钢集团公司负责DZ50钻杆的研制，地矿部上海物资供应处负责产品的推广应用，浙宝钢管公司则负责研制过程中的现场试验、产品销售和售后技术服务。

我们开创了一个“产供销”三位一体、互利互惠、合作共赢的好模式。

经过合作各方一年多的共同努力，1996年下半年，DZ50钻杆正式研制成功并投入了批量生产。产品推广应用后，经检测，各项性能指标均达到或超过国外同类产品的水平，完全可以替代进口产品，而且国产DZ50钻杆的成本比进口产品低 30%~35%。仅此一项，每年就为国家节省外汇支出 2000 多万美元，同时也为浙宝钢管公司赢得了丰厚的利润。

在该项目的实施中，三方精诚合作，打造了一个优势互补的利益共同体。没有宝钢集团公司作为中流砥柱，就不可能有国产 DZ50 钻杆的试制成功；没有地矿部上海物资供应处的鼎力相助，我不可能“挤”进这个省部级大项目，从中分得丰厚的一杯羹；没有浙宝钢管公司殚精竭虑的投入和付出，也不可能有这个项目的圆满成功并产生巨大的经济效益和社会效益。

通过这次成功的合作，使我尝到了“合作共赢”的甜头，领悟了“和志同道合的伙伴牵手，有钱大家一起赚”的经商之道。我深切地体会到在下海经商中朋友是重要的资源，是宝贵的财富。只有善于利用好这个

资源，借力而上，才能更快更好地发展自己。

五、宝钢授权先货后款　送货上门供不应求

我在浙宝钢管公司的经营管理中，坚持以“诚”为本，以“信”立业。我认为“诚信”是自己在经商和创业中必须坚守的道德底线，我常说做人来不得半点的虚伪和投机取巧，经商切忌失去信用。

通过以下几个小小的事例，足以看到我恪守信誉的品德。

在国产钻杆的现场试验中，有的员工一度流露出投机取巧的思想。他们认为反正也没有人来监督我们，公司没有必要那么认真地下功夫去做现场测试。这一工作既辛苦又花钱，得不偿失，走过场应付一下就得了。

一发现这个思想苗头，我就及时对员工进行了批评教育，严肃地指出，国产钻杆的现场试验和测试是保证产品质量的重要环节，来不得半点的马虎和弄虚作假。合作协议中明确规定这是我们浙宝钢管公司的职责，不管有没有人监督，必须坚决地贯彻执行，这是我们的良心所在。劣质的产品保证不了质量，表面看来被坑害的是用户，其实最终必然会搬起石头砸自己的脚，坑害到企业自身。产品质量是企业生存的生命线，砸了产品的牌子就是砸了我们企业赖以生存的饭碗。

我的一番话语，使员工们受到深刻教育，从此大家都高度地重视起了现场的测试工作。为了提高测试的质量，我亲自抓措施落实。在我的主导下，公司还制定出切实可行的规章制度和考核办法加以约束和保证。

几年来，经浙宝钢管公司检测和销售的产品从来没有出现过重大质量问题。用户单位纷纷赞扬浙宝钢管公司讲诚信守信用，他们信得过。

商界普遍流传信奉“用户就是上帝”的说法，这六个字虽然简单，却深刻地蕴含着商家在激烈的市场经济竞争中求生存求发展的哲理。我深知一个有所作为的公司必须发展和维系自己的品牌和客户群体的重要性，非常重视产品的售后服务。

记得有一年夏天，地处浙江临安天目山区的一个地质勘探队正在使用的国产 DZ50 钻杆出现了故障，影响了地质勘探工程的进度。接到客户报修电话后，我第一时间响应，马上带着设备和维修人员开车赶往现场。从杭州市区到临安天目山区的目的地少说也有一百多里地，当时

那里还没有高速公路，开往天目山区的公路是简陋的砂石路，路况非常差。车到半途，偏偏天公不作美，下起了大雨。汽车在蜿蜒的山路上艰难地行进，没想到后轮陷进了一个泥泞的深沟里。我和随车的同事们马上跳下汽车，试图帮着推车开出泥潭，但是根本无济于事。司机师傅也想了许多的办法，汽车仍然动弹不得，无法解脱困境。紧急之中，我冒雨去附近的村庄向老乡求助。借来了一辆农用拖拉机，在当地老乡的热情帮助下，力大无比的"铁牛"终于把深陷泥潭的汽车拉了上来。

当我们赶到地质勘探队驻地的时候，已经到了傍晚时分，天快要黑了。为了履行产品的保修责任，我们没吃饭，也没有喝水，整整忙乎了一天。我们的衣服都被雨水淋透了，泥水沾满了衣裤，每个人都变成了脏兮兮的"泥猴"。大家面面相觑，忍俊不禁，呵呵地笑了起来。

"想用户之所想，急用户之所急"的精神深深感动了天目山地质勘探队的同志们。地质队赵队长拉着我的手，感激之情溢于言表："下这么大的雨，我还以为你们不可能来了呢。真的没想到陈总亲自挂帅，风雨无阻地赶来帮助我们解决问题，实在令人感动！"

临别，我再次紧握着赵队长的手，久久不能松开。我那疲惫的脸上显露出的是灿烂的笑容。

谁都知道经商做生意注重资金链，最要紧的是资金的流通和及时回笼。

但是，当时社会仍有许多不正常的"三角债"现象出现，一些缺失诚信的商家欠账不还，制造了许多呆账、坏账，更有甚者还赖账跑路。

应该说，在社会主义市场经济初创和不断完善的过程中，出现这种现象不足为奇。我的公司也深受其害，曾经有好多销售的应收款迟迟不能收回，一度严重地影响公司的正常运行和发展。

一次到了浙宝钢管公司应该向宝钢集团公司阶段性结账的时候，一笔数额巨大的应付款需要及时汇给对方，但是当时我的手头上严重缺乏流动资金。由于多笔应收销售款项尚未收回，不能及时回笼资金，日期一天天逼近，该怎么办呢？那几天可把我急坏了，像热锅上的蚂蚁，坐立不安。

公司的财务人员觉得，最近公司财务上捉襟见肘，困难不小，既然别人可以拖欠我们,我们为什么不可以暂缓几天再付款呢？出于好心，他们建议我把公司目前遇到的暂时性经济困难如实告诉宝钢集团公司，以取得他们的谅解，然后编出一个理由，请求暂缓向对方支付这笔款项。

为了维护公司的自身利益，应该说会计的这个建议是合情合理的，但是却被我否决了。

我认为有人拖欠自己的货款,绝不是可以拖欠别人货款的理由。“宁可人负我，我决不负别人。”其实，我想的更深层次的问题是，经过这些年的打拼，浙宝钢管公司已经在社会上建立了良好的信誉，这是多么来之不易啊！自己一个小小的民营企业之所以能够在社会立住脚，得到大家的认可和信任，靠的就是“诚信”这两个字。我们只有格外珍惜和倍加呵护这个信誉的权利,没有半点骄傲自满和玷污信誉的资格。因此，任何违背合同、有失诚信的事绝对不能做！

我斩钉截铁地表示，纵然有天大的困难，也必须按时给宝钢集团公司汇出这笔款！经过多方周密运作，在朋友的帮助下，我以公司的资产为抵押，用较高的利息筹得了一笔民间贷款，终于赶在付款期限截止的最后时刻及时汇给了宝钢集团公司。

看到会计顺利地办完汇款手续从银行回来，我长长地舒了一口气，感到特别心安理得。在我看来，贷款还债确实使公司多花了不少利息，但是值得。因为多花的钱总是能够想办法赚回来的,而一旦失去了信誉，那才是无法挽回的巨大损失。

通过国产 DZ50 钻杆的试制、销售和推广应用项目的成功合作，我以自己的诚信开拓了广阔的市场。同时我既与地矿部上海物资供应处建立了互惠互利的业务关系，又与宝钢集团公司建立了良好的互信关系，成为亲密的合作伙伴，在社会主义市场经济的商海博弈中结交到了一大批可以信赖的好朋友。

在推广销售国产 DZ50钻杆的过程中，浙宝钢管公司与宝钢集团钢管公司建立了良好的供销关系，开创了合作共赢的崭新局面。浙宝钢管公司为宝钢产品在全国地矿系统的推广销售立下了汗马功劳，做出了重大的贡献，使全国地矿系统成为宝钢集团钢管公司的客源大户。对此，宝钢集团钢管公司非常感激。经过双方洽谈，宝钢集团钢管公司同意向浙宝钢管公司无偿提供 500万元资金额度的钢管，作为用户订购钢管使用。超出部分的资金，待发货后以托收的方式收款。

20世纪90年代的500万元人民币，如果折算到今天，相当于现在的十倍乃至更多倍的资金。宝钢集团钢管公司这份沉甸甸的“礼物”给了我一个大大的惊喜，这一决定好比雪中送炭，使我们无偿获得了一笔巨额的流动资金，为浙宝钢管公司注入了活力。这是宝钢集团公司给国内为数不多的几家合作伙伴幅度极大的优惠条件，浙宝钢管公司由此成为获得大型国企巨大支持的幸运儿。

一些与我熟识的民营企业对浙宝钢管公司既是羡慕，又是嫉妒，他们不理解我的运气为什么总是那么好。其实，这个丰硕成果完全是我用自己的诚信和勤奋一点一滴换来的，我不知为此付出了多少心血和汗水，个中的辛苦只有我自己最懂得。

我流下了激动的泪水。

六、人行首笔民企债券　助推企业快速发展

1997年，国内的物资供应正处于国家计划经济转向市场经济的双轨时期，钢材供应比较紧张。由于我握有可以从宝钢直接发货和货到需方单位仓库经验收后再付款的两项优惠“特权”，产品销路大开，取得了良好的经济效益和社会信誉。浙宝钢管公司连续几年被浙江省人民银行和浙江省工商局评为重合同守信用的先进单位。

浙宝钢管公司获得的“信用AA级企业证书”（部分）

随着浙宝钢管公司的生意越做越大，经我们销售的钢管供不应求，由此出现了一个新的问题——公司的流动资金不足，这成为制约公司发展的一个瓶颈。为了确保地质勘探和找矿事业的钢管供应，也为了浙宝钢管公司自身发展的需要，我大胆地向浙江省人民银行提出了发行企业融资债券的申请报告。由于浙宝钢管公司骄人的业绩和良好的社会信誉，使得发行企业融资债券这个被业界一致认为可想而很难即的事情被我顺利地搞定了。1997年下半年，经浙江省人民银行评估并批准，总额度为人民币1000万元、期限为9个月的“浙江省浙宝钢管物资联合公司短期融资债券”公开向社会发行。对当时的民营企业来说，能做到这一步是件非常了不起的事，即便是在今天，民营企业要想发行融资债券仍然不是一件容易的事情。

这一个利好新闻，在杭城引起巨大反响，我受到人们广泛的赞许和称道。

由于1000万元融资债券的流动资金及时注入，极大地促进了公司业务的发展，使我这个“巧妇”不再“难为无米之炊”。当年浙宝钢管公司的钢管销售量达到创纪录的7000多吨，年产值首次突破亿元，并为国家创利税超过300万元。

1000 1000
浙江省浙宝钢管物资联合公司
短期融资债券
ⅨⅥ 0000000
壹仟圆 票样
法定代表人 中陳 印雯
（发行所章）
发行日期： 年 月 日
收入经办 收入出纳 兑付经办
杭州工商信托投资股份有限公司总代理发行
1000 1000

短期融资债券发行章程

浙江省浙宝钢管物资联合公司

浙宝钢管物资联合公司在1997年发行的短期融资债券

七、创新创业多元发展　创办多家创新企业

居安思危，未雨绸缪，即使在公司生意兴旺的时候，我仍然保持着忧患意识。物极必反，一旦现有效益好的项目失去了市场优势，下一步该怎么走？这是我经常思考的问题。我应对的基本策略是：不在一条路上走到底，努力发展多种经营，促进企业健康发展。

1995年至2005年的十年间，我努力发展多种经营，先后创办了十几家公司，涉及多个经济领域，覆盖了四五个行业。我善于不断地优化自己的投资方向，为促进企业的健康发展走出了一条独特的新路。

以下罗列的是我在这一时期曾经创办过的公司及开展的主要业务：

1.1995年6月，创建浙江中地金银珠宝有限责任公司，任董事长。

主要业务：经营金银珠宝。

2.1998年9月，创建浙江中山房产咨询有限公司，任董事长。

主要业务：经营房地产的中介和买卖。

3.1998年11月，经中国人民银行杭州中心支行审核同意，成立了杭州市银通典当行有限公司，任董事长兼总经理，并报中国人民银行上海分行批复同意。

主要业务：经营企业和个人的典当和贷款业务。

4.2000年11月，创建浙江中矿实业联合发展有限公司，任董事长。

由浙江省浙宝钢管有限公司更名而来，随着经营地质钢管的业务不断减少，主要业务转向项目投资。

5.2001年4月，创建浙江新东方投资管理有限公司，任董事长。

主要业务：经营项目投资及管理。

6.2002年5月，创建新东方国际发展（香港）有限公司，任董事长。

这是在香港注册的一家公司，主要业务是国际贸易。

7.2002年7月，创建浙江新东方轻工有限公司（外商投资），任董事长。

利用港资投资，在杭州高新技术开发区建立的公司，主要经营轻工产品。

8.2002年9月，创建浙江新东方置业投资有限公司，任董事长。

主要业务：经营“新东方国际广场”写字楼。

9.2003年5月，创建浙江新东方物资有限公司，任董事长。

主要业务：经营物资贸易。

10.2003年10月，把浙江新东方物资有限公司更名为浙江东方科技园有限公司，任董事、总经理。

主要业务：房地产出租和经营。

11.2006年2月，创建杭州东奥网络技术有限公司，任董事长。

主要业务：网络技术和互联网服务。

到了1998年，国家对钢材的供应已经市场经济化。随着国家经济政策的调整，我意识到，按原来的老办法做钢管的生意已经越来越困难。凭借着地矿系统对宝石玉器资源技术的优势，我加大了对自己在1995年6月创建成立的浙江中地金银珠宝有限责任公司的投入，试图另谋发展之路。

为了实现这一目的，我首先来到我的老单位浙江省地矿局。在那里，我拜宝石玉器检验鉴定专家为师，虚心地向他们学习宝石玉器的专业知识和检验鉴定的技术。我决心要尽快进入这个行业，一是为了储备知识做好宝石玉器的生意，二是为了不至于因为专业知识的缺乏而上当受骗。

地处东南亚的缅甸、泰国等国家是全世界传统宝石玉器资源的重要原产地。为了拿到第一手的真货和好货，我学习做起了国际“倒爷”，不辞辛劳多次亲自到缅甸、泰国等国的矿区和玉石市场采购玉石珠宝回国内销售，并初战告捷，取得了较好的收益。

鉴别宝石玉器，很大程度上在于实际经验的积累。采购宝石玉器，业内也叫作“赌石”。赌石犹如赌博，风险极大。如果在挑选宝石玉料时稍有不慎，或判断失误，你就会输得一败涂地。一次，在缅甸某矿区采购翡翠玉料。在当地一位玉石商人的忽悠下，我看上了一块貌似上好的料石，几经讨价还价，最终以三十万元人民币的价格成交。我还以为捡了一个便宜，心里美滋滋的。当晚，我带着刚淘来的那块“宝贝”兴致勃勃地去找一位来自国内的玉石专家进行鉴赏。专家拿起料石反复地仔细观察，经过检验后很肯定地告诉我此料石品相一般，三十万元的价格肯定是太高了。我怎么也不相信这是真的，在朋友的帮助下，我们当场对料石进行了试切，一刀下去，果然料石露出了“庐山真面目”。冷酷的结果使我傻了眼！原以为是上好的料石，结果充其量不过是一块成色一般的普通料，其价值最多只值成交价的五分之一。我为此付出了昂贵的学费。

吃一堑长一智，通过这个教训，我学得聪明起来，认真反思了自己对浙江中地金银珠宝有限责任公司的投资，感觉到珠宝玉石行业的“水”很深，具有诸多的不确定性。尤其是珠宝玉石的采购没有统一标准的定价，需双方协商定价，有时连进货的发票都没有，这对于初入行业门槛的人来说风险可谓不小。再说珠宝玉石的原产地在东南亚，路途遥远，如果每次都需要自己亲自到产地去采购的话，不仅牵涉大量精力，而且身体也会比较劳累。我调研了当时国内的珠宝玉石市场，发现管理比较混乱，产品鱼龙混杂。考虑到自己对做好这个行业没有多大的兴趣，而没有浓厚的兴趣，就不会有巨大的动力，我认定自己不适合做珠宝玉石的买卖，不能再继续为此消耗精力和财力，于是果断地退出了这个行业，抽回大量资金，转向了其他投资。

以后的实践证明，急流勇退，放弃珠宝玉石经营的决策是完全正确的。通过实践，我感悟到，一个人创业一定要走适合自己的道路，因为什么鞋合自己的脚，只有本人最清楚。通过调整转型，及时退出不适合自己发展的领域，应该说是我确保事业成功的关键。

第三章 转型进入房产投资
收益地段放在首位

一、抓住机遇投资房产 成为首批房产经纪

回顾我国房地产市场的发展历程，按发展速度划分，大致可分为三个阶段：

第一阶段，1978至1991年，该阶段是理论突破与试点起步阶段。

第二阶段，1992至1997年，该阶段是非理性炒作与调整推进阶段。

第三阶段，1998至2003年，随着住房制度改革不断深化和居民收入水平的提高，住房成为老百姓新的消费热点，我国的房地产市场进入了相对稳定、协调发展的阶段。

对中国房地产行业来说，1998年是里程碑式的关键之年。1998年下半年，房地产业政策开始发生变化，国家出台了一系列刺激房地产发展的政策。中国人民银行出台了《个人住房贷款管理办法》，倡导贷款买房。国务院正式宣布停止住房的福利分配，逐步实行住房分配货币化。

随着住房福利分配制度的取消和按揭政策的实施，房地产投资进入平稳快速发展时期，房地产业迅速发展成为我国经济的支柱产业之一。

那个时期，全国性的房地产开发掀起了高潮，如火如荼，势不可当。无论是作为一线城市的北上广深，还是地处二三线的中小城市，无一例外，到处都在轰轰烈烈地圈地盖房，似乎一夜之间神州大地变成了一个偌大的建筑工地。

这些变化，我看在眼里，记在脑中，更是喜在心上。我敏锐地觉察到，

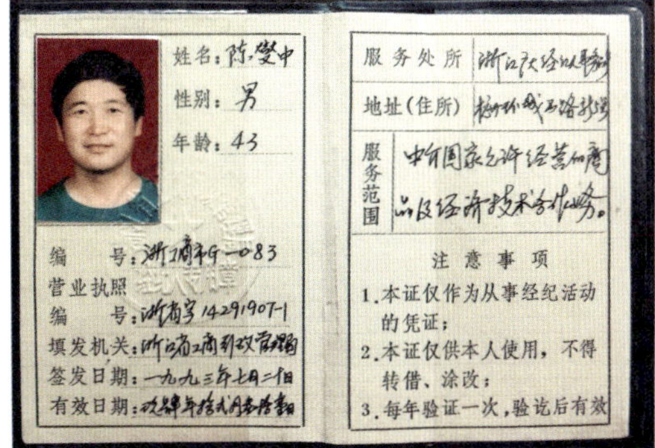

1993 年考取的浙江省第一批经纪人员（房地产）许可证

我国已经进入了房地产改革的关键时期，一个住房商品化、货币化的时代已经来临。这是国家住房改革的一个转折点，我国有那么多的人口，房子人人要住，房地产市场的需求量和发展潜力非常巨大。

我意识到投资房地产领域的大好时机来到了！

但凡办事，都要有前瞻性，要比别人站得更高、看得更远一些。对于房地产这一领域的投资，其实我很早就有灵感，并产生了浓厚的兴趣。

早在1993年，还在浙宝钢管公司当总经理的时候，我就报名参加了浙江省经纪人员（房地产）的资质培训班。当时许多人不理解我为什么要这样做，说我是朝三暮四。通过那次培训以及考试，我获得了由浙江省工商行政管理局颁发的经纪人员证书（编号：浙工商市G–083号），成为浙江省第一批通过考试认证并取得经纪人员资质（房地产）的经纪人。

利用我已经是房地产经纪人的这个优势，1998年9月我成立了浙江中山房地产咨询有限公司，2002年9月又注册成立了浙江新东方置业投资有限公司，正式获准经营房地产的开发、中介和买卖业务。做梦也没想到，这两张握在手里的许可证，五年后居然成了我从事房地产经营的资本和敲门砖。

如果说我能够不失时机，及时进入房地产领域，仰仗的是我先知先觉，考取房地产经纪人许可证的话，那么此后使我在房地产领域乘势而上，做大做强，靠的则是抓住了一个又一个好机会。

二、偶遇良机大胆出手　加入房产投资行列

自从 1993 年国家允许公司、企业可以进行房地产的开发与销售后，杭州市的房地产有了一个爆发式的发展。

林林总总的房地产开发公司如雨后春笋般地涌现出来，既有国营的，也有民营的；不仅有内资的，还有中外合资和外商独资的。

当时杭州的房地产开发市场，真可以称得上热闹非凡。

1994年，杭州市中心武林广场的北侧，正在兴建一个涉外的高档精装修公寓小区——中山花园。这个小区地处朝晖路221号，南傍著名的京杭大运河，紧邻杭州繁华的武林商圈，地理位置十分优越。无论是小区的设计理念，还是建筑和装修的水平，当年在杭州市都是数一数二的。我看中了这里的环境和氛围，1996年5月，我一次性预订了两套商住两用的公寓房。

杭州中山花园的开发商是广东珠海国际信托投资公司，在杭州成立的房地产公司是杭州中山房地产开发有限公司，总经理叫何明。通过购房时的几次接触，我感觉到何明是一位工作敬业、精明能干的企业家。虽然个子不高，讲一口粤式普通话，让人听起来比较费劲，但何总待人真诚，经验老到，值得交往。

中山花园

由于大家都是房地产产业链的同行，我们有许多共同语言。我非常希望向何明和他的公司学习借鉴一些从业经验，何明也希望能在杭州本地结交一些志同道合的朋友。我们两人一拍即合，逐渐成为事业上互相支持和帮助的好朋友。

后来我的公司浙江省浙宝钢管联合发展有限公司成为中山房产的钢材供应商。何明在建设中山花园楼盘时

需要的建筑钢材，部分从浙宝钢管公司进货，给我的公司以很大支持。

何明的中山房地产开发公司遇到困难或者资金紧缺的时候，我也总是桃李相报，尽力相助，帮助他们渡过难关。

那些年，房地产市场的商情瞬息万变，波动很大，有时诡异得让人难以琢磨。

中山花园属于高档涉外公寓，开盘时的价格定在8000元/平方米左右，在杭州，当时是最高的房价了。

由于中山花园楼盘的价格偏高，其销售并不理想。究其原因，杭州本地人除了嫌其房价偏高这一点外，还有两个原因：一是大家对高层住宅的环境还不能接受；二是中山花园的住宅一层八套，东南西北各两套，本地人对住宅的朝向和采光的要求较高，都希望住在坐北朝南的房子，而这些往往正是高层公寓楼的软肋。

原来设想高层涉外公寓建成后，会有许多外籍人士购买，而实际销售情况并没有预期的那样好。虽经房价一降再降，但中山花园的楼盘仍然难以销售，长期处于低迷状态。大量的楼盘积压滞销，使何明的公司出现了资金链断裂的危机。

在杭州楼市进入新的低迷之际，经过一番冷静的思索，我仍然坚持自己的观点不动摇，看好中国房地产市场的前景。我认为，近年来在国家政策的扶植之下，房地产市场刚刚有所起色，国家是绝对不会坐视不管让它垮掉的，因此困难只是暂时的。尤其是像中山花园这样地处杭州中心城区的楼盘，随着土地资源越来越稀缺，升值的空间肯定小不了。

当时，国家正在号召大家买房子，出台了许多促销售、去库存的优惠政策。这些都是我投资中山花园楼盘的有利条件，是一个极好的机遇，这个风险值得去冒一冒。

正好这个时候，中山花园已经拖欠我2000多万元的钢材款，我想货款不知道什么时候能还我，干脆让中山花园以房抵债，帮他们解决资金短缺的问题，我既收回货款，又可以优惠的价格拿到房子做投资，岂不两全其美？

拿定主意后，我与何明总经理进行了商谈。

最后，以每平方米4000元，每套120平方米，每套价格48万元，总计50套，出资2400万元，果断拍板一次性买下了中山花园的50套精装修商品住宅。除以房抵账外，又以现金补足了余款，彻底解决了中山花园资金紧张的困难。

这在当时的杭州房地产市场引起了很大的反响，我的许多朋友有赞成投资的，也有反对的。

我想，此举是一举多得，不仅救好朋友于危难之中，帮助何明的公司去掉了不少库存，盘活了资金；同时我也摇身一变，一夜之间成为中山花园的最大业主。

此后，杭州房地产市场形势的发展果然不出我所料。几年后中山花园的销售开始复苏，我抓住机会及时抛售、转让中山花园的房产，得到了丰厚的投资回报。

投资中山花园公寓是我涉足房地产市场的开始，也是我自主创业所掘得的第一桶金。这个投资项目不仅使我的公司加入杭州市房地产市场的角逐，而且也使我增长和积累了房地产领域的从业经验，这是我的最大收获。

俗话说，良好的开端是成功的一半。有了投资中山花园的基础，我在房地产市场的激烈竞争和博弈中，进退自如，游刃有余，羽翼渐渐地丰满了起来。在成绩面前，我毫不懈怠，再接再厉，创下了一个又一个漂亮业绩。

由于投资房地产尝到了甜头，我不断提高自己的房地产理论知识

根据浙江省第八届人民代表大会常务委员会第44次会议通过的《浙江省经纪人管理条例》的规定，经考核合格，特颁发　陈燮中　同志杭州市房地产经纪人资格证书。

特发此证。

发证单位：杭州市房地产管理局　杭州市工商行政管理局

发证时间：2000年　10月　15日

每年度1-3月份资格审核和年检有效

2000年10月获得的杭州市房地产经纪人资格证书

2022年11月获得的杭州市房地产中介从业人员专业培训证书

和实践经验，从1993年开始直到2024年，在三十一年的时间里，我坚持按时参加房地产经纪人的资格培训、审核和考试。直到现在，我还是一位持证上岗的合法的房地产经纪人，在全中国可能也找不到几位拥有三十多年持证上岗经验的房地产经纪人了。

三、重大项目决策失误　错过绿城创始股东

1994年，与杭州中山花园房地产开发有限公司做项目合作的时候，我有幸认识杭州中山花园房地产开发有限公司副董事长（后来的绿城集团创始人、董事长）宋卫平先生。

当时，正值改革开放前期，每天都在考虑创业的宋卫平先生逐渐意识到国内的房地产市场将很快迎来巨大变革。凭借着对楼市发展的敏锐触觉，宋卫平准备自己创业成立公司。

成立公司搞房地产开发最需要的就是资金，他在寻找能够出资金的合作伙伴。

当时，杭州中山房地产开发有限公司的副总经理金良找到我说：宋总要成立房地产开发公司，在寻找投资的合作伙伴，你有没有兴趣？

我说：好啊！宋总人很靠谱，我们可以谈谈。

金总向宋总介绍了我们公司的情况，说我有兴趣一起参加房地产开发公司的合作。宋总也表示：可以一起聊聊。

金总与宋总约好时间，并陪我到宋总的文化大厦办公室一起洽谈房地产开发合作项目的投资。

我们主要谈了三个方面的内容：

1.杭州房地产的现状、供应、需求和趋势。

2.宋总介绍了新成立的房地产开发公司有关情况，并提出以建设一个宜居的生活环境为宗旨，以“诚信、创新、卓越、共赢”为核心价值观，致力成为全球领先的绿色城市综合服务商。

3.宋总同意新成立的房地产开发公司给我20%的股份，但条件是以年15%的利息（当时银行存款年12%的利息）向我借款2000万元，借款时间3年。

与宋卫平先生合影

我经过反复考虑以后，认为：一则，公司账上现金没有那么多；二则，宋总的房地产开发公司能否办好，我心里没底；三则，如果借的钱亏掉了，我这辈子可能很难翻身。

最后大家没有合作，我失去了成为绿城集团创始股东的机会。

后来，在一次开会碰到我的时候，宋总开玩笑地说：陈总你失去了一个成为亿万富翁的机会哦！

四、时刻关注绿城发展　专买宋总造的房子

虽然与宋卫平董事长的合作没有谈成，但是绿城集团开发的房产我仍然十分关注。

开始，是想看看宋总公司开发的房产到底能否成功。

后来，绿城集团的发展让我十分吃惊。1995年，绿城的第一个房地产项目杭州丹桂花园面世，立刻一炮而红，宋卫平也赚到了第一桶金。

之后三年，他相继推出金桂花园、银桂花园、丹桂公寓、月桂花园等八个系列，创造了营收一举突破三个亿的商界神话。要知道，那个时候绿城集团才刚刚成立不久。

2002年5月，绿城集团又推出九溪玫瑰园别墅和春江花月等项目，除了别墅，还有高层、小高层公寓，还有会所、商铺和生活设施，继续在环境方面高举高打。一个月后销售突破6亿元！宋卫平不仅又创造了杭州楼市的销售奇迹，绿城项目也成为临江景观住宅的标杆和杭州城市房地产建设的一大亮点。

同时，绿城还在浙江本地接手了六个规模很大的房地产项目，一时之间宋卫平所带领的绿城集团在浙江本地房地产商界产生了巨大的影响力。

我考察了绿城开发的所有项目，区域位置优良，设计风格新颖，装修质量上乘，物业管理贴心，终于让我心动和行动。

2003年以后，我逐渐买入了绿城集团开发的杭州九溪玫瑰园、春江花月、深蓝广场、兰园公寓的房产，又跟随绿城开发到外地买了千岛湖度假公寓、上海绿城玫瑰园、三亚悦海苑、长沙桂花园、合肥桂花园等房产。绿城集团开发到哪里，我就买到哪里。

九溪玫瑰园别墅

深蓝广场

千岛湖度假公寓

三亚悦海苑

2005年，我还被聘请为绿城集团的质量监督组成员，这让我能更加深入地了解绿城的产品，为我买绿城的房子提供了方便。绿城房产成为我们公司投资的主要项目。

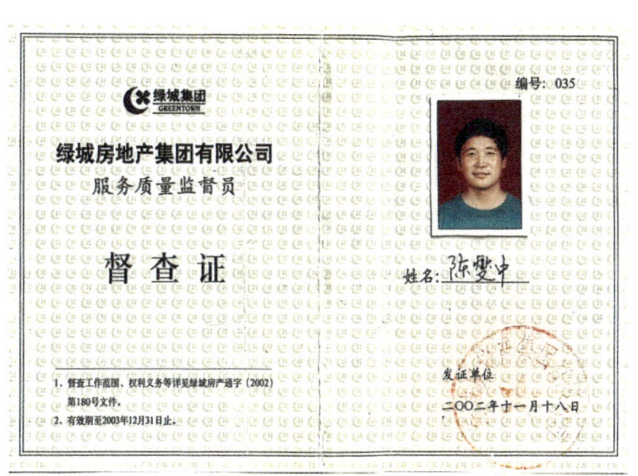

绿城集团
GREENTOWN

编号：035

绿城房地产集团有限公司
服务质量监督员

督查证

姓名：陈雯中

1．督查工作范围、权利义务等详见绿城房产通字（2002）第180号文件。
2．有效期至2003年12月31日止。

发证单位
二〇〇二年十一月十八日

绿城集团质量督察证

在投资房产的过程中，我深刻感受到：

1.买自己住的房子首先离办公地点要近，最好步行10分钟能到，生活配套要齐全，交通要方便，房子坐北朝南，最好有阳台。

2.如果是作为投资的住宅，除环境好、配套齐、交通便利和有阳台外，还要考虑住宅的升值空间和出租收益率。

3.如果是投资别墅，首先要考虑稀缺性。

2003年，绿城九溪玫瑰园的别墅开盘。由于该别墅在九溪西湖风景区，离杭州市区很近，背靠五云山，南面钱塘江，属于市区的稀缺别墅，升值潜力巨大，我果断首付20%，用银行的贷款，放大5倍杠杆买了2套。

2006年，又有一套法院拍卖的九溪玫瑰园别墅，我想都没想，果断举牌，又把它拍下。

2003年600多万元买的九溪玫瑰园别墅，到2023年值1个亿，20年增长将近16倍，平均每年增值83%；如果按当时首付出资120万元计算，20年增长83倍，年平均增值高达416%（未计贷款成本）。

稀缺的房产，就是精品、艺术品、奢侈品和收藏品，随着时间的推移，它的价值会越来越显现，所以，一定要坚持持有。

玫瑰园别墅法拍成交价

五、得到集团用地指标　开发房产尝到甜头

2002年 7月，我在香港设立的新东方国际发展（香港）有限公司和朋友的彩迪香港发展有限公司一起，响应国家回家乡投资的号召，在杭

新东方国际科技中心

新东方国际

仰望
新东方国际科技中心
New Orient International Technology Center

新东方国际科技中心

新东方国际科技中心

州高新技术开发区联合成立了外商独资企业：浙江新东方轻工有限公司。

杭州高新技术开发区以每亩20万元的价格，在滨江区给予浙江新东方轻工有限公司工业用地30亩，并以每亩30万元的价格，给予集团总部综合用地20亩。

新东方国际广场

工业用地后来建设成为新东方国际科技中心，中心是集服装设计、生产、销售为一体的综合科技园。

由于公司的主业转型为以投资为主，而浙江新东方轻工有限公司是服装生产企业，所以目前已转让给其他单位，我们获得了不错的收益。

集团总部用地建设的新东方国际广场，目前大部分股权也已转让，剩余部分股权按比例分配的办公大楼，已作为物业出租，成为公司固定的物业收入。

那时候政府招商引资的力度很大，不但给予工业用地和集团商业用地配套，而且土地出让价格也十分优惠。在股权转让的过程中，我尝到甜头，无形之中让我更加关注和致力于投资房地产市场。

六、投资老旧工业地产　改造成为商业出租

（一）收购杭州特丽亚皮鞋厂

2003年，我与朋友合作收购了破产企业杭州特丽亚皮鞋厂，买下了该厂10000多平方米的厂房和有关设备设施。经过重新整合，成立了杭州高新东方科技园有限公司。把破旧厂房改造成为科技创新企业园，由一个生产型的破产企业，转变成为高新科技企业的孵化产业园。

杭州高新东方科技园

杭州高新东方科技园

（二）拍卖杭州链条厂

2002年8月，在一次由杭州市人民法院主持的破产企业拍卖会上，我又拍下了地处杭州市中心中山南路的杭州链条厂。我拍得的是一块拥有5000多平方米的厂区，地理优势大，特别适合开发为旅游宾馆。经过上城区危改办审批同意，我们对旧厂区进行了重新规划、设计和改造，建成了两家快捷经济型商务酒店。

五洋客栈

酒店改造建成后，我们并没有自主经营，而是出租给有酒店经营管理经验的国有控股杭州市旅游商贸集团和杭州著名的百年老字号胡庆余堂有限公司下属的旅游公司，他们分别设立了五洋客栈和布鲁克酒店。这两个“房客”都是有实力的连锁酒店管理公司。

之所以自己不管理，而是出租给国有控股公司经营，是因为我看好这两个长期稳定的租户，觉得与其自己开办旅游宾馆，还不如“借壳上市”“借鸡下蛋”。

他们两家都经营有方，客房出租利用率高，平时都在85%左右，节

布鲁克酒店

假日客房出租率高达100%。

表面上看，出租给其他单位经营，收益似乎减少了，但是，我是出租给内行人管理，酒店的收入比较高，我们的房租也随着年年涨。其实，专业的事交给专业的人做，房租收入比我们自己经营的收入还高，真是事半功倍啊！

七、购置商业地产经营　是不错的投资选择

（一）把市中心破旧大楼改成法式商业建筑

由于在房地产运作方面尝到了甜头，我对于杭州市旧的商业地产比较关注，通过朋友的介绍，又在杭州西湖边中山中路299号购置了一幢2000多平方米的5层独栋破旧商业大楼。

当时正遇上杭州旧城改造的好时机，市政府要把破旧不堪的中山中路打造成为宋朝御街的旅游景点。我把原来的房东出租给宾馆、棋牌房、饭店、美容店、日杂店和理发用品店等租户的房子全部收回，并给予了一年房租的补偿，收回了原房东所有大楼房产的出租权。并邀请了中国美院建筑设计院对大楼重新做了规划、设计和布局，把一栋破、旧、乱的大楼，改造成为一栋豪华气派的法式建筑，成为杭州中山中路宋朝御街的一处亮点。

大楼改造好了以后，求租房子的单位特别多，有经营饭店的，有开旅游度假酒店的，有做珠宝黄金首饰店的。

我优中选优，出租给了一家很具实力的中医馆。他们把地下室作

法式建筑

艾筑艺术酒店

为药材仓库，一层作为医药门店，二楼、三楼作为专家门诊，四楼、五楼作为中医推拿按摩保健诊所。由于大楼交通方便，中医馆生意兴隆。当然，我的租金也水涨船高，获得了一个好回报。以后又改为艾筑艺术酒店，因为杭州作为国际旅游城市，酒店的需求最大，利润也最高。

（二）购置杭州第一高楼办公室

位于杭州中心城区武林商圈的西湖文化广场环球中心，主楼高170米，共41层。环球中心不仅是目前杭州市中心的第一高楼，也是当时杭州市区最高档的写字楼。环球中心以其独特的建筑外观，将艺术灵感与王者气度融于一身。与其说这是为领袖企业而建造的超高档写字楼，不如说是一件因其而生的艺术巨作。

在西湖文化广场的环球中心置业可以说是身份和地位的象征，也是一个成功企业家的理想追求。2005年，我在这里购置了写字楼，圆了我购买高档写字楼的置业梦。现在我把写字楼作为物业出租，每年可以得到丰厚的租金回报。

西湖文化广场环球中心

（三）投资商业地产要把收益率放在第一位

2023年，由于疫情的影响，美国的贸易战，企业的破产，职工的下岗，恒大房产 2.4万亿暴雷，其他房地产业公司也纷纷债务违约，资金链断裂，房地产价格下跌，房地产行业遭遇了前所未有的危机。大家都不看好房地产，尤其不看好商业地产。

但是我投资房地产，首先考虑的是收益率，只要收益率高于银行贷款，无论是住宅、办公楼还是商铺，我都会投资。

2023年上半年，上城法院拍卖的之江路钱江新城旁边的一楼咖啡馆商铺，我到现场进行了考察：一楼的门面朝南有 16 米长，店铺前是水泥路面，可以停车，前面是绿化草坪，再前面就是沿钱塘江的之江路，离钱江新城中心万象城 2公里，离杭州市政府 2.5公里，区域位置优越。

我与竞拍人在网上竞价，最终在我评估的价位内，把咖啡馆商铺买下。

拍卖的一楼咖啡馆商铺

然后，在网上发布出租消息。当月就有人求租，租金一年一付，租期5年，年收益5.6%，达到了我的预期收益目标。

（四）投资房地产要把稀缺性放在第一位

2023年初，我十分关注的杭州中心H23四季公寓即将开盘。为了对四季公寓的房价有一个正确的评估，我考察了香港中环四季酒店的四季公寓和上海陆家嘴四季酒店的四季公寓，因为都是核心地段的稀缺房产，香港和上海的四季酒店的四季公寓，房产价格升值快，房产出租价格高，而且都是一房难求。

同时，该项目还是央企的华润置地和国企的绿城集团联合开发的城市综合体。

华润置地具有开发商业地产的绝对优势，成功打造了杭州万象城商业广场和深圳万象城商业广场，年单店销售额高达110亿元和130亿元，全国单店销售名列第十位和第七位。

绿城集团具有开发精品酒店的绝对优势，成功打造了超五星级的三亚蓝湾威斯汀酒店和杭州西子湖四季酒店，酒店入住率和住客赞誉度都是最高的。

经过认真分析、调研和综合评估以后，我果断地一次性付款，买了杭州中心H23四季公寓中的一套。

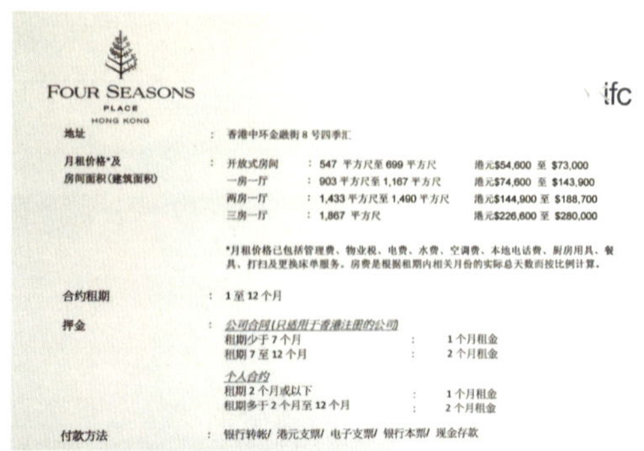

FOUR SEASONS
PLACE
HONG KONG

ifc

地址 ： 香港中环金融街8号四季汇

月租价格*及房间面积（建筑面积） ：

开放式房间	：547 平方尺至 699 平方尺	港元$54,600 至 $73,000
一房一厅	：903 平方尺至 1,167 平方尺	港元$74,600 至 $143,900
两房一厅	：1,433 平方尺至 1,490 平方尺	港元$144,900 至 $188,700
三房一厅	：1,867 平方尺	港元$226,600 至 $280,000

*月租价格已包括管理费、物业税、电费、水费、空调费、本地电话费、厨房用具、餐具、打扫及更换床单服务。房费是根据租期内相关月份的实际总天数而按比例计算。

合约租期 ： 1至12个月

押金 ：

公司合同（只适用于香港注册的公司）
租期少于7个月 ： 1个月租金
租期7至12个月 ： 2个月租金

个人合约
租期2个月或以下 ： 1个月租金
租期多于2个月至12个月 ： 2个月租金

付款方法 ： 银行转帐/ 港元支票/ 电子支票/ 银行本票/ 现金存款

香港四季公寓出租价格表

杭州中心 H23 四季公寓

2024年1月，绿城置换的一位金牌销售冠军对我说：陈总，有一位台州的买家，希望能买一套四季公寓，你买的一套四季公寓，能否加价500万元转让给他？

我说：

1.杭州四季酒店的四季公寓，2017年土地出让，从规划、设计、建造和装修花了6年的时间，到2023年才基本完工。

2.公寓由国际著名设计大师——日本的渡边智昭先生精心打造。

3.公寓东观运河，南临100万平方米的恒隆广场，西靠武林广场、杭州中心，北瞰5000平方米的武林运河公园和50万平方米的西湖文化广场，远望美丽的西湖和历史悠久的保俶塔。

4.电梯可直达四季酒店顶层酒吧，享受四季酒店的餐饮、健身房、游泳池、SPA等所有设施设备，享受超五星服务。

5.公寓配置 5000平方米的空中花园，与大自然融为一体。

6.每套公寓可观赏 270度绿化、水景和街市，无可挑剔。

7.四季酒店可以上门提供餐饮、床上用品换洗、按摩保健、房间清洁卫生等服务。

8.足不出户就能逛杭州中心，吃喝玩乐、购物看展览等一应齐全。

9.公寓设置在四季酒店的11至16层，一共才23套，在中国内地设置于五星级酒店楼层的公寓里是独一无二的。

10.公寓的地暖、空调、新风、网络等配置纳入四季酒店管理系统。

11.这套房子按法式风格定制设计装修，大理石、地板、厨卫用品、冰箱、灯具和家具都是国外进口的。该公寓不但是住宅、稀缺品、绝品，而且还是观赏品和收藏品。

绿城中介听了我对四季公寓的细致分析以后说：我给客户再说说，再加价 300万元，是不是可以转让给他？

我说：我是第一位预订四季公寓的客户，当时给我打了九六折，以后就没有折扣了，光折扣我比人家要便宜200万元。

我还说：现在房子越来越多，但可以称得上是精品、稀缺品、绝品、观赏品和收藏品的房子越来越少。物以稀为贵，投资一定投资稀缺房地产，你的客户真的想要，我加价 3000万元转让给他。

……

涉足房地产领域，使我得到了应有的回报，硕果累累。

目前，公司已经拥有相当数量的不动产物业，其中有写字楼，有商用楼，有厂房，有公寓，也有住宅楼。通过这些不动产物业的出租和运作，我获得了稳定而又丰厚的投资回报，为从事创业投资、慈善公益和体育事业奠定了坚实的经济基础。

第四章　企业转型股权投资调查研究谨慎第一

一、成立首家银通典当　股权转让轻松赚钱

随着浙江省浙宝钢管联合发展有限公司（后改名为浙江省中矿实业联合发展有限公司）的不断发展和壮大，企业的现金流也随之增加。假如把大量的资金存在银行，收益很低，这显然不是一个好的办法。

改革开放以来，随着社会主义市场经济的逐步建立，20世纪 90年代中后期金融制度适度放宽后，国有银行的私贷业务已经远远不能满足日益增长的融资需求。典当行作为可以在一定程度上开展私贷业务的金融机构，就理所当然地具备了重新问世的客观条件，我认为这是一个机会。

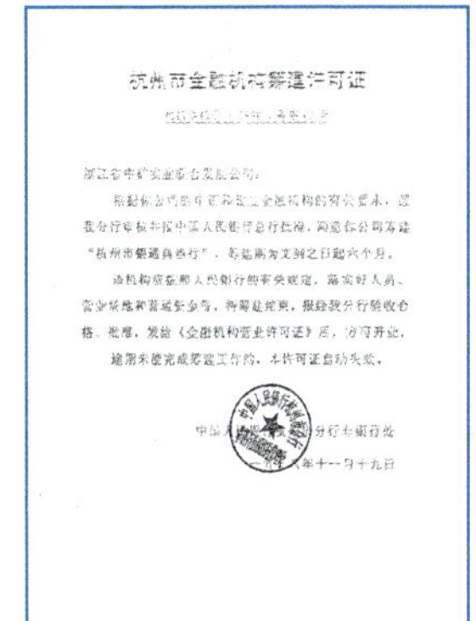
杭州市金融机构筹建许可证

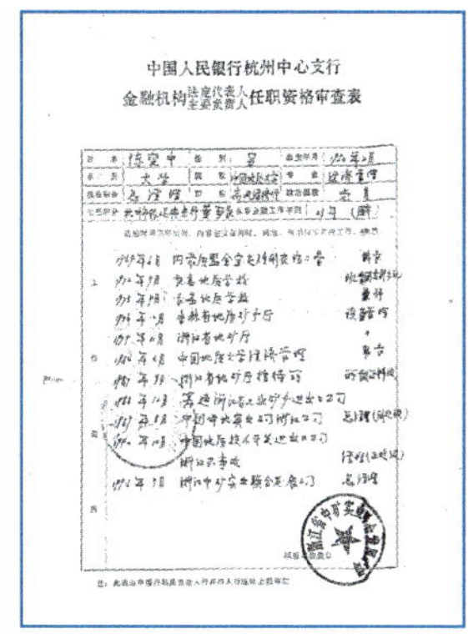
中国人民银行杭州中心支行
金融机构法定代表人/主要负责人任职资格审查表

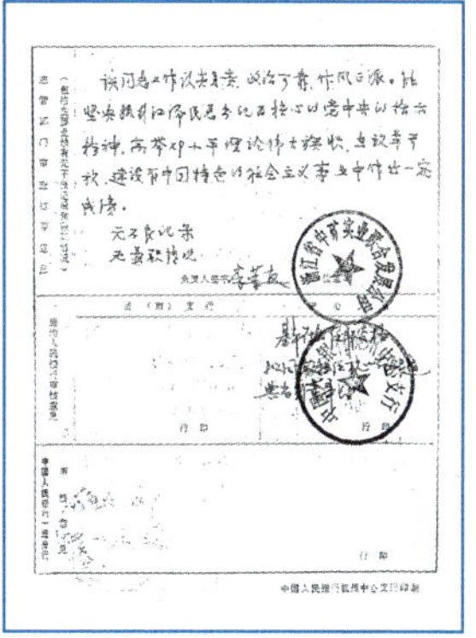
中国人民银行杭州中心支行印制

金融机构任职审查表

中国人民银行杭州中心支行文件

杭银发[1999]116号

签发：赵 青

关于杭州市银通典当行开业的请示

人民银行上海分行：

杭州市银通典当行于1998年11月经原人民银行浙江省分行批准筹建。经过近四个月的筹建准备，现申请开业。经我中心支行实地查勘及初审，杭州市银通典当行的人员、场地、实收资本金等已按规定落实到位；股东结构和资格基本符合投资入股规定；消防和安全设施已经公安部门验收通过；章程已经初审并制定了必要的规章制度；拟任主要负责人陈燮中基本符合典当行董事长、总经理任职资格，已具备了开业的条件，拟同意杭州市银通典当行正式开业。

特此请示，请予批复。

附件：1.关于同意筹建杭州市银通典当行的批复

2.任职资格审查表

3.任职资格谈话记录表

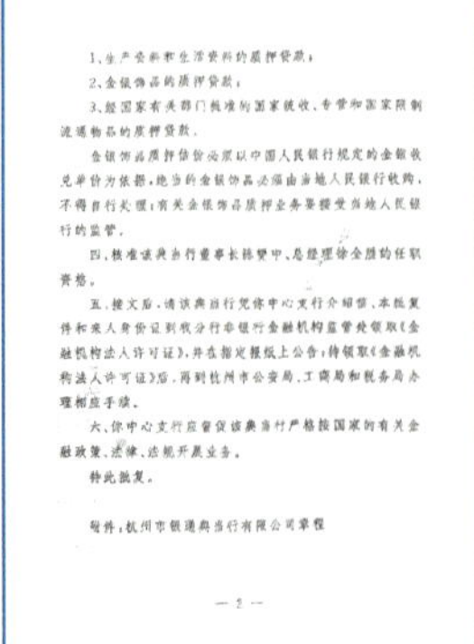

1、生产资料和生活资料的质押贷款；

2、金银饰品的质押贷款；

3、经国家有关部门批准的国家统收、专营和国家限制流通物品的质押贷款。

金银饰品质押估价必须以中国人民银行规定的金银收兑单价为依据，绝当的金银饰品必须由当地人民银行收购，不得自行处理；有关金银饰品质押业务要接受当地人民银行的监管。

四、核准该典当行董事长陈燮中、总经理徐金娥的任职资格。

五、接文后，请该典当行凭你中心支行介绍信、本批复件和来人身份证到我分行非银行金融机构监管处领取《金融机构法人许可证》，并在指定报纸上公告；待领取《金融机构法人许可证》后，再到杭州市公安局、工商局和税务局办理相应手续。

六、你中心支行应督促该典当行严格按国家的有关金融政策、法律、法规开展业务。

特此批复。

附件：杭州市银通典当行有限公司章程

— 2 —

（此页无正文）

中国人民银行上海分行

一九九九年五月[illegible]日

主题词：非银行金融机构管理 典当行 开业 批复

抄送：总行非银司

内部发送：办公室，非银处，货币金银处

打字：[illegible] 校对：[illegible] [illegible]

印刷：中国人民银行上海分行办公室

— 3 —

银通典当行开业批复

结合浙宝钢管提高资金的利用率和收益率的需求，也为了企业转型升级探路，1999年，我以浙江省浙宝钢管发展公司的名义，向浙江省人民银行申请成立杭州银通典当行有限公司。经过层层严格审核审批，最后由中国人民银行上海分行（华东大区中心分行）批复同意成立杭州银通典当行有限公司，主要业务是经营企业和个人的典当贷款业务。当时的银通典当行成为浙江省恢复典当行审批以来，首批获准的三家典当行之一。另外两家分别是国有控股的浙江国际信托投资有限公司的国信典当行和浙江省商业集团有限公司的浙商典当行。

成立银通典当行后，由于绝当物资的拍卖需要，2000年，我通过考试获得浙江省首批中国拍卖行业从业人员资格证书。

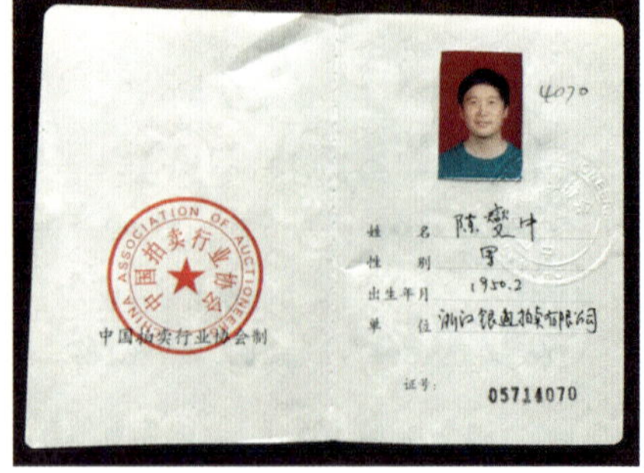

2000年通过考试获得的浙江省首批中国拍卖行业从业人员资格证书

随着改革开放的深入发展，国家对于典当行审批逐渐放开，原由人民银行办理典当行审批手续的，后由当地商务部门审批，简化了审批程序。典当行以其短期性、灵活性和手续便捷性等特点，成为银行贷款业务的一个有效补充。

截至 2012年 12 月末，全国依法设立的典当行 4433家，注册资金总计 584亿元，全国典当从业人员 3.9万人，累计发放当金 (典当总额)1801亿元，约占当年银行贷款的 2.5%。2013年 6月底，全国典当行进一步增加至 5238家，分支机构达到 535家，全国典当业实现典当总额 1180亿元，同比增长 38%，出现了快速发展趋势。

随着房地产纳入典当行抵押贷款的范围，房产典当一度成为典当行最热衷的业务，原因是房产价值较大，交易和登记市场、操作都比较成熟，速度也快，同时价值评估和抵押登记比较方便。所以对于资金暂时紧张的有房一族来说，选择房产典当非常合适。

在杭州银通典当行经营两年以后，我感到房地产抵押贷款、金银珠宝质押贷款的风险也很大，还有许多潜在的风险，主要包括以下几个方面：

1.政策性风险：这是由国家的相关政策及其变动引起的，可能影响到典当行的经济效益。例如，监管法规的变化、财政税收政策的调整、货币政策的影响，以及地方性政策的规定等都可能导致典当行业务受到负面影响。

2.法律风险。一些现有典当规章的不完善，可能与国家相关法律发生冲突。这些问题可能阻碍典当行的合法权益得到法律保护，从而增加典当行的风险。例如综合费用和利息的收取、抵押和质押物品的相关登记、善意收赃的法律保障等方面的问题，都可能给典当行带来风险。

3.市场性风险。这涉及市场外部环境、社会环境和行业内部竞争等因素。市场环境的重大变化，如金融市场的开放、多渠道融资的存在、民间借贷的合法性增强以及变相典当业务的兴起，都可能对典当企业的利益构成威胁。

4.经营的风险。典当行如果不遵循法律法规进行经营，可能会遭受法律制裁，导致经济损失。但由于很难避免无意识发放非合规贷款、违反比例放贷原则，无形之中会产生收赃、销赃、协助洗钱活动或产生其他不合法的经营活动，均可能给典当企业带来损失。

5.资金管理风险。典当行如果在财务管理上的能力不足，将无法满足确保资金的长期和短期相结合、抵押和质押的完备以及业务的大中小规模兼顾，从而导致效益损失。

6.主观风险。这可能是典当企业在经营过程中的操作失误导致的，也可能是故意而为之的。例如，鉴定评估风险、误收赃物、处理绝当物品变现不当等，都可能导致当金的损失。

这些风险给我带来的精神压力比较大，每一笔超过10万元的典当贷款，我都是亲自评估和审批。超过100万元的典当贷款，我都会担心典当贷款到期能不能按时归还。长期的思想精神压力，可能会让自己患上抑郁症。

当时，全民创业办公司，资金缺口很大，典当行业的生意都十分兴隆，典当行牌照转让的价格都高达3000万元，是转让典当行股权的最好时机。

所以，我想见好就收，把杭州银通典当行的股权转让掉，也彻底解决我每天的思想精神压力问题。

银通典当行门面

通过朋友介绍，我把杭州银通典当行的股权转让给了国有控股公司——浙江省农村发展集团有限公司，他们后来把杭州银通典当行更名为浙江银通典当行有限责任公司。

我连同杭州市朝晖路221号中山花园一楼

典当柜台

绝当品出售橱窗

商铺的房子也一起转让给了他们。

这是继杭州高新科技园、浙江新东方投资管理有限公司、浙江新东方置业投资有限公司、浙江新东方轻工有限公司等企业的股权转让以后，又一次成功的股权转让。

二、投资首选稳健收益　国债回购最佳选择

2012年党的十八大以来，我国经济、政治、文化和社会生活方方面面呈现出一系列新常态。所谓“新常态”就是指由过去的状态向一种新的相对稳定的常态转变，是一个全面、持久、深刻变化的时期，一个优化、调整、转型、升级并行的过程。

“新常态”是我国新时期经济发展的一个突出标志。改革开放三十多年来，以低成本扩张为主线的高速增长模式现在已无以为继，从高速增长转变为中高速增长是我国当前经济发展的一个必然选择，也是未来相当长一段时期经济发展的一个常态。

随着国家经济形势发展的这一新常态，近年来我经常在思考这样两个问题：

第一，自己的企业转型升级的目标是什么？

第二，应该如何转型升级？

通过认真回顾自主创业走过的历程，我认识到，过去我们的企业

是以做大为基本目标，而“新常态”下，我们的企业应当以做强为根本宗旨。

也就是说，我们要大力转变增长方式，从过去简单粗放的外延式发展模式转变为精雕细琢的内涵式发展模式。同时必须加大科技投入，掌握核心科技，把产品做精做细，不断降低生产成本，增强竞争能力，提高全要素生产效率。只有这样，我们的企业才能与时俱进，长盛不衰。

我觉得任何一个企业的转型升级都必须在现实和长远当中准确地找到平衡点。这其中既有政策大环境的影响，也有企业自身因素的制约；既有科学技术水平、行业整体能力的影响，也有企业自身优势和管理者能力素质的制约。因此，转型升级不仅要看得远，更要看得准、走得稳，走出更高的质量和效益，这才是企业真正意义上的转型升级。

结合自己企业的实际情况，我果断地做出出售重资产——实体企业，向轻资产——金融服务和金融投资企业转型的决定。除保留中地实业投资管理有限公司外，我陆续转让和注销了 2008 年以前创建的其他公司。

之所以如此选择企业转型升级的方向，我是考量并注意到了以下三个方面的问题。

一是热烈响应、积极贯彻党和国家正在大力推进经济发展“新常态”，倡导企业转型升级的方针政策。

二是清楚地看到了自己的企业现在所处的这个行业、从事的这个产业的未来空间和潜力，继续单纯地做商业贸易或办厂搞实体经济碰到了许多很难逾越的困难，企业发展遇到瓶颈。对我来说，企业转型升级非常紧迫。

三是考虑到随着年龄的增长，我的精力和体能都在衰退，已经不再适合搞实体企业，需要努力为自己探索一个新的发展方向。

总之，我觉得，转型升级工作不仅需要从机制上注入更多的新鲜活力，从根本上来讲，还需要企业本身有一个充满激情与活力的肌体，练就一副能够激发自身活力与潜能的“好身板”。

我们应通过机制、体制的创新带动公司经营管控、生产运营、管理、技术和文化塑造等方面的创新，最大限度释放组织活力和个人活力，为公司转型升级工作的持续健康发展提供连绵不绝的动力。

在迎接企业转型升级的挑战中，我选择了继续学习深造。2010年9月至2012年8月，年过六旬的我去复旦大学攻读高级工商管理硕士研究生（EMBA）。

接着，我又一鼓作气，于2012年9月至2016年11月去香港城市大学攻读高级金融管理博士研究生（DBA）。2016年11月22日，我以六十六岁的高龄获得香港城市大学的博士学位。

攻读EMBA和DBA的目的不仅仅是为了获得硕士和博士学位，更主要的是为了企业转型升级而“充电”，为了事业的创新发展而结交更多的朋友，编织更大的资源网络。

以金融投资为企业发展的主方向，是实行企业转型升级后我做出的重大决策。

金融投资是一个商品经济的概念，它是在经济的发展过程中，随着投资概念的不断丰富和发展，在实物投资的基础上形成的，并逐步成为比实物投资更受人们关注和重视的投资行为。金融投资的产品主要有基金、股票、股权、债券、黄金、外汇、期货、权证和理财产品等。

我认为企业金融性投资既可作为公司理财行为，又是企业经营发展战略的重要组成部分。其目的可以是多个方面的：

第一，通过金融投资，可为企业闲置资金寻找获取收益的机会。

第二，通过金融投资，分散企业经营风险。

第三，通过金融投资，提高资产的流动性，增强企业的偿债能力。

第四，对企业来说，金融投资既可用作套期保值，又可用作投机谋利。

第五，金融投资还是实现企业扩张的重要手段。一家企业或公司的经营是否成功，其标志之一是看其是否在经营过程中获得了发展，而发展的具体体现包括了向外的扩展，这就是兼并、收购其他企业，并进行公司重组。

经过几十年的艰苦奋斗、自主创业，我们公司已经积累了一定的物质和经济基础。尤其是随着年龄的增长，我的工作经历和工作经验更加丰富，分析问题和解决问题的能力大大增强，对项目的判断能力和决策能力也得到很大的提高。所有这些，都为企业转型升级进入金融投资领域创造了有利条件。

其实，我对金融投资领域并不陌生。早在 1997 年我在浙宝钢管公司担任董事长兼总经理期间，就发行了企业债券，进行过有益的尝试；后来成立银通典当行，经营企业和个人典当贷款业务，也涉及了金融投资领域。

经过反复调研和论证以后，我进入金融投资领域的第一个项目是国债回购套利。

国债回购套利，是在国债现券市场的收益率水平与回购市场的利率水平存在差异时产生的，当这个利差足以弥补资金成本和交易费用时，就可以进行国债回购套利。

国债回购交易收益性是比较可观的。当时经过多次降息，银行一年定期存款年利率已由2012年的3.50%降为2016年的1.50%，而企事业单位将其闲置资金用于国债回购交易，收益率将大大高于同期银行存款利率水平。

国债回购套利的投资收益可用以下公式表示：

收益＝国债现券差价(净价)损益＋国债现券利息收入-国债回购利息支出-国债现券、回购手续费支出

基本交易操作方法：

1. 买入逆回购（即出借资金），登录证券交易软件，选择“卖出”（注：部分系统显示为“国债逆回购”专用入口）。

2. 输入回购代码（如 204001）、出借金额（沪市 10 万元起，深市 1000 元起）、年化利率。

3. 确认下单，资金冻结，国债作为抵押品划入账户。

4. 再把抵押国债出借，借入资金……以此循环下去，杠杆加大，最终投资者将持有比原始投入资金规模大几倍的国债资产。

理论上讲，在市场能够承受的前提下，只要能够保证赢利，国债回购套利可以任意放大，现在也是可以放大三倍，投资收益也可随之增加。

2008年3月，我与朋友合作进行国债回购套利的金融投资。当时上

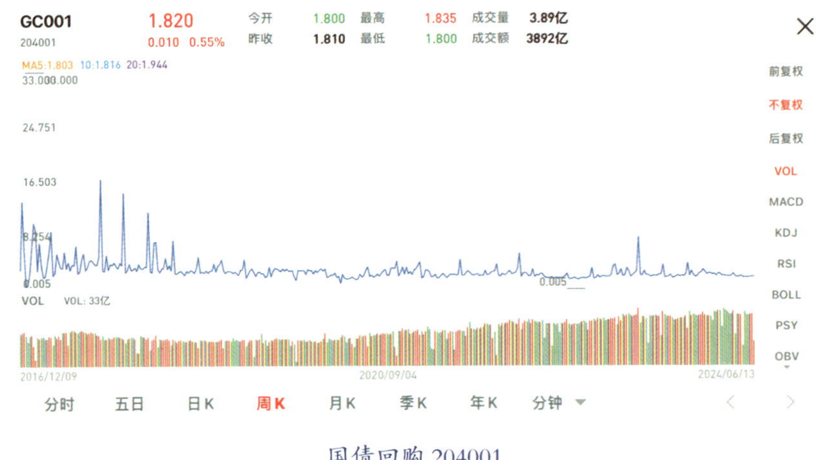

国债回购 204001

交所21国债（7）010107的品种，我们的年交易回购量高达3000亿元，曾经占上交所年成交量的1%左右。当时在上交所开户经营国债回购交易的机构中，我们的交易量排名在前五位。

我认为，国债回购放大套利模型，通过杠杆效应放大了投入资金。这不仅改变了国债投资低风险、低收益的特征，同时也增大了国债投资的风险。

当年的国债回购套利的回报率大概在12%左右。虽然收益率不是很高，但是这种投资方式的收益比较稳定，而且变现能力强，不失为一个比较好的金融投资项目。

三、坚持价值第一原则　投资宏川智慧股权

股权投资，是通过投资取得被投资单位的股份，指企业（或者个人）购买的其他企业（准备上市、未上市公司）的股票，或以货币资金、无形资产和其他实物资产直接投资于其他单位，最终目的是获得较大的经济利益。这种经济利益可以通过分得利润或股利获取，也可以通过其他方式取得。

股权的利润空间相当广阔，一是企业的分红，二是一旦企业上市则会有更为丰厚的回报，同时还可以享受企业的配股、送股等一系列的优惠条件。

股权投资，是我进行金融投资的一个重要组成部分。

2012年在香港城市大学读博士时，我认识了同班同学、广东宏川集团董事长林海川。虽然是初次相见，但林海川的精气神给我留下了很深刻的印象。我们两人在香港城市大学DBA的学习中互相关心，互相帮助，成了同窗好友。在以后的交往过程中，林海川敬佩我的为人和胆略，我也被林海川的大气和智慧所折服，两人优势互补，成为事业上紧密合作的伙伴。

随着宏川智慧公司的发展壮大，2015年9月，从事石化物流行业的林海川同学告诉我：宏川智慧准备增资扩股。

我获悉这个信息后，感觉到这是一个股权投资的好机会。但班里的其他同学对宏川智慧进行分析以后认为，宏川智慧是一家传统的重资产的危化品仓储企业，不利的因素比较多：

1.设计规范问题。宏川智慧的储油罐建设时间比较早，对于火灾报警、排风及视频监控等安全基础设施的投入会比较大。

2.专业知识问题。危化品的管理专业性很强，要经常对从业人员进行危化品专业知识培训。

3.管理水平问题。对危化品库区的各级管理人员的要求比较高，没有相应的规章制度进行约束，没有激励机制和责任制，必然会导致工作拖延和管理水平无法提高。

4.营业收入问题。由于受到危化品库区仓储量的限制，营收和利润的增长受到严重制约。

5.想象空间问题。危化品库区的发展受到国家政策的制约和限制较大，在资本市场很难获得高的估值。

班里大部分同学认为，要投就投互联网企业。回顾2015年的中国经济，一个不容忽视的篇章就是“互联网+”在多个领域发挥着重要作用，为中国经济发展增添了新活力，在资本市场引起了投资互联网企业的热潮。

2015年初，国务院总理李克强首次把“互联网+”写入政府工作报告。三个月后，他主持召开国务院常务会议，通过了《关于积极推进“互联网+”行动的指导意见》。

从农业到工业、从购物到出行、从租房到餐饮，伴随着国家层面的全力推动和各个行业的积极实践，“互联网+”如今已成为重塑传统产业、推动创业创新的重要推动力。

当时，正如李克强总理所说，“互联网+”未知远大于已知，未来空间无限，每一点探索积水成渊，势必深刻影响、重塑传统产业行业格局。

大家都热衷于去投：1. 互联网+消费、互联网+金融的腾讯、京东和阿里等公司；2. 互联网+旅游的去哪儿网和携程旅行网等公司；3. 互联网+家装的优优宝等家装行业的公司；4. 互联网+租房的七星e家等企业的线上线下管家模式的租房公司；5. 互联网+出行的滴滴、专车、曹操等网络约车公司。

……

2015年，中国出现了前所未有的投资互联网企业的热潮。

但是我当时认为：

1. 2015年的互联网已经出现了严重的泡沫，就凭几千辆自行车就注册成立一家互联网共享单车平台公司，还没有营收和利润，光讲讲故事，公司的估值就高达几个亿，公司的价格已严重脱离了公司的价值。

2. 宏川智慧虽然是传统企业，发展受到一定的制约，但是危化品仓储码头是稀缺资源，重置价格要大大高于我们投资的估值。而且最重要

油轮码头

的是收益比较稳定，如果公司不进行 IPO上市，每年分红收益也有 8%，也符合我的预期收益。

3. 我最看重的是公司创始人林海川同学，人品好，有智慧，格局大，有理想，和我有共同的价值观。

当时，我还受到林海川同学的邀请，到宏川智慧下属子公司太仓阳鸿危化品仓储公司参观和交流，受到宏川智慧高级副总裁、DBA同学黄韵涛博士的热情接待和介绍。

我首先参观了排列整齐、输入和输出油管安装规范的大型储油罐，然后进入能停靠 10 万吨油轮的卸油码头参观。按照规定，我们把随身携带的包和手机存到指定保险箱。码头上正好有油轮在卸货，还配备有边防武警、海关人员和防疫人员，码头建在长江口的深水区，进入码头要经过 5 公里的平台长桥……

到现场参观了以后，我受到极大的震撼。这样现代化的危化品码头是国家控制的稀缺资源，宏川智慧有这样可以停靠 10万吨油轮的码头，这样集约化的危化品的高效储运码头，将为他们带来可观的经济效益。

我毫不犹豫地在第一时间报名参加了宏川智慧的股份增发。

林海川同学对于我参与宏川智慧的增发表示欢迎，并把相当股份的增发额度给了我，我一跃成为宏川智慧的股东。

投资宏川智慧三个月后，宏川智慧给了我很大的惊喜。2015年12月1日，经中国证监会有关部门审核批复，同意宏川智慧在全国股转公司（新三板）挂牌发行（代号834337）。

当天的开盘价是7.5元，收盘价11.2元，比开盘价上涨50%。

我第一次感受到股权投资超乎想象的收益率和资本市场的金融魅力。

宏川智慧新三板上市后，企业的创新、规模、收入、利润都进入了快速发展期：

1. 2015年12月13日，宏川智慧（834337）荣获2015中国化工物流30强第19位，林海川同学当选为东莞市安全生产协会会长。

2. 2016年1月16日，宏川智慧成立宏川创新研究院，享受国务院津贴的高级经济师林南通先生担任院长，上海师范大学博士生导师、计算机应用所所长张功镀教授，东莞理工学院院长范洪波教授，广东省高技术研究发展中心胡峻研究员，浙江亚美成大投资发展有限公司董事长陈燮中博士等担任宏川智慧创新研究院的研究员。

创新研究院成立

3. 2017年1月16日，宏川智慧跻身2016年中国民企500强、中国民企服务100强。

4. 三家子公司 2014年、2015年、2016年及 2017年 1到 9月的净利润率如下：三江港储的净利润率分别为 10.96%、21.52%、20.80%、19.31%；太仓阳鸿的净利润率分别为 32.68%、32.47%、32%、31.66%；南通阳鸿的净利润率分别为 16.26%、15.07%、18.71%和 39.28%。

宏川智慧在经过信披和财务抽查，检查合格后，又经过证监会严格的首发审核，成为七家参加过会审核的企业中唯一一家首发过会的企业。

2018年 3月 28日，宏川智慧终于在深圳证券交易所挂牌上市，股票代码为 002930。

出席上市仪式

我受到邀请，出席了宏川智慧的上市挂牌仪式。

在对宏川智慧的股权投资中，我受益匪浅。我感悟到，考量一个企业值不值得投资，需要“四看一记”。

我（右）和林海川（左）在广东宏川智慧物流股份有限公司创立庆典上

“四看”：一是要看企业创始人的品德、情商和智商；二是要看企业的核心竞争力和创新能力；三是要看企业团队的想象力和执行力；四是要看企业的发展空间、赢利能力、市场需求和在同行中的地位。“一记”是所投股权的股份，必须在自己控股企业名下或自己个人的名下。

四、大家看好我更谨慎　泰利斯股权见好就收

2022年4月19日，应人工智能+3D打印、做出一口好“牙”的杭州泰利斯医疗科技有限公司创始人、董事长唐郡先生和CEO王硕先生的邀请，我到泰利斯公司进行了考察。唐郡先生和王硕先生对公司技术团

队、复杂口腔修复体人工智能设计软件、专用3D打印工艺设备和仿生氧化锆材料等方面的技术问题进行了介绍。

唐郡先生首先介绍了公司的团队成员：

1.董事长唐郡，杭州市第十二届人大代表、第十届浙江省优秀企业家。

2.总经理王硕，负责融资、战略、资源整合。

3.运营负责人王晨，负责运营、临床、数据与云计算。

4.首席科学家周文超，负责科研、3D打印。

5.技术工艺负责人陈嘉，负责工艺、准入、生产。

6.销售与市场负责人安俊，负责销售、品牌、市场。

7.国际业务负责人何杉，负责本地化、出口、全球市场。

8.研发顾问贺永，负责专利、标准、自动化。

他说，过去五年，中国口腔医疗市场规模年均复合增长率为16%，2020年，齿科市场规模已突破1000亿人民币，产业医疗服务规模突破4000亿人民币，预计2030年前将达到1万亿元人民币规模。

中国2020年种植牙齿约400万颗，年复合增长率达到48.2%，是全球增长最快的种植牙市场之一，但仍远低于海外发达国家；同时，中国青少年及老年人群缺牙修复率还有较大提升空间，种植牙潜在需求量约为4000万颗，理论存量市场需求金额达到4000亿元人民币。

然后王硕总经理介绍了泰利斯增材制造独家工艺特色：1.高精度，自由设计，还原原始咬合；2.个性化、批量化、工业化数字生产；3.一体成型，跳过中间加工环节，成本低。

他还说，泰利斯已经积累了数百项产品工艺，已向国家知识产权局申请了 40多项专利，已注册获批 10多项专利。

通过交流，了解了泰利斯公司团队成员、技术水平和市场需求，我感到，泰利斯已经让“数字化义齿” 的修复变得高效，并能做到精确定制、舒适美观和节约成本，市场需求越来越大，是值得考虑投资的项目。

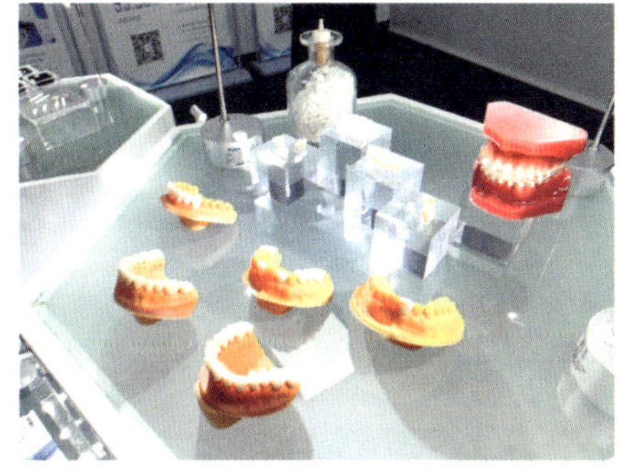

首次到泰利斯考察

2022年5月9日，我邀请浙商证券董事长吴承根先生和战略投行部总经理周为军先生等有关投行专家，再次到泰利斯进行考察，为我投资泰利斯项目提供决策意见，也为浙商证券物色合格的预选IPO企业。

吴承根董事长谈了企业上市的基本条件：

1.公司满足股份公司上市资格，公司开业时间超过三年；

2.申请上市的公司在近三年内连续赢利，没有重大违法行为，财务会计报告没有虚假记载，注册资金无虚假出资，没有抽逃资金的现象等；

3.上市公司的注册资本至少3000万元，公司总额超过5000万元人民币，公开发行的股份是公司总股份的1/4以上，股本总额至少4亿元，公开发行的股份在10%以上；

4.公司股票经过国务院证券公司批准，并向社会公开发行；

5.公司在完成拟写上市方案、完善公司各项组织机构、聘请证券公司进行上市辅导、注册会计师完成审计工作、律师整理相关法律文书后，才能审 IPO并上市。

请浙商证券董事长吴承根先生、战略投行部总经理周为军先生等专家一起考察交流

唐郡董事长针对吴董事长提出上市企业的五个基本条件，一一做了回答。

事后，吴承根董事长和周为军总经理对我说，泰利斯的核心技术、核心竞争力和商业模式都比较靠谱，市场需求比较大，是一个可以考虑

在美奥口腔医院与龚鸣院长一起讨论种植牙的市场需求

投资的项目。

我最主要考量的是，它的产品种植牙市场的需求到底怎么样。

2022年5月13日，我找了复旦大学EMBA的同学、美奥口腔创始人林玉国，在他的热情安排下，到杭州美奥口腔医院，与龚鸣院长一起，对牙齿疾病的预防、治疗、种植牙和美齿等方面，进行深入讨论研究和交流。

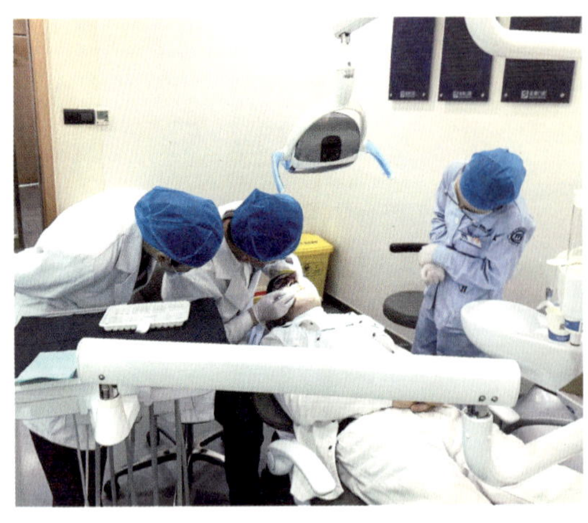
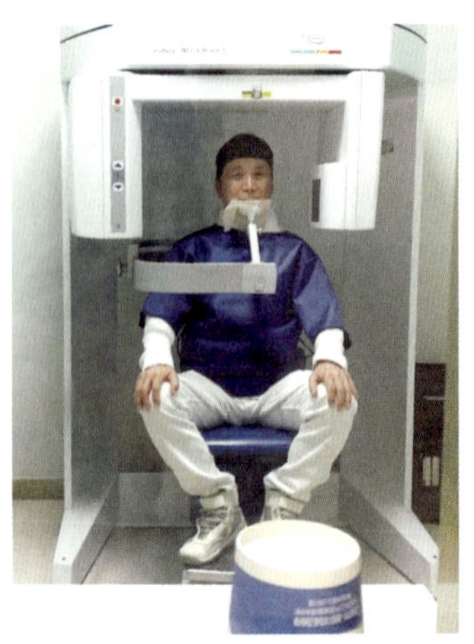

在美奥口腔医院体验牙科项目

龚院长说，泰利斯用3D打印设备生产个性化的种植牙，在技术上和工艺上应该没有问题，但取得国家药品监督管理局三类医疗器械注册证比较难，需要有一定数量的临床案例，这需要三到五年的时间。最大的问题是种植牙产品的销售，目前各个口腔医院和牙科医生都有自己种植牙供应的生产企业，要打破现有的种植牙产品供应链，尤其要打破现有的供应链中的利益链，是最大的难题和痛点。

通过多次对泰利斯公司考察，深入与公司团队接触交流，并充分进行市场调研分析后，我认为：

1.泰利斯董事长唐郡是一位有抱负、有责任、有大格局、有智慧的公司创始人；

2.公司有核心技术、创新能力和竞争力；

3.公司拥有一个有理想、有创新、有执行力的团队；

4.公司有清晰的、切实可行的、持续增长的商业模式；

5.公司有广阔的有发展空间和市场畅销的产品；

6.公司财务规范化、管理专业化、规章法制化。

公司2023年预计销售2亿元，利润1亿元。

最后，我按投前4个亿的估值与泰利斯签订了股权转让协议，成为泰利斯的股东。我也得到唐郡董事长的信任，被公司股东会选举为执行董事。

凡是我参与投资股权的公司，我都会尽心尽力地一起为公司的发展出谋划策。

2022年5月24日，为了泰利斯的高质量发展，经我联系到浙商证券进行IPO咨询和交流，受到了浙商证券董事长吴承根先生、副总裁程景东先生、总裁助理施坚先生，浙商证券投资有限公司董事长刘文雷先生、战略投行部总经理周为军先生等领导的热烈欢迎。

与泰利斯董事长唐郡等公司团队人员，讨论公司的发展

泰利斯董事长唐郡先生、CEO王硕先生、技术总监陈嘉女士和我等负责人出席会议。

双方对泰利斯的组织架构、股权设置、财务规范、产品营销、内控制度、核心技术、直接融资等方面进行了深入全面的讨论和交流。

会晤中，吴承根董事长表示：浙商证券作为省内首家上市券商，承担着浙江省高质量发展建设共同富裕示范区的光荣责任。服务实体经济是浙商证券发展的主线，服务浙江本土优质科技企业是这条主线上最为重视的布局，在未来与泰利斯医疗的合作中，浙商证券将着重在泰利斯医疗赛道和技术方面入手，提供优质融资渠道，助力企业成长，携手创造更广阔的天地，实现共赢发展。

唐郡董事长表示：当下中国口腔医疗市场广阔，其中种植牙因单价高渗透率低而成为潜力赛道。泰利斯医疗利用全流程数字化和3D打印技术解决传统人工低能低效问题，在口腔医疗领域具有一定发展前景。他对泰利斯医疗走向资本市场充满信心，希望在未来能够和浙商证券进行更为深度的合作，长期保持联动。

双方就浙商证券与泰利斯医疗科技的合作模式展开交流讨论，并达成合作共识。未来，浙商证券将在投行赋能、直投赋能、整合资源赋能等方面进一步加大助力，将全方面支持泰利斯医疗科技全面高质量发展。

会议交流

随后，浙商证券与泰利斯医疗签订了战略合作协议。

2024年5月27日，作为杭州泰利斯医疗科技有限公司执行董事，我与副总经理周小坚等，就种植牙加工技术合作等问题，到浙江大学杭州科技创新中心考察访问，受到了浙江大学信息与电子工程学院院长、博士生导师，浙大杭州国际科创中心主任杨建义教授，中心发展有限公司副总经理马飞博士，中心项目合作部负责人黄淳潇女士的热情接待。

我首先介绍了泰利斯的产品、技术、工艺和市场需求。

杨建义主任介绍说，浙江大学杭州国际科创中心是贯彻落实党的十九大精神、服务国家创新驱动发展战略的重大举措，是全面参与长三角一体化发展、主动融入浙江大湾区建设的重要载体，是打造浙江省自主创新高地、谋划重大创新平台的重要抓手，将支撑浙江打造“互联网 +”、生命健康两大世界科技创新高地，助力浙江杭州高质量打造“数字经济第一城”。

双方进行了深入的讨论和交流并就技术合作提出了意向

科创中心主要聚焦物质科学、信息科学和生命科学三大板块的交叉会聚和跨界融合，构建面向国家区域重大战略和国际科技前沿的创新生态圈。通过若干年努力，打造具有世界水平、引领未来发展的科技创新中心，成为我国知识和技术创新的国际策源地、全球化开放合作的创新生态区和改革试验田。

最后，双方希望泰利斯和浙大杭州国际科技中心面向3D打印世界科技前沿和种植牙人工智能数字化方面，开展高效协同，合力打造引领高质量发展的高端科创智造平台，努力在交叉领域前沿研究、发展颠覆性技术、科技成果转化与产业化上进行深入合作。

随着泰利斯自研喷墨定制工艺（Advance Customized Jetting）和3D智造牙科修复类产品及喷墨定制工艺向超高精度、任意造型定制、非标量产化、公司布局口腔全品类产品、全供应链服务等稳健快速的升级发展，受到了越来越多的地方政府和企业的关注、支持和合作要求。

2022年5月27日，平潭综合实验区党工委书记赖军、副主任陈训明会见了杭州泰利斯医疗科技有限公司董事长唐郡一行，并就开展医疗科技领域项目合作进行交流。赖书记表示：杭州泰利斯医疗科技有限公司是高端数字智造企业，其全流程数字化和3D打印技术在口腔医疗领域发展前景广阔，希望双方尽快推动有关项目落地建设，探索可持续的深度合作模式，实现共赢发展。

2022年5月31日，芜湖市镜湖区区委书记郝代伟率区委常委、副区长徐江宝，商务局局长鲁文翠，财政局局长蔡文锦，区投资促进中心主任沈超，区委办公室副主任李程程以及安徽华亿集团总裁项领等领导，慕名到泰利斯考察，希望泰利斯入驻芜湖制造中心示范基地共同发展，给予生产基地免租5年，政府投资基金按市场投资1∶1的资金配比，并免息、免分红，壮大发展获利后，只需要归还本金的最大优惠政策。

2023年，江苏省南京市的一家集产品自主研发—生产—销售—临床应用为一体的全程数字化种植一站式服务商柯润玺医疗集团，也希望与泰利斯开展合作。

此外，泰利斯与杭牙集团将达成战略合作，这是具有历史意义的，代表科技智造与专业领域的强强联合，双方将共同推动口腔行业数字化及标准化发展，为品牌发展注入更多力量。

芜湖市镜湖区领导考察团

芜湖市镜湖区领导考察团

泰利斯与杭牙集团签约仪式

泰利斯的技术和产品获得了专家和主任医师及患者的肯定和好评。

2023年上半年，随着泰利斯医疗科技杭州全球智造总部的正式启用，生产规模扩大，急需资金投入，公司启动B轮融资，投前估值8亿元人民币，出让股权5%~7%左右，募集资金投入：各地智造中心建设50%、产品临床检测20%、前期市场宣传及渠道推广10%、临床合作/数据与云开发10%、补充日常营运10%。

2023年，国家医保局联合最高人民检察院、公安部、财政部、国家卫生健康委印发了《2023年医保领域打击欺诈骗保专项整治工作方案》，在全国范围开展医保领域打击欺诈骗保专项整治工作，同时也涉及医疗行业的行贿受贿整治。种植牙行业的利润比较高，营销费用也比较高，这是一大难题。按照目前种植牙产业链利益营销的方法，企业IPO上市具有不确定性。

所以，我想，在大家看好泰利斯公司的时候，还不如见好就收，转让泰利斯的股份，获利了结。

五、股权投资全在尽调　箭在弦上紧急刹车

我们一年大概要投资1至2家企业，但查看资料考察的企业有15至20家，进入尽调的公司大概10家左右。最后经过尽调评估，符合股权投资要求的企业可能一家都没有。

股权投资的成功与否全在尽调，了解企业真实的财务、技术、经营和市场需求等是关键。

我们一般会做以下七个方面的尽调：

1.行业背景分析：包括所处行业的竞争环境、政策环境以及市场容量；

2.企业自身基本面分析：包括治理结构（如股东结构）、商业模式、产品或服务竞争力；

3.企业的智慧分析：企业的文化、战略战术和策略，创始人的领导力，团队的想象力和执行力；

4.企业财务数据：主要包括收入规模及增长趋势、毛利率及净利率水平、负债情况、现金流、偿债能力、赢利能力；

5.企业的核心技术：发明专利、实用新型专利、外观设计专利、商标权和著作权等；

6.企业未来规划：主要是看战略规划、发展路径，以及未来的业绩增长预期；

7.风险点排查：主要针对可能存在的不确定性因素进行排查，如原材料涨价、技术更新换代、竞争对手恶意收购、重大诉讼、环保问题、劳动纠纷、知识产权纠纷、税收筹划、关联交易等等。

股权投资的尽调，一般分为三个阶段：初步调研、深入调研、出具报告书。

2022年1月，我经朋友介绍到人工智能大数据医疗企业——杭州全诊医学科技有限公司（以下简称全诊医学），进行考察和交流。

该公司创始人薛翀博士热情地接待了我们，并详细介绍了公司的创立、团队、技术、产品、销售和服务等情况，并对我们提出的问题做了解释和回答。

全诊医学，创立于2016年1月7日。公司为国内领先的数字化医疗解决方案提供商，致力于成为中小医疗机构最好的合作伙伴。公司专注于人工智能+大数据技术在医疗领域的应用，自主开发全诊通医学辅助机器人决策系统、基于云计算的医疗全流程数字化工作平台（云医院、云诊所）、医疗大数据智慧分析监测系统。公司已为数万家中小医疗机构提供软件服务，并为数百个区县的卫生健康管理部门提供医疗大数据分析应用服务。薛翀博士是杭州高新区5050引进人才。公司已被评为浙江省科技型中小企业、杭州“雏鹰”计划企业、杭州市高新技术企业、国家高新技术企业。

公司核心团队情况如下：

薛翀：创始人，董事长兼 CEO，2010年毕业于北京协和医学院，获外科学临床型博士，毕业后在浙江大学附属二院泌尿外科工作。2013年赴美国约翰斯·霍普金斯医学院做博士后研究，研究方向为图像介导的机器人外科手术，回国后融合医学和 IT技术开发数字化医疗工作平台——全诊通。

沈剑：首席战略官，浙江大学计算机系硕士，曾任美国思科/WebEx SVP，负责技术研发与运营。

杨帆：技术负责人，浙江工业大学计算机科学与技术本科，美国西东大学（Seton Hall University）硕士。

章迪丰：研发部负责人，2005年毕业于浙江工业大学软件专业，2006年入职日本电气股份有限公司（东京）。

王俊：产品负责人，杭州电子科技大学信息安全本科，浙江大学工商管理硕士。

诸葛超：销售部负责人，本科学历。

汪婷：客户成功部负责人，本科学历。

郑能干：人工智能技术顾问，博士，浙大计算机教授、博士生导师，主要研究方向为人工智能（脑机混合智能、神经—行为数据分析、医疗数据分析处理等）、脑机接口等。

公司的主营业务收入的主要构成：

单位：元

项　　目	2019 年度	2020 年度	2021 年 1—10 月
软件部分	144,250.49	1,650,137.99	7,114,567.70
云实验室服务	2,371,355.55	4,150,022.23	4,853,641.00
商品销售		664,725.92	5,410.37
健康咨询	674,566.90	651,528.69	603,813.28
合计	3,190,172.94	7,116,414.83	12,577,432.35

公司的产品和市场服务：

1.全诊医学，已开展中小医疗机构SaaS平台、政府监管平台和云实验室的服务，将在2022年开展西药数字化营销服务、中药数字化营销服务、体检套餐营销服务、基层医学教育服务、保险营销服务和互联网医院业务等服务。

2.公司的中小医疗机构SaaS产品（包括云诊所系统和云医院系统）具备市场主流的功能外，同时内置了公司自主研发的临床决策辅助系统（CDSS），基于人工智能实验室的医疗语义理解、文本识别等NLP能力，以及权威标准的知识图谱，结合医院优质数据自学习，拥有更贴合医疗机构使用的“知识+数据”辅助诊疗能力。公司把握医保开放的趋势，开发了医保结算功能，有力地提升了挖掘已使用其他系统客户的能力。

公司的商业模式：

公司的中小医疗机构 SaaS产品通过 2G和 2B两条渠道进行销售。

2G销售为公司在行业内首创。2G端通过向卫监部门销售医疗行为监管系统和云诊所系统的组合产品，快速占领市场，通常一个区县2G销售能带来100至1000家的医疗机构使用客户。

公司已在浙江省63个区县卫监部门使用全诊医学的行为监管系统，过万家客户使用云诊所系统。浙江省外已有部分卫监部门与公司进行合作，共同提高中小医疗机构的规范运营和诊疗水平。

公司的云诊所系统使用客户数超过1万家，包括民营医院、门诊部、诊所等。随着客户数量的快速增长，公司可以为药品流通商、药品生产企业提供数字化营销服务，可以向医疗机构销售远程会诊服务、慢病管理服务、医疗保险等，增值服务空间巨大。

通过对全诊医学初步考察，大家认为：

1.创始人靠谱，公司管理、技术和营销能力强，有核心竞争力，财务规范，有赢利模式，市场需求大；

2.产品虽然有创新性，行业有成长空间，但主要估值有点贵（上一轮1亿多，本轮2亿，早期项目1.2亿比较合理）；

3.医卫行业信息化、智能化水平比较破碎，规模扩张和效益兑现不容易达到高估值的期望；

4.最好有专业PE机构的尽调报告可以参考一下（在充分分析竞品、客户痛点的基础上，理性评估公司产品与商业模式的竞争优势与前景）；

5.国家卫健委0—8级医卫信息化/智能化分级规划实施近三年，进展不是很理想，行业空间大，壁垒也不小，行业龙头卫宁健康、创业惠康等都在往云产品、智能化转型。

在充分讨论后，最后基本确定全诊医学作为浙江亚美成大投资2022年股权投资的首选企业。

经过我们公司对全诊医学考察交流后，按照公司的股权投资程序，

在全诊医学考察交流

需要请有关专家再对项目进行考察、交流和评审，有关专家也拥有对股权项目投资的一票否决权。

2022年1月5日下午，我邀请我们成大股权投资项目的评审专家——浙大附属医院院长、证券保荐代表人、投行总经理、审计事务所合伙人和IPO律师等有关人员，到全诊医学做进一步尽调。

具体人员如下：

游向东，浙商创投合伙人、总裁，主任医师，硕士生导师，著名心血管超声医学专家，原浙大附属第二医院副院长。

高孙超，德勤中国合伙人、高级审计师。

在全诊医学尽调

高小红，浙商证券投资银行总部董事、保荐代表人。

顾柴群，光大银行杭州分行公司六部总经理。

方从友，高级律师。

通过对全诊医学的考察、了解、询问和尽调，证券保荐人高小红认为：全诊医学行业前景与空间较大。初步了解，目前公司单个合同或订单金额不大，根据商业计划书，预计 2023 年收入 2.58 亿元，净利润 6000 多万元，相较于 2022 年，净利润增长了 10 倍。要提请留意该公司在手的订单情况、业务开拓与渠道情况，关注业绩能否最终实现，以及客户群体能否从医疗机构延伸至个人。杭州地区有和仁科技、创业慧康、思创医惠，也是做医疗信息系统的，提请关注是否存在同质化竞争以及区域市场饱和问题。

IPO 律师方从友提出，要进一步了解：全诊医学如何有效开拓外省市场？外省市场开拓的主要障碍和困难是什么？现有客户中，连续付费 2 年、3 年的营收占比分别是多少？客户构成中，公立医院（包括乡镇

在全诊医学尽调

卫生院）占比偏低，是否因为原有 HIS 系统构成进入壁垒？如何有效突破壁垒？

高级审计师高孙超提出，项目有几点需要进一步了解和确认：1.商业模式还比较模糊，现有的试点项目看上去是可以推广的，但是能不能赢利，赢利多少，需要仔细考量；2.市场上现在有哪些竞争对手，公司能不能在这个细分市场排第一第二的位置；3.公司的核心竞争力是否真的有技术壁垒，是否容易被超越或复制，技术团队是否有稳定的利益捆绑。

光大银行顾柴群总经理认为：企业的尽调，最后要落实到产品的市场需求、商业模式和赢利能力，如果能利用医疗人工智能信息化或者数字化，能开发 P2C医疗产品，市场需求应该是很大的。

浙江大学附属第二医院原副院长游向东教授认为：1. 全诊医学主要在做二级以下医疗机构医院的信息化，或者说数字化。现在已经走出一定的商业模式。2. 通过政府的监管需求、医院的信息化质量管理需求，当然也有患者的需求。3. 从现有的情况来看，医院是 To G 端，通过政府这里来实现它的一些收益，但是目前还看不到 To C 端的赢利模式，这个当然可能在未来几年里面，也是他们想努力的一个方向。4. 医疗人工智能信息化或者数字化最大的一个问题，就是区域之间的竞争非常激烈，做到一定的规模就很难做上去。因为开拓业务必须有人脉、有资源才能触达这个层面。5. 所以国内很多做医疗信息化的公司一般只能做区域内的业务，营收也就几个亿，再大一点十来个亿，但是要做到很大是比较难的。6. 前几天跟薛翀博士也有过简单交流，未来要更多开拓大医院业务，三甲医院的临床需求比较大，比如说专科专病，然后术后随访，围绕这些系统做一些产品，这个市场，配合产品现在的标准化，发展确实很难估量。7. 薛翀博士自己是临床医生，是博士后，同时又是一位专业的外科医生，对临床、对国内外的医疗现状也都比较了解。他个人也具备一定的创业者的素质，目前的团队还不是最强大。应该说，它的组成的人员只是有一个结构，后面如果要再上一个台阶，还是要去选更优秀的人加入他的团队，才能走得更快一点、更远一点。

最后，大家认为全诊医学项目还是不错的，建议我们浙江亚美成大投资管理有限公司可以考虑股权投资。

经过对全诊医学几个月的调查研究，公司认为：虽然全诊医学还存在这样或那样的问题和痛点，但基本状况还是不错的，有技术，有需求，有核心竞争力和赢利能力。最后公司决定签署股权投资协议。

2022年 2月 27日，在全诊医学大楼，我与杭州全诊医学科技有限公司董事长薛翀博士签署了全诊医学股权转让协议书。

2022年3月2日，公司财务让我审批全诊医学投资款时，我产生了犹豫。游院长、顾总和高总都提到了全诊医学没有开发To C端的个体消费者产品和服务，这对于公司的成长发展将产生重大影响。

所以，考虑再三，在最后全诊医学股权投资汇款审批时刻，我紧急刹车，没有签字。

股权投资，是一项高风险高收益的投资，因此，在项目筛选时，一定要认真选择好项目，并做好充分的尽调、分析和研究，保证项目的成功，才能获得丰厚的回报。

六、投资成功在于了解　转让股权先回本金

2020年1月5日，应宏川智慧创始人、董事长林海川博士的邀请，我到广东东莞市参加宏川智慧2020宏川盛典“匠心·领创”年会。

在宏川智慧的年会上，林董事长把科视光学集团的创始人、董事长王华博士介绍给我认识，并对我说：“这是我投资的企业——科视光学的王华总，科视今年要进行 B轮融资，企业不错，你可以考虑一下。”

我说：“林总，你已经投了，说明你已经对科视光学进行了尽调，同时也代表对科视光学的认可，我跟着投资就可以了。”

当天晚上王华总就邀请我第二天到科视光学集团看看。

宏川智慧 2020 年会

2020年1月6日，我应约到科视光学进行考察和交流，受到了王华总和车海鹏、李湘波、王德华等团队成员的热情接待。

到科视光学考察交流

考察交流后，我们认为：1.东莞科视光学自动化科技有限公司，成立于2011年，由王华博士创立，目前是国家高新技术企业。

2.科视光学公司以光学为核心，致力于成为国内杰出的自动化装备核心光学零部件供应商，近紫外曝光机、光刻机高端光学装备供应商。

3.在机器视觉光源领域，积累了十二年的光源及光源控制技术，累计开发的产品有数千种，已经成为自动化领域的视觉光源零部件的核心供应商，参与了行业各种高难度的视觉检测项目。在光源的深度定制化设计方面，达到国内一流水平，是大恒科技、海康威视等视觉龙头企业

的核心供应商，也承担华为2012实验室手机项目的光源项目研发。

4.光电传感器设计技术、测量光幕传感器技术等已处于国内领先地位。正在研发的防焊光刻机，已经研发出超大功率的防焊光刻光源，可在曝光效率上达到行业最高效率，同时适应传统的各种规格防焊油墨。

5.2019年，营业收入预期目标1.1亿元，净利润预期目标0.12亿元；2020年，营业收入预期目标1.8亿元，净利润预期目标0.22亿元；2021年，营业收入预期目标3.0亿元，净利润预期目标0.52亿元。

6.实控人王华总同意对我们的投资实行公司利润增长和IPO对赌的条款，如果每年利润不能达标，按现金补偿；如果在2024年12月30日前不能在上海证券交易所和深圳证券交易所A股上市，同意按年利率8%回购所有股份。

我们研究以后认为，科视光学各个方面都不错，还有年利润和收益8%的保底，而且林海川博士已经做了尽调，也进

行了投资，我们跟着投就可以了。

所有的股权投资项目，科视光学的股权投资是我们决定最快、最果断的一次。有眼光、有智慧和有远见的林海川博士领投，我们就轻松、省心、省力、省事地跟投就可以啦。

我们投资科视光学，成为股东以后，科视光学的事情也是我们股东的事情。

（一）想方设法解决科视光学技术难题

2020年12月6日，王华总给我发来微信说：1.在高精度的纳米级光刻领域，紫外光源所产生的紫外线，会经过光刻镜头投射到曝光面上，这些紫外光束会透过镜头里面的各种玻璃镜片，这些玻璃镜片以及镜头的外壳都会因此发热而产生热变形，因此必须严格控制镜片和镜筒外壳的温度，才能保证光刻的精度。2.在这些光刻过程中，是采用哪一类高速高精密的温度传感器来监控这些零部件的温度，同时又是采用哪一种冷却方式，能够精准地对镜片和镜头进行恒温控制？3.据我了解，有一些高精密的恒温传感系统，温度变化可以达到±0.0001℃，这是一种什么样的控制技术？

我收到王华总的微信后，12月7日就到复旦大学信息科学与工程学院，找到副院长、博士生导师詹义强教授和陈宜方教授，就王华总提出的科视光学技术痛点问题进行了讨论和交流。

我与复旦大学信息科学与工程学院副院长詹义强教授

科视光学提出的要求温度控制在0.0001℃的控制技术是极其高端的技术，目前国内还没有企业做到，世界上也只有荷兰阿斯麦能做到。但由于美国对中国的技术封锁，阿斯麦的温度控制技术对中国也是封闭的。

詹院长表示：复旦信息院和其他国家实验室也正在对0.0001℃温控技术进行研究，待有成果的时候，可以为你们企业解决温度控制技术难题。

2022年6月29日，我接到王华总发来的高铁火车票微信截图，并告诉我晚上8点30分到杭州铁路东站，30日要去海康威视访问和了解科视光学的传感器使用和需求情况。

晚上，我准时赶到火车东站，接王华总到大华饭店入住，并在杭州西湖边的西湖新天地餐厅边吃、边喝、边聊，对科视光学的战略目标、产品定位、技术创新和产品营销进行了深入讨论和广泛交流。

我说："海康威视的副总裁郑一波先生是我的朋友，海康机器人副总经理沈海峰是我的同学，明天我可以陪你一起去海康威视拜访和交流。"

我与王华总交流

2022年6月30日，我和王华总一起到海康威视对科视光学传感器的使用功能和使用效果进行了了解。

机器人是由计算机控制的复杂机器，它具有类似人的肢体及感官功能，动作程序灵活，有一定程度的智能性，在工作时可以不依赖人的操纵。机器人传感器在机器人的控制中起了非常重要的作用，正因为有了传感器，机器人才具备了类似人类的知觉功能和反应能力。

海康威视为了检测作业对象及环境或机器人与它们的关系，在机器人上安装了触觉传感器、视觉传感器、力觉传感器、接近觉传感器、超声波传感器和听觉传感器，大大改善了机器人工作状况，使其能够更充分地完成复杂的工作。由于外部传感器为集多种学科于一身的产品，有些方面还在探索之中，随着传感器的进一步完善，机器人的功能越来越强大，海康威视的机器人越来越受到市场的认可和欢迎。

到海康威视访问交流

大家就机器人的5个“觉”进行了讨论和交流。1.视觉：图像获取、图像处理和图像理解；2.力觉：关节力传感器、腕力传感器和指力传感器；3.触觉：柔软性、硬度、弹性、粗糙度和导热性等；4.接近觉：移动机器人可以实现避障，操作机器人可避免手爪对目标物由于接近速度过快造成的冲击；5.听觉：特定人的语音识别系统和非特定人的语音识别系统。同时，大家也对科视光学传感器的产品与海康威视机器人新产品的配套情况提出了新的意见和建议。

2021年，科视光学通过技术创新，加强营销，企业的销售额高达3.24亿元，利润0.359亿元，出现了良好的发展势头。武汉和深圳有多家国有产业基金和私募投资机构，纷纷找到科视光学要求投资。

科视光学股东会通过讨论，同意进行C轮融资，估值8亿元，募集资金2.5亿元。

我想，我们去年才投资，今年融资估值就高达8亿元，是否应该要考虑转让一部分股份了？

我进行股权投资的原则如下：

1. 追求本金的安全和持续、稳定的投资回报。避免过于关注“企

业上市”概念，而应更多地关注企业的经营状况和投资价值。

2. 了解投资的公司，包括公司的管理人的经营能力、品质以及能否为股东着想，公司的资产状况、赢利水平、竞争优势等信息。

3. 控制投资成本，计算好公司正常赢利水平收回投资成本的时间，通常应控制在10年之内。并考虑公司的净资产收益率，以降低投资风险。

4. 考虑股权投资的期限，一般的股权投资期限为1~3年，最长不超过5年。

5. 自有资金投入的原则。股权投资期限长、风险高，应该坚持以自有资金参与的原则。

6. 注意投资决策的风险。每个项目都在特定的行业，对项目所处行业、行业周期、市场环境要了解清楚。

7. 注意法律风险，在合同、知识产权等法律问题上是否合规合法。

8. 注意退出风险，影响因素主要表现在时间上。对于股权投资退出来说，股权退出时间最好在3年左右，有机会赚钱当然可以更短。

根据我们公司股权投资的8条原则中的第1条和第8条，如果现在减持一半股份就可以收回全部本金，而且还可以有收益，有什么不可以考虑的呢？

2022年6月，在科视光学融资时，我们也一起转让了一半左右的股权。

股权转让，还是要遵循：有钱赚的时候，一定要转让，不要总想着赚大钱，赚到口袋里的钱才是自己的，踏实。

2022 年 3 月 12 日，王华总就科视光学 IPO 到北京证券交易所挂牌上市征求我的意见。

他说："保荐机构还没有对北交所上市发表意见，因为保荐机构更希望是深交所和上交所 IPO，这样保荐的费用更高，收益更大。但是，新进来的这些大基金，包括中芯国际、民生证券投资基金、洪泰基金，他们要求必须把上北交所 IPO 写进投资协议里面去。另外，我们 B 轮投资的慧合资产也建议把上北交所 IPO 写进去。由于各个基金的不同组成，出发点和立场也不一样，大基金的钱很多都是国家队的钱，能有个有效的退出机制，对他们来说也是一个交代，北交所再差也比并购重组要强吧。另外从上市的角度来说，我本人肯定会想尽一切办法从科创板和创业板去努力，况且科视公司目前正处在良性的发展阶段。但是，上市这条路是要讲天时地利人和，还有财运，没有 100% 的把握，就像您投了 ××× 公司一样，很多事情都与预想当中有巨大的差异。"

我说："对于北交所，我已关注很久，前期也有参与操作。北交所挂牌的股票，估值低，没有成交量，买入就亏，现在大家基本不去关注，以后又是一个被资本市场边缘化的新三板市场。保荐机构肯定会把北交所列入科视光学 IPO 的上市挂牌的交易所，他们完成了任务，就可以收钱。我们嫁错了'女儿'，就耽误了'她'一辈子。宁可暂时不嫁，再延长几年。要嫁就要嫁到科创和创业板这样的财大气粗的大户人家。宏川智慧当年参加 IPO 证监会审核，七家审核就宏川智慧一家过会成功上市，科视光学与宏川智慧一样财务规范、有核心竞争力、产品有市场，大家齐心协力，上交所和深交所 A 股上市应该没问题。"

王华总说："现在，随着国家对企业 IPO 入口监管的加强，上海证券交易所科创板和深圳证券交易所创业板的要求越来越高，按照目前科视光学的销售和利润，要上科创板和创业板几乎不可能。"

2023 年全年北交所申报公司数量 407 家，其中注册发行 166 家，终止 92 家，通过上市委员会注册核准 19 家，其他处于受理问询。北交所也已经挺卷了。

最后我说:“我的意见仅作为你的参考，你的最后决定我一定给予支持。”

2023 年 11 月 30 日，王华总给科视光学投资人发了函告通知。我改变了原来坚持上交所和深交所 IPO 的立场，因为少数服从多数，被动同意科视光学申报北交所 IPO，同时对于投资者来说，退出赚钱是最根本的，至于估值高低、赚钱多少应该排在第二位。

第五章　抓住国家政策红利
投资医药健康产业

一、医疗健康全民需要　投资方向肯定正确

健康，被认为是生活中最宝贵的资源之一，因为它在我们的日常生活中扮演着不可替代的角色。

政府在公共卫生和医疗卫生领域的投入是巨大的，政府通过资助公共卫生项目、建设医疗设施、提供基本医疗保健以及监管医疗服务来确保公众的健康得到妥善关照。

2024 年 3 月 5 日，十四届全国人大二次会议开幕会上，国务院总理李强做政府工作报告。报告中多次提及医保政策，提出要提高医疗卫生服务能力，居民医保人均财政补助标准提高 30 元。促进医保、医疗、医药协同发展和治理，推动基本医疗保险省级统筹，完善国家药品集中采购制度，强化医保基金使用常态化监管，落实和完善异地就医结算等。

我们投资就是要投国家鼓励支持的、市场需求巨大的医疗保健产业。它不仅影响到个人的生活质量和生命安全，还对社会的稳定和发展起到至关重要的作用。因此，投资医疗健康产业，不仅仅是企业的责任，更是社会的共同责任。

2015 年 5 月，我参与了中国天楹创始人、董事长严圣军博士与美国霍普金斯大学医学院医学和生化系主任刘钧教授的合作项目，在美国巴尔的摩投资成立了一家生化医药公司 Rapafusyn Pharmaceuticals’Inc.，成为该公司的股东。

在江苏中国天梃公司参观时，我（左）与严圣军（右）合影

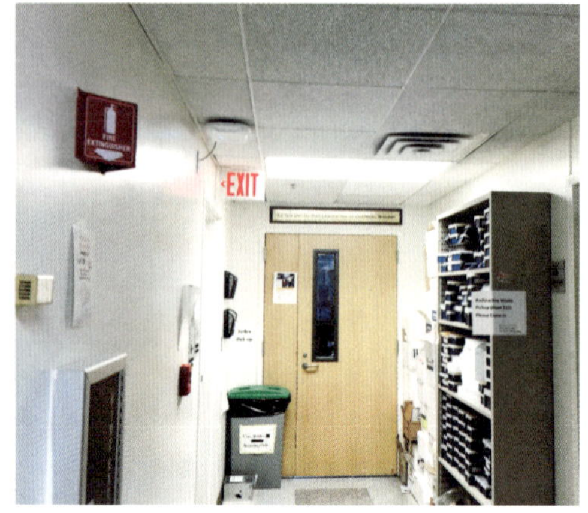

霍普金斯大学的严圣军和茅洪菊生化实验室

该公司主要从事医药基础理论的研究，主攻抗癌新药的研究。

严圣军博士是一位有抱负、有智慧、有爱心、有大格局的企业家，他为了支持霍普金斯大学的教学和科研而慷慨捐款。霍普金斯大学为表彰他对学校的贡献，把该大学的国家实验室命名为 SJ YAN And HJ Mao Laboratory of Chemical Biology(严圣军和茅洪菊生化实验室)

刘钧教授是改革开放后众多留美学者中在美国著名学府任教的精英之一。他深厚的化学和生物学双重学术背景，使他成为国际范围内新兴的化学生物学领域中最优秀的年轻教授之一。他的研究是使用化学生物学的方法去解释细胞内的信号传递途径和增殖，以及通过使用天然产物或合成药物去揭示有机小分子配体和相应受体之间的相互识别。

美国霍普金斯大学医学院医学和生化系主任刘钧教授

他首次克隆、表达和鉴定了生物合成酶 Ent A，首次表达和表征了生物合成酶 Ent C，首次发现了依赖钙进行的信号传递途径需要致活 T- 细胞的现象。他领导的课题组合成和发

现了 Thalidomide 药物同系物具有增加抗炎症的性质，为该药机理研究和临床应用开辟了新的方向。他们又鉴定和克隆了新的蛋白质 Cabin 1，并发现 Cabin 1 对 T- 淋巴细胞中转录因子 MEF2 起调节作用。

最近刘钧教授在癌症发病机理和使用有机小分子抑制癌症方面有创造性的发现，首次阐明了 Fumagillin 类衍生物对血管生成抑制的作用机理；发现了 Fumagillin 结合蛋白——蛋氨酸氨肽酶 2- 型酶。该结果为建立新的治疗癌症的学术概念和应用实践开辟了新的途径。

在美国 Rapafusyn Pharmaceuticals Inc. 考察时的合影。左起：陈燮中、John L.Mmarquardt(公司CEO)、刘钧教授

我们对 Rapafusyn Pharmaceuticals' Inc. 公司的投资，是我在公司转型股权投资后的一笔较大的投资。

为什么当时我不惜重金，舍得如此大手笔地投资医药健康事业呢?

1. 政府重视医药健康产业。

2. 探索医药健康投资是公司转型股权投资的需要。同时，寻求一流的国际合作也是我在创业道路上梦寐以求的事情。

3. 投资生化医药公司，开展对抗癌药物的基础理论研究和新药试验，虽然具有很大的投资风险，但即使不成功，也是对世界抗癌新药研究的一个推进，是为人类造福，值得。

癌症是当今人类健康的最大威胁之一，全世界每年有数以千万计的病人死于癌症。我的母亲和父亲都是罹患癌症去世，当年我目睹了慈母、慈父被癌魔折磨得死去活来的惨状，曾经立誓一定要为降服癌魔出力。现在机会来了，能为攻克癌症这个顽症，能为癌症病人减轻痛苦、延长生命尽一份绵薄之力，这不仅是我应尽的社会责任，也是作为儿子对九泉之下父母的一份告慰。

目前，我们投资的 Rapafusyn Pharmaceuticals' Inc 公司研制的五个癌症新药，有两个已经进入临床二期试验，很快将会进入临床三期试验，希望能尽快研制成功，造福人类。

近几年，“大医疗”“大健康”这些字眼不断出现在大众的视野中，也是我关注比较多的。

精准医疗近年来在世界各地遍地开花，中国精准医疗行业紧跟欧美等发达国家的脚步，发展速度越来越快，政府甚至把“加速推动基因组学等生物技术大规模应用”的条款列入国家“十三五”规划。

未来五到十年，基因组学及其关联技术将会迅猛发展，精准医学、生物合成等新模式加快演进推广，精准医疗为医学打开了窗口，运用分子层面的治疗，人类开始有办法对受损或者变异的基因进行修复，让原先我们觉得难以解决的疑难杂症都变得有更多的解决可能性，从而让精准医疗的魅力大展。

因此，相比于传统的宏观医疗相对泛泛的治疗方法，精准的微观医疗更符合中国传统医学中因人而异的治病方式。由于每个人基因组的不同，对于不同药物的效果也并不相同，当精准医疗出现之后，根据不同人的基因差异，推出最具针对性的疗法，将有可能从根源上改变人类长久以来的医疗治疗方法，实现颠覆性的创新。

2021 年 6 月，我召集浙江大学 CCE 投融资委员会的同学，在杭州武林壹号会馆召开“医疗健康行业创新发展和价值投资”研讨会。参加会议的有浙江大学教授、浙大财富管理与传承研究中心主任夏海舟副教授，浙江百福企业管理有限公司董事长骆凌晖，浙江爱丽芬控股集团董事长王晓茜，光大银行杭州分行六部总经理顾柴群，高瓴资本副总裁李昭，上海荣鼎企业管理咨询有限公司董事长马文，浙江禄煌投资有限公司董事长胡浩亮，浙江省经协房地产开发有限公司总经理钟标，亚聚国

参加“医疗健康行业创新发展和价值投资”研讨会部分成员合影

浙大副教授夏海舟先生

际控股有限公司董事长庄亮，杭州银泰机电实业有限公司总经理金建雯，恒天财富杭州第六营业部高级经理童宇琴，杭州医云数据有限公司执行董事陆彪等同学，对中国医疗健康行业进行了深入研究、讨论和交流，共同探讨医疗健康行业的创新发展和价值投资。

浙大副教授夏海舟先生指出：医疗健康产业是有巨大市场潜力的新兴产业，涉及医疗产品、保健用品、营养食品、医疗器械、休闲健身、健康管理等与人类健康紧密相关的生产和服务领域。我们对医疗健康产业的投资要选择上游的产品研发，有核心竞争力，有知

高瓴资本副总裁李昭女士

光大银行杭州分行六部总经理顾柴群女士

识产权，在细分行业的前三位企业。

高瓴资本副总裁李昭认为：中国医疗健康市场发展空间巨大，2010到2020年十一年的年均复合增长率14%。人口结构、收入、疾病图谱带来需求端机会，科技创新带来产业变革性机会，未来医疗健康产业升级带来结构性机会，行业和资本市场双重利好带来政策性机会。

光大银行杭州分行六部总经理顾柴群表示：会积极做好企业的投融资服务，满足企业创新研发、项目投资的资金需求，做到有求必应。

浙江大学CCE投融资委员会的同学就医疗健康产业的投资纷纷发表了自己的建议和意见。

最后，我谈道：我国医疗健康产业的发展空间巨大，庞大的产业需求蕴藏巨大的产业机会。同时由于医药行业的技术性、专业性很强，如果要投资医疗健康产业，还需要充分了解行业的背景、细分领域、产品等。医疗健康产业范围广、细分行业多，投资要抓住细分行业的新药研发企业和医美龙头老大，一级市场股权和二级市场股票要同时投资。

左起：陈燮中、邬建敏、任亮

2021 年 12 月 17 日，机缘巧合，我结识了中国癌症体外诊断领军人物，浙江大学教授、博士生导师，汇健科技董事长邬建敏博士，而且我们还是复旦大学科创领袖营第三期的同班同学。

2022 年 1 月 19 日，应邬建敏教授的邀请，我邀请了浙江大学副教授、浙大财富管理与传承研究中心主任夏海舟，浙商证券战略投行部执行董事朱献辉，德勤会计师事务所高级会计师来晟，高级会计师朱怡，浙江大学附属第一医院医师、浙江中德生命健康教育研究院院长谢天胜博士，千日红私募基金经理汤琎哲研究员等专家一起，来到汇健科技考察和交流。

陈燮中

邬建敏

夏海舟　　　　朱献辉

邀请有关教授、专家、研究员在汇健科技交流

汇健科技是一家成立于 2016 年，集体外诊断、医学检验、个人健康监测为一体的国家高新技术企业。

汇健科技研究开发的体外诊断产品癌症检测试剂盒，对人体样本（血液、粪便、体液、组织等）进行检测而获取的有关信息，保证了医疗诊断的精准度。

在汇健科技考察和交流的教授、专家、研究员合影

汇健科技检测试剂盒即将成为癌症疾病预防、诊断、治疗的重要组成部分，也将成为保障人类健康与构建和谐社会的重要组成部分。

通过考察，大家一致认为，创始人邬建敏是一位有知识、有技术、有能力的董事长，汇健科技技术先进，有竞争力，产品需求大，是一家不错的医疗健康企业，发展潜力巨大，可以作为成大股权投资的首选企业。

2022 年 3 月 16 日，为了更进一步地深入了解汇健科技的癌症检测试剂盒产品的研发、生产和销售情况，我邀请资深投资人、掌维科技创始人张子钢先生一起，到绍兴诸暨汇健科技全资子公司浙江汇健智谱科技有限公司考察和交流，受到智谱事业部总监厉永刚先生的热情接待。

厉先生介绍说：汇健智谱公司是体外诊断癌症的试剂、仪器、软件、算力和芯片的生产基地。通过对唾液、血液、汗液、尿液、细胞、呼气等的检测，进行肿瘤鉴别诊断。公司在唾液代谢谱、血清脂质代谢谱及组织空间代谢谱领域具有丰富的技术储备，产品可广泛应用于肿瘤筛查、精准用药及术中分子病理等液体活检及组织活检众多临床场景。通过液态活检，获得肿瘤信息，能够辅助癌症治疗，是精准医疗创新的体外诊断技术。

我和张总听了厉先生的介绍和交流后，认为癌症检测试剂盒的优势在于：1.检测时间短；2.快速精准；3.检测灵敏度高，微升级别血清样本上样，使样本前处理简单，样本损耗小；4.产品技术先进；5.市场需求量大。

通过近千例检测样本的数据分析，汇健癌症体外诊断检测试剂盒操作简单，费用便宜，精准度高，获得医疗单位和消费者的一致好评。

同时我们也看好精准医疗产业，有国家的政策支持，有体制改革、人口老龄化多病和科技等红利的释放。张总也认为汇健科技是一家不错的医疗科技企业，他也想投资了。

陈燮中、张建平在实验室

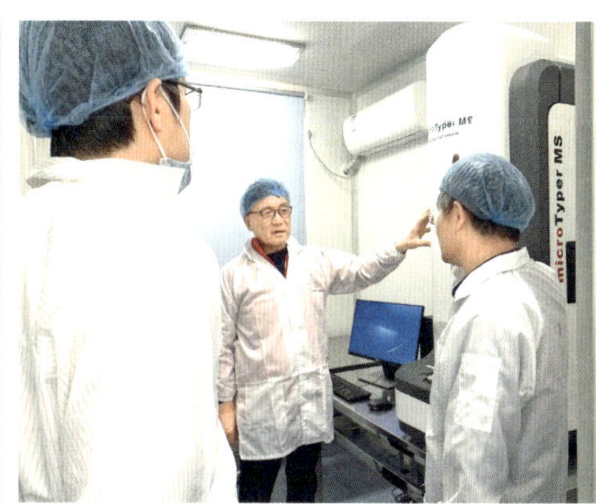

在实验室与厉永刚技术总监交流

深入了解试剂盒的使用情况

在汇健智谱公司合影

通过对汇健科技的创始人、团队、技术、财务、产品、市场、销量和服务等方面的尽调以后，我们感觉到汇健科技是一家体外精准诊断癌症的医疗科技公司，公司技术领先、财务规范、市场需求大，希望能够参加对公司的股权投资。

2022 年 3 月，我分别找了汇健科技董事长邬建敏和 CEO 任亮，向他们谈了我们公司希望能够参加汇健科技的股权投资。但是，邬董事长和任总告诉我，上一轮融资刚结束，目前公司还没有考虑再融资，在下一轮融资上可以优先考虑我。

后来，任总告诉我，汇健公司股东岩木草投资公司由于资金周转原因，一部分老股要转让，让我与刘小龙老总联系。

经与岩木草公司的负责人刘小龙和张伟交流和洽谈，他们同意把公司持有的汇健科技老股以比上一轮估值更优惠的价格转让给我，双方愉快地签订了转让协议。

与张伟洽谈汇健科技股权转让

签订股权转让协议

张伟、刘小龙、陈燮中合影

通过岩木草投资公司持有的汇健科技老股的转让，我认识到，要投资国家政策支持的热门医疗健康产业，除直接投资参加公司增发股份外，抓住机遇参与公司老股东转让股权，也不失为一种质优价低获得股份的好渠道。

二、高端制造新诺科技　出钱出力共谋发展

2019 年 5 月 5 日，我应全球马拉松六星跑者、世界马拉松六大满贯

奖牌获得者、星推网络董事长来罡的邀请，到他的朋友——杭州新俊逸投资管理有限公司董事长刘尚军先生在杭州万象城华润大厦的公司交流。

杭州星推网络科技股份有限公司于 2011 年 5 月 13 日在杭州市市场监督管理局登记成立。星推网络是杭州星推网络科技股份有限公司旗下品牌。星推网络是中国娱乐营销领军企业，新三板挂牌公司（证券代码 836511），为全国 70 档综艺节目和 40 多个品牌服务，包括《奔跑吧兄弟》《一步之遥》等知名节目。公司拥有刘强东等著名企业家和明星股东，和贾乃亮共同投资中国首家娱乐营销资源推广交易平台——“星推网”（www.xingtui520.com），并投资了中国首个专业网红经济平台“网红创业学院”，公司在杭州、北京、深圳都有分公司。

新俊逸是专业从事股权投资、创业投资、基金管理及高科技实业投资等业务的公司。自成立以来，管理的资产已经超过 8 亿元人民币，旗下管理的基金有宁波新俊逸陆号股权投资合伙企业等。

新俊逸以全市场、全周期、全球的资产配置为目标，重点关注权益类、资产证券化、海外市场等板块。

发起合伙人团队拥有丰富的资深投行、私人银行、财富管理等方面经验。

新俊逸还专注于传媒和 TMT 行业，历史业绩包括投资慈文传媒、艺能传媒等优质影视制作商，并参与了国内知名的多家互联网金融机构的投资。在文化传媒尤其是影视制作市场领域有非常丰富的投资经验，同时对互联网尤其是互联网金融领域有相当的项目资源。

既然大家都是做股权投资的，话题就聊开了，我们讨论和交流了当时投资的八大热点和有关项目：

1. 人工智能在医疗、金融、教育等领域的应用，以及大数据在商业智能、用户行为分析等领域的应用，这些行业应该都不错。

2. 绿色能源领域投资逐渐成为热门。太阳能、风能、水能等可再生能源的发展潜力巨大。

3. 随着人口老龄化和人们对健康需求品质的提高，医疗健康领域投资应该受到重视。

4. 互联网产业一直是投资热门。

5. 区块链技术可以提高交易的安全性和透明度，降低交易成本，因此在金融、供应链管理等领域有着广泛的应用前景，应该重点关注。

与来罡一起交流

6. 随着游戏行业的快速发展，游戏开发成为一个热门的创业项目和投资项目。

7. 随着虚拟现实技术的进步，虚拟现实行业迅速崛起，会有好的项目出现。

背靠背互相支持

8. 人工智能技术的发展为创业者提供了许多机会，也为投资者提供了好项目。

通过对热门投资项目的讨论和交流，出于共同的投资理念和价值观，我们真是一见如故，成了好朋友。

在刘尚军公司的休闲酒吧聊天

2019 年 6 月 8 日，为庆祝刘总对移远通信公司股权投资才两年，即获得上海证券交易所 A 股挂牌（603236）上市交易，创造了新俊逸股权投资最快 A 股上市纪录，也是投资公司股权投资最快 A 股上市纪录，我邀请刘总、来总和东忠科技集团有限公司 IT 总经理石峰博士，在黄龙酒吧分享移远通信上市的喜悦。

刘总谈及当时为什么投资移远通信时这样说：移远通信是一家专注于无线模组、物联网终端、行业解决方案等领域的无线通信解决方案提供商。当时我感觉到，随着物联网技术的快速发展，无线通信需求不

右图左起：刘尚军、陈燮中、石峰、来罡

断增长，移远通信有着广阔的市场前景。

移远通信不断进行技术创新和产品研发，推出了一系列符合市场需求的无线通信解决方案。移远通信在物联网、智慧城市、智能制造等领域拥有较为完善的解决方案，未来将会进一步拓展行业应用领域，发掘新的市场机会。

左起：来罡、刘尚军、陈燮中

移远通信已经在全球范围内建立了销售和服务网络，并与多家国际知名企业建立了战略合作关系，公司具有全球竞争力。

刘总对当时投资移远通信做了深度分享和介绍。

我们大家对刘总的投资理念、对企业投资的分析研究能力和判断力也给予了肯定和赞赏。

有了第一次交流，第二次的交流更加融洽和轻松。

2019 年 7 月 11 日下午，刘总打电话给我说：“广东有一家国家高新技术企业中山新诺科技有限公司，董事长杜卫冲博士和卢晓博士一起来新俊逸考察交流，今天晚上 6 点到桂雨山庄一起聚聚，有没有时间？”

我说：“好啊！”

参加聚餐交流的有新俊逸集团董事长刘尚军、财务总监赵浩、投资经理王博士，广东中山新诺科技有限公司董事长杜卫冲博士、行政总监卢晓博士，西湖大学教授级高级工程师、科技合作部主任、实验室与科研设施部主任丁元胜先生，西湖大学正高级工程师、浙江省微纳实验室主任李西军博士。

杜博士简单介绍了公司的有关情况：中山新诺科技股份有限公司创立于 2003 年，主要从事数字化光刻设备的研发，技术创新是公司发展的核心驱动力。公司拥有光学、机械、自动化控制、软件等技术人才 50 余名。公司拥有完整的自主知识产权，并通过知识产权管理体系认证。截至 2020 年 6 月 10 日，公司已授权专利 56 项，其中国内发明专利 27 项、美国发明专利 4 项；拥有软件著作权 16 项、商标 3 项、美术版权 1 项。公司 2013 年初次通过了 ISO9001 质量管理体系认证，并制定了 11 项企业标准，包括设备的设计、制造、测试、包装等环节。并对公司的有关技术、产品、销售、利润和服务进行了说明。

最后，杜博士热情地邀请大家去中山新诺科技公司考察和指导。大家愉快地接受了邀请。

2019 年 7 月 17 日，应杜博士的邀请，我与新俊逸董事长刘尚军先生和西湖大学纳米加工及表征平台主任、科学家李西军博士一起，去新诺科技公司考察“无掩膜光刻”“激光直接成像（LDI 设备）”的研发、生产和销售。

左起：刘尚军、陈燮中、李西军、梅文辉、武天祥

新诺科技的高精度无掩膜快递芯片微生产线和多束电子束曝光机上线，突破了芯片发展中被西方卡脖子的技术，标志着新诺科技引领中国 IOT 产业芯片的流片设备进入世界领先水平。

在新诺科技我们受到了董事长杜卫冲博士、技术总监梅博士和行政总监卢博士的热情介绍和款待。

与梅博士交流无掩膜光刻技术

考察集成电路板车间

2019年8月，为了投资广东中山新诺科技有限公司，我们首先要了解新诺“无掩膜光刻”技术的先进性和市场的需求，要明白产品的核心技术和应用领域，了解目标客户和市场以及创新方向、企业团队、竞争优势等方面。

光刻机设备调试

股权投资项目一定要慎重选择，怀着这一目的，我来到浙江大学信息工程学院和西湖大学，向专家教授咨询学习。

无掩膜光刻技术设备加工的电路板

浙江大学信息与电子工程学院院长、博士生导师杨建义教授认为：1.新诺生产的无掩膜光刻设备是生产PCB电路板的设备，PCB不仅为电子元器件提供电气连接，也承载着电子设备数字及模拟信号传输、电源供给和射频微波信号发射与接收等业务功能，绝大多数电子设备及产品均需配备。

与杨建义院长一起交流

向杨建义院长等咨询学习

2.PCB 行业属于电子信息产品制造的基础产业，受宏观经济周期性波动影响较大。目前全球印制电路板制造企业主要分布在中国大陆、中国台湾地区及日本、韩国、美国、欧洲和东南亚等区域。我国是 PCB

与李西军博士合影

一起研究新诺科技的核心技术

左起：陈燮中、李西军、陈思超

产业全球生产规模最大的生产基地，国内印制电路板行业受国际政治经济环境变化的影响亦日趋明显。

我还去西湖大学向微纳平台主任、研究员、教授李西军博士学习、了解了 PCB 设备世界领先技术的发展趋势，分析和研究了新诺科技的核心技术、竞争力和市场占有率。

李博士认为：目前，全球政治经济格局依然处在一个复杂多变的环境当中，在通货膨胀高企、地缘政治冲突加剧以及不确定性加剧的背景下，全球经济整体低迷。

从中长期来看，对人工智能、高速网络和汽车系统的强劲需求将继续支持高端 HDI、高速高层和封装基板细分市场的增长，并为 PCB 行业带来新一轮成长周期，未来全球 PCB 行业仍将呈现增长的趋势，因而生产 PCB 印刷电路板的无掩膜光刻设备也将迎来产能的增长。从产品结构上看，全球 PCB 产业均在向高精度、高密度和高可靠性方向靠拢，不断提高性能、提高生产效率，向专业化、规模化和绿色生产方向发展，以调整产业结构，并适应下游通信、服务器和数据存储、新能源和智能驾驶、消费电子等市场的发展，所以生产 PCB 印刷电路板的无掩膜光刻设备也必须与市场需求相适应，不断创新，提高无掩膜光刻设备的技术水平。

2020 年初，经过对新诺科技的反复考察，并与专家教授对新诺的无掩膜光刻设备的技术、质量、市场需求等做了调查研究后，我投资购买了新诺科技的股权。当时，新诺科技在开拓满足流片和小批量量产的无掩膜光刻机，遇到了技术和销售问题。既然我成为新诺股东，新诺科技的事也是我的事。

2020 年 4 月 2 日，我找到了复旦大学信息科学与工程学院副院长、博士生导师詹义强教授，通过微信与詹院长交流：

"詹老师：晚上好！有一个问题想请教您：半导体芯片设计架构中，器件线宽已经发展到 100 纳米以下，主流的芯片从 28 纳米到最先进的 7 纳米。这些芯片的设计需要通过流片验证后才能进入量产。但流片是在生产线上完成，芯片产线装备投资和运行费用昂贵，这些工艺节点上设计的芯片流片，目前都需要到先进的半导体芯片制程公司，如台积电、三星、Global Foundry、中芯国际等'排队'和'拼车'完成。'排队'和'拼车'周期长，3~6 个月不等（因为制作光刻掩膜板需要花时间，'拼车'也需要时间），制作成本高，光刻掩膜板昂贵，且流片使用的是产线装备，这些产线投入高，运行贵。这样的高成本、长周期的流片验证过程不利于中小芯片设计公司、大专院校、科研院所和军工企业的发展。同时，光刻掩膜的价格昂贵，这样的芯片生产技术也不适合多品种、小批量芯片的生产。鉴于目前半导体芯片流片现状与日益增长的中小芯片需求的矛盾，似应开发半导体芯片数字化生产技术，满足流片和小批量量产需要的无掩膜光刻机，打造一个和光学掩膜的 DUV 和 EUV 光刻机为基础的大硅片量产型半导体芯片生产技术的互补技术，生产满足半导体芯片快速、低成本流片验证和小批量芯片数字化生产技术的设备。不知在大专院校、科研院所和军工企业，在这方面的需求大吗？谢谢！"

左起：刘尚军、詹义强、陈燮中

就无掩膜光刻机进行深入交流

詹院长回复说："要满足大专院校和科研单位流片、小批量量产需要的无掩膜光刻机，一两句话说不清楚，陈总你们有时间欢迎来复旦交流。"

应詹院长邀请，我和新诺科技总经理刘尚军专程到复旦大学信息科学与工程学院进行交流和探讨。

交流中，詹院长说："无掩膜光刻机通过高精度的光学系统将电路图案或其他所需图形通过光线投射到涂覆在基材上的感光材料（如光刻胶）上。这种投射是根据计算机输入的图形信息进行的，其中数字微镜设备（DMD）起到了关键作用。DMD 芯片根据输入图形的黑白像素分布来改变其微镜的转角，进而调控光线的透过或遮挡。准直光源照射到 DMD 芯片上后，形成与所需图形一致的光图像并投射到基片表面。通过这种方式，我们可以在感光材料上精确地制作出所需的图案。随后，通过使用化学方法显影和处理，可以得到刻在硅片或其他基材上的结构或电路图。目前，最主要的是要解决无掩膜光刻机的自动对焦，实时显微观测和光学轮廓

到复旦大学信息与工程学院交流

探测等工具和技术，以提高曝光的分辨率、准确性和效率。如果能够解决这些问题，就可以满足半导体芯片快速、低成本流片验证和小批量芯片数字化生产。在大专院校、科研院所和其他高精度加工领域，无掩膜光刻技术具有广泛的应用前景。”

然后，詹院长、刘总和我对流片验证、小批量芯片数字化生产的工艺流程和技术创新进行了深入交流。

与蔡坚教授在一起

新诺科技为了进一步提升产品的技术含量，亟须解决技术上的一些难题，新诺科技刘尚军总经理知道我在清华－斯坦福做人工智能博士后研究，希望我联系清华大学微电子学系的教授和专家，为新诺科技的技术创新开展合作，并来函提出急需解决的两个技术需求：一是硬件开发需求，二是 FPGA 逻辑开发需求。

我带着以上的技术问题和需求，请教了清华大学微电子所党委书记蔡坚教授和副所长王志华教授，并把蔡教授和王教授对解决这两个问题的建议和意见反馈给新诺科技，为新诺科技的技术创新做出了贡献。

产品是企业的核心竞争力，是企业生存和发展的基础。产品的作用不仅仅是满足消费者的需求和期望，更是为了提高企业的竞争力和赢利能力。

新诺科技一直以来都非常注重产品的创新和升级，不断推出新产品和新功能，提高了产品的附加值和利润率。新诺科技的产品创新包括硬件创新、软件创新、设计创新、工艺创新等。新诺科技的设计创新非常出色，通过独特的设计风格和用户体验，吸引了大量的用户，提高了产品的市场地位和赢利能力。

我作为新诺科技的投资股东，新诺的事也是我的事，新诺产品的营销我也有责任。2019 年 11 月初，我了解到，生益科技股份有限公司是研发、生产、加工新型电子元器件（如多层印刷电路板）及相关材料的，而新诺科技正是生产多层印刷电路板的无掩膜光刻设备的。我即与我的朋友、生益科技股份有限公司独立董事李军印先生联系。

11 月 5 日，经李军印独董与生益科技董事长刘述峰联系，落实到公司交流。我陪同新诺科技董事长杜卫冲、总经理刘尚军等一起到生益科技营销无掩膜光刻机设备。首先杜博士介绍了新诺科技最新生产的无

到生益电子交流

左起：李军印、陈燮中、潘总、杜卫冲

左起：李军印、陈燮中、杜卫冲、刘尚军

掩膜光刻机设备，生益科技负责人谈了对无掩膜光刻机设备的技术要求，双方对共同关心的合作问题进行了深入的研究、讨论和交流。

与杨建义院长交流

最后，生益科技向新诺科技订购了一台无掩膜光刻机设备，价值500多万元。

2023年，浙江大学信息与电子工程学院博士生导师、浙大杭州国际科创中心主任兼浙江大学微纳电子学院常务副院长杨建义教授有一次与我聊天时谈道："浙大微电子实验室准备采购包括ALD原子层沉积、ICP电感耦合等离子刻蚀、溅射、电子束蒸发、双面光刻设备等，这些设备用于微机电系统以及微纳米器件及传感器的开发设计、制造工艺、封装检测等研究工作。"

与杨建义教授在浙大杭州国际科创中心合影

杨建义教授在新诺科技考察

在新诺科技交流

知道浙大微电子实验室要采购上述设备的信息以后，我向杨院长详细介绍了新诺科技生产的电子束直写、激光直写和无掩膜光刻机等设备。

同时还介绍了新诺科技生产的设备成本领先，智能自动化程度高且管理先进，工艺优化成本低；技术领先，工艺和品质要求高的产品；差异化市场，竞品做不了或者不愿意做的，新诺科技能做。

杨院长听了我对新诺科技的产品介绍以后，十分感兴趣，希望到企业进行考察和交流。

2023 年 4 月 22 日，我陪同杨院长到新诺科技考察和交流，受到新诺科技总经理刘尚军先生的热情接待。刘总还表示：支持浙大实验室开发的半导体产品小批量、个性化的研究和生产，在新诺科技现有产品的基础上，开发适于实验室研究、试验和生产新产品的无掩膜光刻机设备。

到新诺科技车间考察

在新诺科技生产车间交流

之后双方签署了合作采购协议，在 2023 年底，新诺科技交付给浙大微纳实验室一台符合实验室要求和性能的无掩膜光刻机备。我既解决了浙大微纳实验室科研的急需，也为新诺科技的营销出了一份力。

所以，技术是企业的核心竞争力，产品是创造价值，营销是传递价值，商业的本质就是创造并传递价值。对于一家企业来说，技术、产品和营销，三者都不可忽视，需要均衡发展。企业需要根据自身情况制定合适的营销和产品策略，注重产品的技术开发、创新和质量，同时也要注重营销的推广和宣传，提高品牌知名度和美誉度，吸引更多的企业用户。

新诺科技确定杭州新诺微电子项目落地萧山区后，在萧山区政府及相关部门的支持下，很快地完成了项目立项、建设、投产等工作，并于 2021 年 3 月交付了首台激光直写式光刻机。

为了提高杭州新诺微电子有限公司在浙江的知名度，2021 年 7 月 5 日，我组织十多名浙商企业家到杭州新诺微电子企业，考察 PCB 行业的激光技术和芯片光刻机，了解世界一流的新诺微电子无掩膜光刻技术，知道了 PCB 行业是全球电子电路行业中产值占比最大的产业。目前市面上主流的光刻技术大多要借助掩膜板，而新诺微电子的无掩膜光刻是不采用掩膜板的世界领先的光刻技术。

浙大 CCE 投融资委员会到新诺科技考察交流

新诺微电子董事长刘尚军先生首先向大家介绍了新诺科技的技术、产品、团队和企业发展的战略方针。

他说："杭州新诺微电子成立不到一年，首台激光直写式光刻机设备已经在今年 3 月份交付，意味着新诺的二次创业浪潮已经来临，意味着我们踏上了全新的奋斗征程。在发展的过程中，问题和困难不可避免，我们有信心、有能力抓住机遇，夯实管理，团结一心，乘势而上。未来，

新诺微电子董事长刘尚军

浙江大学 CCE 投融资委员会会长陈燮中

新诺微电子将遵循习近平总书记‘科技兴则民族兴，科技强则国家强’‘实实在在，心无旁骛做实业’的指导思想，不断加快高端技术人才引进，积极布局技术转型升级，切实贯彻科技强企的发展战略。我们深信，新诺微电子在全体员工的共同努力下，在携手共进的供应商与客户的大力支持下，在各级政府领导的关怀指导下，一定会实现打造光刻设备民族品牌的宏伟目标。”

浙江大学经济学院高级培训中心副主任许国强先生

作为浙江大学 CCE 投融资委员会会长，我对新诺微电子和刘尚军董事长的热情接待和介绍表示衷心的感谢。

我指出，新诺微电子生产的首台激光直写式 PCB 无掩膜芯片光刻机，可以加工生产小到电子手表、计算器，大到计算机、通信电子设备、军用武器系统的集成电路芯片。新诺微电子有限公司从立项、建设，到首台激光直写式光 PCB 芯片光刻机交付使用，仅用了半年的时间，长了新浙商的志气，为中国芯片光刻机行业的发展做出了重大贡献。

浙江大学经济学院高级培训中心副主任许国强先生代表参加会议的浙商企业家，向新诺微电子董事长刘尚军颁发了感谢状，感谢刘尚军对中国芯片光刻机高端设备的研发、生产做出的重大贡献。

随后，新诺微电子技术负责人俞杰博士带领大家前往芯片光刻机的总装车间，参观新诺微电子有限公司无掩膜光刻设备的生产、安装和调试。

俞杰博士详细介绍了芯片光刻设备的基本原理和操作使用技巧。

浙大浙商企业家在新诺微电子考察

浙大浙商企业家在杭州新诺微电子公司合影

考察和交流增进了浙商企业家们对芯片光刻机的了解和认识，提高了新诺微电子的产品美誉度和企业知名度。

企业的美誉度和知名度，是衡量企业品牌的一个重要指标，可以吸引更多优秀人才加入；可以增加客户对产品或服务的忠诚度，促进重复购买；可以降低企业的融资成本，吸引新的投资，增强投资者信心；获得更多的正面报道和曝光，提升企业的影响力；有助于企业在市场上赢得客户的信任和支持。

所以使大家了解新诺微电子，提高它的美誉度和知名度对企业的影响是全方位的，不仅关系到企业内部员工的招聘和留任，也直接影响外部客户、投资者、媒体和行业人士的决策，以及企业的市场影响力和商业信誉。这也是我作为股东应尽的义务和责任。

第六章　路过香港拜访严厚民院长
意外受聘做资深研究员

一、女儿投资元宇宙项目　受邀请到新加坡考察

2022 年 10 月 30 日，我应女儿陈思超的同学、新加坡 StarryNift 公司创始人张原的邀请，到新加坡考察元宇宙区块链项目。

受新冠疫情的影响，这是我 2020 年 1 月 30 日，从杭州出发飞往开普敦，挑战世界马拉松“七天七大洲七个全马”以后，第一次出国考察。

杭州机场

新加坡机场

杭州机场检查依然很严格，需要戴口罩、量体温，并出示英文版的健康通行证才能过关。

到达新加坡机场时，入境旅客稀少，政府对旅游还没有完全开放。到文华酒店办理入住，也没有什么住客，就我一位住店客人。

酒店大堂

新加坡证券交易所（简称：新交所；英文：Singapore Exchange Limited；缩写：SGX），成立于 1973 年 5 月 24 日，同年 6 月 4 日开张营业。经过十几年发展，成为亚洲仅次于东京、香港、首尔和上海的第五大交易所，是亚洲的主要金融中心之一。

新加坡证券交易所作为亚洲的金融中心之一，近年来发展迅速，除了有新加坡强大的银行体系的支持以外，新加坡在自然时区上的优势、发达的通信基础设施以及政府对外资运用的较少限制，也都是重要原因。

新华富时 A50 指数是新华富时指数有限公司编制的由中国 A 股市场市值最大的 50 家龙头股构成的股票指数，在新加坡交易所上市交易，是国际投资机构唯一可以在海外直接投资以中国股票为标的的指数，也是中国股票投资者十分关注的指数之一。

新华富时 A50 指数是在新加坡交易所交易的，主要为 QFII 资金操作的金融衍生产品，以对冲在中国国内的股票投资。

2021 年，泰国—新加坡存托凭证互联机制签署。

2021 年 11 月，新加坡交易所与上海证券交易所签订合作协议，使市场参与者能实时了解这一亚洲最国际化市场的股市价格动态。

访问新加坡证券交易所

经济全球化、金融全球化也使股票市场互相影响，中国 A 股已融入世界，世界也已接纳中国 A 股。

当今世界，买卖 A 股必须关注全球股市，我有幸见证了新加坡交易所的股票涨跌和富时 A50 指数的波动。

北京大学的高才生张原是先知先觉的技术创新人才，在新加坡成立了拥有数字货币区块链技术的 StarryNift 公司。

陈思超（左一）在研究会上发言

早在 2019 年，我女儿——星元资本合伙人陈思超博士，就十分看好数字货币区块链技术的发展。2019 年 6 月 24 日，在杭州亚美文化交流中心举行的数字货币区块链闭门研讨会上，陈思超表示："5G 与数字货币区块链技术结合所带来的新变化，将颠覆人们的传统思想。"

力鼎资本合伙人诸臻先生、大华股份总裁李柯先生、敦和资管总裁施建军先生、浙商证券董事长吴承根先生、光大银行杭州分行行长章国华先生、物产元通总裁王胜迪先生、浙江省公安厅安防专家邱心刚先生、话机世界董事长赵伯祥先生、彩迪国际董事长毛岱先生、思美传媒董事长朱明虬先生、三越控股总裁殷英女士、大华股份总裁助理王洁君女士和我，对数字货币区块链技术都发表了不同的看法和观点。

数字货币区块链技术交流会

光大银行杭州分行行长章国华先生发言

敦和资管总裁施建军先生发言

大华股份总裁李柯先生发言

与数字货币区块链技术专家交流

四年以前，我就十分关注数字货币和区块链技术，今天终于来到新加坡与StarryNift公司的创始人一起讨论和研究数字货币和区块链技术的应用、估值、价格、价值和发展。

StarryNift公司，是2021年5月在新加坡注册的公司，目前已上线3D元宇宙StarryVerse、星际飞船游戏、交易市场等功能，联合abovo等厂牌及全球一线明星，邀请新老玩家共同解锁养成、探索、多人在线场景，并空投未来权益白名单。用户可在StarryVerse中沉浸式体验虚拟偶像音乐节、游戏广场等，在以星际探索为主题的NFT卡牌PvP策略对战中赢取高额奖励，还可在未来定制个人空间、创作NFT出售Create to Earn，享受GameFi与SocialFi的多重乐趣，于Web3元宇宙内找到新价值。

通过与张原董事长的交流，我深深地感受到，数字货币区块链技术

与张原董事长一起碰杯，祝合作愉快

应用场景广阔，发展潜力巨大，当时我女儿陈思超的天使轮投资投对了。

二、路过香港拜访严院长　人工智能金融科技实验室

2022 年 11 月 9 日，我从新加坡回国途中路过香港，看望香港城市大学商学院院长严厚民教授。

严院长说，他已经兼任由香港城市大学与美国哥伦比亚大学联合成立的香港人工智能金融科技实验室（AIFT）主任，邀请我到实验室所在地香港科学园交流。我非常愉快地接受了邀请。

上午 10 点，我到科学园 19 幢大楼时，严院长已经派实验室行政总监施秀秀在一楼大厅等我。

严院长热情地陪同我参观了实验室办公室，并到数据服务器设备的专用机房，详细介绍了数据服务器设备的使用功能。

左起：吴康恒博士、严厚民教授、魏国鸣博士

AIFT 的数据服务器是一种专门用于存储、管理和处理数据的服务器设备。它具备高效的数据存储和访问能力，能够满足大规模数据处理和分析的需求。数据服务器的硬件部分通常包括服务器设备、存储

设备和网络设备，而软件部分则涵盖操作系统、数据库管理系统、文件系统等。

数据库服务器是数据服务器的一种，它专门用于存储、管理和提供数据库服务。数据库服务器是一个硬件设备或运行数据库管理系统（DBMS）的计算机，允许多个客户端通过网络访问和操作数据库。数据库服务器的主要功能包括数据库管理、查询和操纵、维护以及并行运行等。

与行政总监施秀秀在一楼大厅合影

总的来说，AIFT 的数据服务器和数据库服务器都是高性能的计算机，用于存储和管理存储在服务器上的数据，以支持用户和设备的网络访问。

通过参观，我感觉到，AIFT 的数据服务器和数据库服务器，无论是性能还是运算速度，都是世界上最先进的。

然后，我与严院长和实验室有关部门负责人魏国鸣博士、吴康恒博士、王磊博士等一起讨论和交流人工智能金融科技方面研究和开发的项目。

严院长介绍说，目前AIFT正在研究开发6个项目：1.供应链金融解决方案；2.智能中债；3.智能投资；4.金融客服聊天机械人诊断改进；5.衍生品策略构建及回测工具；6.Web3商业方案。并对供应链金融做了详细介绍：跨境电商呈现较高普及化、常态化趋势；跨境电商呈现消费链、产业链与供应链全流程化趋势；跨境电商的供应链金融，促进了跨境电商的高速发展。之后，严院长也对亚马逊上销售最受欢迎和最赚钱的产品做了说明。

目前，中国银行（香港）与人工智能金融科技实验室(AIFT)已签署意向合作协议，共同推动供应链金融创新及践行数字化普惠金融服务。

越来越多的消费者习惯在网上购物，为跨境电商企业的融资提供了强有力的支持。

严院长最后说：AIFT 是人工智能大数据云计算的全球跨境电商价值链金融 SaaS 服务平台。

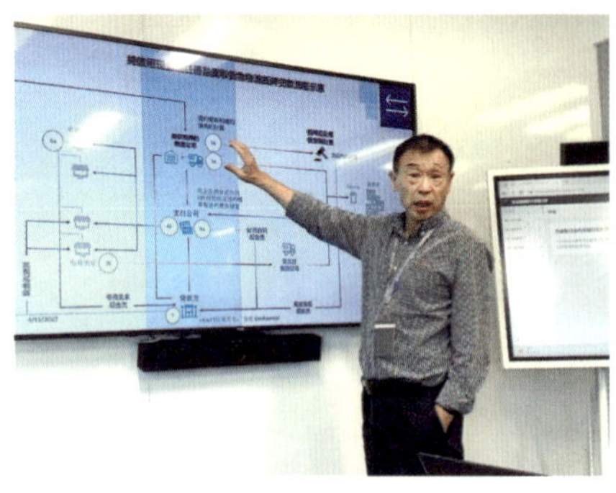

严教授介绍 AIFT 正在研究开发的项目

我与严教授交流

听了严院长的介绍，我的心情很激动。当时我正在斯坦福大学做人工智能博士后项目研究，人工智能金融科技不正是我十分感兴趣的项目吗！

我们一起对人工智能和金融科技的理论、数据、图形、算力、算法、编程、策略和应用等方面进行了深入的研究、讨论和交流。

一起交流人工智能金融科技实验室的项目

中午我受到严院长的盛情款待。在聚餐中严院长说："陈总，你想不想到实验室做人工智能金融科技的研究？"

我说："好啊！这正是我感兴趣的工作。"

三、七十四岁获批香港身份签证　成为香港年龄最大引进人才

2023 年 2 月 4 日，正月十五元宵节还没有过，我就准备行装，到香港人工智能金融科技实验室报到。

到达香港国际机场

到达香港国际机场，我朋友吴总的驾驶员已经在到达大厅接我。俗话说，在家靠父母，出门靠朋友。来到人生地不熟的香港，我切身感受到朋友的重要性。

同时，也感谢浙江省委统战部的朋友，介绍我认识了杭州旅港同乡会会长徐道睦，我受到了徐会长的欢迎和宴请。在聚会过程中，又十分高兴认识了其他副会长和理事。

香港特区政府此前推出更创新、更积极的措施，吸纳海内外的人才来香港，史无前例地推出高端人才通行证计划，并优化多个输入人才计划，以更大力度更进取地去抢人才。这些针对性措施收效理想，超出预期。最新数字是，2023 年首 10 个月，各项输入人才计划共收到超过 18 万宗申请，超过 11 万宗已被批准，已完成原来制定 3 年的 KPI。当中，高才通计划一共收到 54772 宗申请，超过 43068 宗已获批；优才通计划一共收到 63979 宗申请，获批 12479 宗。这充分证明香港在吸引全球人

左图左起：何兴富、陈燮中、沈墨宁、徐道睦、程啸涛

杭州旅港同乡会理事

才方面具有很强的国际吸引力和国际竞争力。

2024年初，我与香港入境处处长郭俊峰聚餐时，他说："陈总，你是去年香港引进的高才和优才中年龄最大的一位。"

我说："你是不是后悔给我香港逗留签证了？"

郭处长幽默地说："美国拜登今年81岁，特朗普77岁还在竞选总统，你还年轻呢！"

他的话给了我很大的鼓励和信心。

香港入境处处长郭俊峰

四、人工智能金融科技实验室 正是我梦寐以求的地方

2023年2月5日，我正式到位于香港科学园19幢11楼的人工智能金融科技实验室报到。

到实验室报到以后，我感觉到这是一家了不起的人工智能金融科技实验室。这是香港政府批准的第一家人工智能金融科技公司，公司是

2025年，光大银行香港分行副行长武楠率团队到AIFT考察交流。左起：刘小勇、刘光悟、陈燮中、严厚民、武楠、徐敬文、桂波、李娜

由香港城市大学与美国哥伦比亚大学联合创办，由香港政府财政支持的。

2022 年 5 月 25 日，时任香港特区政府行政长官林郑月娥出席了 AIFT 实验室的启动仪式。

习近平主席对香港科学园的实验室项目十分重视，2022 年 6 月 30 日下午，习主席在林郑月娥的陪同下，亲自考察了位于香港科学园的实验室，也来到了我们人工智能金融科技实验室所在的 19 幢进行考察和指导，与中国科学院院士、中国工程院院士和有关科研人员、青年科创企业代表等亲切交流，并在一楼大厅与大家合影留念。

人工智能金融科技实验室（AIFT）是一间集科研、培养人才和商业转化三大任务为一身的科技创新中心，亦是香港政府 InnoHK 创新香港研发平台唯一的金融科技公司。

获得香港政府支持，拥有极强的科研和人力资源优势，成员配置全面，行业资源丰富，令 AIFT 能够融合现代金融理论及人工智能技术，以解决现今金融上的难题。

人工智能金融科技实验室利用人工智能、大数据和区块链等尖端技术，为亚太区金融业提供变革性分析解决方案。AIFT 会聚各地顶尖人才，从研究到应用，从初创到商业化，提供电子商贸融资平台、股票、债券及衍生品的智能投资分析工具，虚拟货币智能评估及筛选系统，以大语言模型驱动的客服系统，客服聊天机械人分析等业务解决方案，致力促进金融科技和应用。

到人工智能金融科技实验室工作以后，我才真正感受到这是一家人工智能大模型大数据的金融科技公司，而且正是我创业和创新的好地方。

五、大模型大数据是 AIFT 的实力所在

大模型是指具有庞大的参数规模和复杂程度的机器模型，这些模型的参数量通常从数百万到数十亿不等，甚至更多。它们通过强大的计

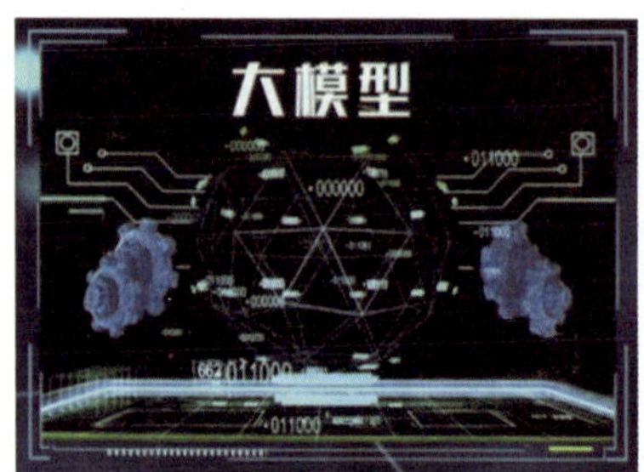

算能力对海量的数据进行高效处理。

大模型并非只是简单地增加模型的规模，还需要在数据收集、数据预处理、构建数据集、模型定义、算力、算法和机器资源方面进行优化组合。

AIFT 实验室的大模型，主要属于稀疏大模型和稠密大模型。

稀疏大模型是指模型中存在大量稀疏参数的情况，一般是搜索、推荐、广告类任务。它的特点是海量样本及大规模稀疏参数（sparse embeddings），适合使用 CPU/GPU 参数服务器模式（PS）进行处理。

稠密大模型是指模型中的参数大多数都是非零值，没有明显的稀疏性特征，一般是 CV、NLP 任务。它的特点是常规样本数据及大规模稠密参数，它适合用纯 GPU 集合通信模式（Collective）进行处理。

其中，稀疏特征的嵌入计算是稀疏大模型的关键，而稠密模型部分一般往往较小，可以放到一个 GPU 内，因此可以进行 data 并行以及 all reduce 通信。

在处理中，我们需要在特征嵌入表（embedding table）上进行复杂的查找、排列等操作，然后生成张量再做稠密模型的计算。特征嵌入表往往会占用非常大的存储空间，需要很多台 GPU 服务器才能完整存放，这就是典型的 tensor 并行。

大模型的特点：1. 大模型带来的挑战主要有两点，海量样本、参数（万亿级别）和较长的收敛时间。2. 大模型需要更大的算力。3. 大模型需要更多的显存内存资源。4. 大模型对数据的数量和数据的质量要求

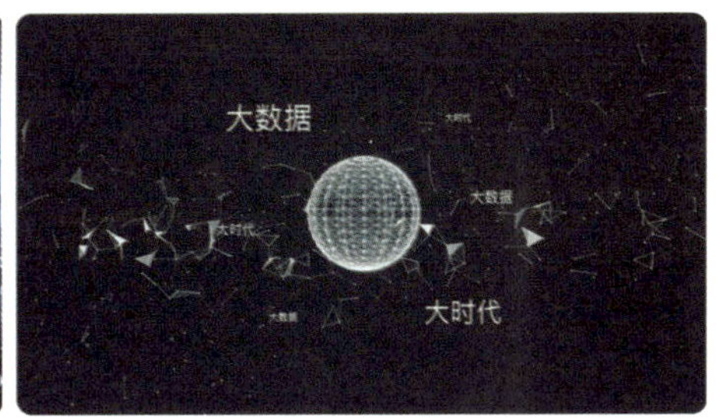

互联网精准营销、大数据营销，越来越受到消费者的关注和认可

极高，对于海量数据样本来说，并不是都喂进去就效果好，而是要分辨哪些数据有价值，哪些没价值。由于数据量的增加，分辨数据的价值也带来很大的困难。

大数据指的是巨大的数据集合，规模通常超出传统数据库处理能力的范围。大数据有三个主要特征：大量、多样和高速。

首先，大数据涉及大量的数据。随着互联网的普及和技术的发展，我们每天都在产生大量的数据，如社交媒体信息、传感器数据、在线交易记录等。这些数据量巨大，无法用传统的数据库处理方法来处理和分析。

其次，大数据具有多样性。数据来源的多样性意味着数据的类型和格式各不相同。例如，数据可以是结构化的（如表格数据），也可以是非结构化的（如文本、图像、视频）。

最后，大数据处理的速度要求高。对于一些应用场景，如跨境电商的商品买卖、商品发送、信用贷款、实时监控等，我们需要实时处理数据并做出即时反应。

AIFT 在获取、存储、管理、分析方面大大超出了传统数据库软件工具能力范围的数据集合，具有海量的数据规模、快速的数据流转、多样的数据类型和价值密度低四大特征。

AIFT 的大模型大数据技术的意义不在于掌握庞大的数据信息，而在于对这些含有意义的数据进行专业化处理。大模型和大数据是评估跨境电商信用的唯一标准，也是控制跨境电商信用贷款风险的关键，提高对数据的“动态加工能力”，是保证信用贷款赢利的根本措施。

六、解决电商融资难　随借随还网上办

AIFT 的大模型大数据的处理能力和算力、算法及策略，受到有关部门的重视，并就此开展了合作。

2023 年 7 月 11 日，中国银行 (香港) 与人工智能金融科技实验室 (AIFT) 联合签署协议，共同推动供应链金融创新及践行数字化普惠金融服务。共同运用大数据、人工智能和区块链等科技进行研究分析，加深银行对中小微出口电商企业客户业务模式的了解，支持其申请融资服务。共同策划与供应链金融相关的具体合作方案，研究在中银香港现有金融产品的基础上，更有效地利用 AIFT 的数据观察等方法，掌握出口电商融资的业务模式及风险，以简化贷款审批流程，优化客户体验。对跨境电商等前沿业态的研究及供应链数据的运用，有助于我们根据专业分析报告进一步了解电商企业的业务状况，从而对该等企业做出授信评估，加强对电商客群的服务能力。

中银香港与 AIFT 的携手合作，将实验室的创新技术、系统平台和中银香港的产品理念、业务场景相结合，共同推动金融科技技术在银行业务中的应用和产品研发。中银香港是香港三家发钞银行之一，亦是香港唯一的人民币业务清算行，是香港最大的上市公司之一。分支机构遍及泰国、马来西亚、越南、新加坡、菲律宾、印度尼西亚、柬埔寨、老挝、文莱和缅甸等国家，通过母公司中国银行，业务通达国内和全球。

中国银行（香港）副总裁兼风险总监徐海峰先生及其团队于 2024 年 3 月 15 日亲临人工智能金融科技实验室 (AIFT)，与 AIFT 主任严厚民教授等专家研究员一起交流跨境电商的信用贷款和动态风控

2023 年 9 月 28 日，人工智能金融科技实验室有限公司 (AIFT) 与连连国际宣布联合签署合作意向书，建立合作伙伴关系，共同拓展创新科技技术和创新科技项目的合作。

双方将在技术和产品推广、研发创新技术和产品等方面展开深入合作探讨。通过 AIFT 先进的人工智能技术和连连国际支付相关的专业知识和资源，双方将致力于开发创新的金融科技解决方案，为用户提供更智能、便捷的金融服务。共同投入资源和技术，探索和开发新的技术和产品，可以为金融科技带来更多创新，进一步推动跨境电商行业的发展，并为双方用户提供更优质、更全面的金融科技解决方案，推动跨境电商的创新和变革。

连连国际服务商户 47 万，覆盖 130 多个国家和地区，与境内外 400 多家银行合作，年资金结算量高达 2 万亿元，打造了集一键开店、全球收付款、收单、全球分发、汇兑、融资、退税等服务为一体的一站式跨境贸易服务平台。

连连支付创始人、董事长章征宇先生等，在 2023 年 8 月 7 日，到访人工智能金融科技实验室，受到了主任严厚民、资深研究员陈燮中博士和商业化负责人刘小勇先生的欢迎

2023 年 8 月 26 日，人工智能金融科技实验室主任严厚民教授、复旦大学管理学院院长陆雄文教授、资深研究员陈燮中博士、开发部高级经理李娜、市场发展高级经理彭乃荣和研究员刘畅等到访连连集团，受到集团章征宇董事长、傅琴副总裁、孙大利副总裁、钟爱军副总裁和连连联席 CEO 吕蔚嬿的热情接待

有了亚马逊授权和签订的有关协议，AIFT 将被允许在亚马逊平台上连接 MWS 和 APl 接口，获取卖家的三个方面的信息：供应链、运营和财务。

跨境电商货物 90% 以上为消费品，谁都离不开物美价廉的消费品。跨境电商大幅降低国际贸易的专业门槛，越来越多“不会做、做不起、不能做”的小微企业，在数字化互联网、人工智能的浪潮中成长为新型贸易经营者。根据最近世贸组织的研究报告显示，到 2026 年之前，全球 B2C 跨境电商将保持 27% 的复合增速。

我与章征宇董事长在习主席接见香港科学家的位置合影，祝连连数字早日在港交所上市

所以AIFT实验室的成立，将解决跨境电商的融资贵、融资难的问题，通过人工智能大数据云计算做到融资方便快捷、随用随借、随借随还、提高效率、减少费用，一定会受到跨境电商的欢迎和市场的肯定。

目前，香港人工智能金融科技实验室已经孵化出一家令人赞叹的香港腾路数字科技有限公司，用人工智能大数据对跨境电商进行征信评估，实现无抵押融资服务。

腾路数字的成立，使人工智能大数据在无抵押融资方面做出重大的贡献：

1. 创新与突破。AIFT的孵化过程展现了卓越的创新能力和技术突破，成功将前沿科研成果转化为具有实际应用价值的商业产品，推动了人工智能领域的无抵押贷款的进步。

2024 年 5 月 16 日，在香港科学园，深圳长银科技有限公司与 AIFT 洽谈跨境电商的合作项目。左起：刁雯、石磊、郑海明、狄少伟、陈燮中、余静、刘小勇、吕俊仪、彭乃荣、李娜

2. 技术与商业完美结合。AIFT 不仅具备深厚的技术积累，还展现了将技术与市场需求紧密结合的能力，成功孵化出具有竞争力的腾路数字公司，体现了科研与商业的双重智慧。

3. 推动电商融资行业发展。腾路数字公司为行业注入了新的活力，推动了技术的普及与应用，为社会和经济带来了深远的影响，展现了 AIFT 的远见与领导力。

4. 团队协作与执行力。AIFT 的成功孵化，离不开团队的紧密协作与高效执行力。每一个环节都体现了团队的专业素养和坚韧精神，值得高度赞扬。

5. 社会价值的创造。通过孵化腾路数字公司，AIFT 不仅创造了经济价值，还为无抵押融资发展提供了新的解决方案，展现了科研机构的社会责任感和使命感。

6. 未来潜力无限。腾路数字公司的诞生只是一个开始，AIFT 未来有望在人工智能领域继续引领潮流，成为行业的标杆。AIFT 的孵化成果为未来的技术创新奠定了坚实的基础。

AIFT 孵化出腾路数字公司是科研与商业结合的典范，展现了卓越的技术实力、市场洞察力和社会责任感，值得高度赞扬与期待！

2025 年 2 月，香港腾路数字科技有限公司已开展 A 轮融资，许多战略投资者、公募基金、私募基金和个人投资者，对 A 轮融资都积极参与，表示有投资意向。对公司而言，A 轮融资不仅是资金的注入，更是对公司发展潜力、技术实力和商业模式的认可。它为公司的快速成长提供了坚实基础，同时也为行业的创新与进步注入了新的动力。成功完成 A 轮融资后，公司有望在技术、市场和资本层面实现全面突破，迈向更高的目标。腾路数字公司完成 A 轮融资具有重要的意义，不仅为公司自身的发展提供了强有力的支持，也对行业和生态的发展产生了积极影响。

图书在版编目(CIP)数据

超越 / 陈燮中著. -- 北京 : 中国文史出版社，

2025. 5. -- ISBN 978-7-5205-5256-1

Ⅰ. K825.38

中国国家版本馆 CIP 数据核字第 20255ZT767 号

责任编辑：牟国煜

出版发行：**中国文史出版社**

社　　址：北京市海淀区西八里庄路 69 号院　邮编：100142

电　　话：010-81136606　81136602　81136603（发行部）

传　　真：010-81136655

印　　装：北京新华印刷有限公司

经　　销：全国新华书店

开　　本：720×1020　1/16

印　　张：18.75　　字数：270 千字

版　　次：2025 年 5 月第 1 版

印　　次：2025 年 5 月第 1 次印刷

定　　价：78.00 元